A Research on Teaching Reform and Innovative Talents Training of History Studies Major in Colleges and Universities under the Background of "Double First Class"

"双一流"背景下高校历史学专业教学改革与创新型人才培养研究

庄华峰 主编

中国社会科学出版社

图书在版编目(CIP)数据

"双一流"背景下高校历史学专业教学改革与创新型人才培养研究 / 庄华峰主编. —北京：中国社会科学出版社，2020.12
ISBN 978-7-5203-7550-4

Ⅰ.①双… Ⅱ.①庄… Ⅲ.①历史教学—教学研究—高等学校—文集 Ⅳ.①K-42

中国版本图书馆 CIP 数据核字(2020)第 236757 号

出 版 人	赵剑英
责任编辑	李金涛
责任校对	周　昊
责任印制	李寡寡

出　　版	中国社会科学出版社
社　　址	北京鼓楼西大街甲 158 号
邮　　编	100720
网　　址	http://www.csspw.cn
发 行 部	010-84083685
门 市 部	010-84029450
经　　销	新华书店及其他书店
印　　刷	北京明恒达印务有限公司
装　　订	廊坊市广阳区广增装订厂
版　　次	2020 年 12 月第 1 版
印　　次	2020 年 12 月第 1 次印刷
开　　本	710×1000　1/16
印　　张	18.75
插　　页	2
字　　数	280 千字
定　　价	108.00 元

凡购买中国社会科学出版社图书，如有质量问题请与本社营销中心联系调换
电话：010-84083683
版权所有　侵权必究

目 录

强化问题意识　凸显创新精神（代前言）
　　——"双一流"背景下高校历史学专业教学改革与
　　创新型人才培养研讨会综述 ……………… 庄华峰　王振红（1）

理论与方法

以"问"观"学"论 ……………………………………… 盛险峰（3）
改革高师历史专业教学内容和课程体系的思考 ………… 庄华峰（8）
用"四好"理念推动世界史本科教学 …………………… 曹升生（19）
试论人文教育中科学思维和科学精神的培养 …………… 董根明（24）
中国近现代史教学与传统文化传承研究 ………………… 方晓珍（33）
中国世界史学科体系的新发展
　　——读刘景华教授《人类六千年》 ………………… 傅新球（45）
高师院校世界史学科发展规划的思考
　　——以安徽师范大学为例 …………………………… 韩家炳（53）
史料教学与学生的证据素养培育 ………… 王德民　赵玉洁（61）
历史学专业本科生教育中问题意识的培养 ……………… 胡　宁（70）
大数据时代的史学研究与历史教学 ……………………… 梁仁志（80）
以安徽革命文化资源助力我省师范院校中国近现代史
　　教学 …………………………………………………… 梁诸英（95）

课程体系建设

西方文化通识课程的教学特点与经验探讨
——以安徽师范大学通识课程《西方文化要义》为例
.... 杜　英（105）
略论《中国历史文献学》课程的有效教学................ 江贻隆（113）
高校本科历史学专业开设《生态环境史》课程刍议........ 庄华峰（120）
《古希腊罗马史》课程教学与大学生人文素质培养........ 蒋浙安（127）
试论当代大学生民族精神的培育
——以《中国近现代史纲要》教学为中心................ 李　强（133）
建立课程链，将历史学专业课程教学冶于一炉
——以《史学概论》课程为切入点...................... 蒲　霞（140）
高校历史学专业课程改革刍议.......................... 齐春风（147）
传统民俗在中国近现代史教学中的应用.................. 王彦章（155）
高师院校世界史课程教学现状分析与思考................ 吴修申（165）
"《美国史》本科教学中试用外文原版教材的效果研究"
研究报告.. 尹建龙（172）
世界史史料教学浅谈.................... 祝凯歌　陈素娟（179）

教学改革探索

高校历史专业教学实践课的探索与实践.................. 裘士京（189）
史料研读与高校历史学《专业英语》课程教学改革........ 陈素娟（195）
从历史教师教育角度看高师院校通史课程的教学改革...... 王德民（202）
高师历史学专业教学与中学历史教学衔接问题探析
——以安徽省高师院校和基础教育为例........ 董根明　何　凌（207）
高校历史专业论文写作示范教学谫论.................... 郝佩林（217）

问题、个性和思维
　　——创新型人才培养理念下的"史学概论"教学 ……… 李　勇（233）
中国古代史教学中的史料教学初探
　　——以"唐太宗与贞观之治"教学片段为例 ………… 林生海（243）
新时代地方师范院校历史专业教师培养存在的问题
　　与对策 ……………………………………………… 刘家富（255）
数字影像技术在高校历史专业教学中的价值及运用 ……… 王存胜（267）

后　记 …………………………………………………………（276）

Contents

Strengthening the awareness of the problem and highlighting the spirit of
   innovation (Preface)
   ——A Summary of the Teaching Reform and Innovative Talents
      Training of University History Major under the Background
      of "Double First-class" ……… Zhuang Huafeng Wang Zhenhong (1)

Theory and method

Theory of viewing "Learning" with "Q" ……………… Sheng Xianfeng (3)
Consideration on Reforming the Teaching Content and Curriculum
   System of History Majors in Normal Universities …… Zhuang Huafeng (8)
Promoting World History undergraduate Teaching with the
   "Four Good" Concept ……………………… Cao Shengsheng (19)
Discussion on the Cultivation of Scientific Thinking and Scientific
   Spirit in Humanities Education ………………… Dong Genming (24)
Research on the Teaching of Modern and Contemporary Chinese History
   and the Inheritance of Traditional Culture ………… Fang Xiaozhen (33)
The New Development of the Disciplinary System of World History in China
   ——Reading Professor Liu Jinghua, *The Six Thousand Years
      of Humanity* ……………………………… Fu Xinqiu (45)

Consideration on the Development Planning of World History Discipline
   in Normal Universities
     ——Taking Anhui Normal University as an example ··· Han Jiabing (53)
Teaching of Historical Materials and Cultivation of Students'
   Evidence Literacy ·················· Wang Demin Zhao Yujie (61)
Cultivation of Problem Awareness in Undergraduate Education
   in History Major ······································ Hu Ning (70)
Historical Research and Teaching in the Age of
   Big Data ··· Liang Renzhi (80)
Using Anhui Revolutionary Cultural Resources to Help the
   Teaching of Chinese Modern History in Normal Colleges
   in Anhui Province ································ Liang Zhuying (95)

Curriculum system construction

Discussion on the Teaching Characteristics and Experience of
   Western Cultural General Course
     ——A Case Study of Taking the General Course of Western
          Culture in Anhui Normal University ··············· Du Ying (105)
A Brief Discussion on the Effective Teaching of the Course of
   "Chinese Historical Philology" ················· Jiang Yilong (113)
Discussion on the Course of "Ecological Environment History"
   in Undergraduate History Majors ············ Zhuang Huafeng (120)
The Teaching of Ancient Greek and Roman History and the
   Cultivation of College Students' Humanities Quality ··· Jiang Zhe'an (127)
Discussion on the Cultivation of Contemporary College Students'
   National Spirit
     ——Taking the teaching of the Outline of Chinese Modern History as
          the center ··· Li Qiang (133)

Establish a curriculum chain to Integrate the history course
——Taking the course of Introduction to History as
the entry point ·· Pu Xia （140）
Discussion on the Reform of the Course of History Major
in Colleges and Universities ···························· Qi Chunfeng （147）
The Application of Traditional Folk Customs in the Teaching
of Modern and Contemporary History in China ······ Wang Yanzhang （155）
Analysis and Thinking on the Present Situation of the Teaching
of World History Courses in History Majors in Local
Normal Colleges ·· Wu Xiushen （165）
Study on "the effect of experimenting with foreign language
original textbooks in undergraduate teaching in American
History" ··· Yin Jianlong （172）
A Brief Discussion on the Teaching of Historical Materials
in World History ····························· Zhu Kaige Chen Sujuan （179）

Teaching reform exploration

Exploration and Practice of Teaching Practice Courses in
College History Majors ···································· Qiu Shijing （189）
Historical Materials Research and College History "Professional
English" Course Teaching Reform ························ Chen Sujuan （195）
View the Teaching Reform of General History Courses in Normal
Universities from the Perspective of History Teacher
Education ·· Wang Demin （202）
An Analysis of the Connection between the Teaching of History
Majors and the History Teaching of Middle Schools
——Taking the Higher Normal Colleges and Basic Education
in Anhui Province as an Example ······ Dong Genming He Ling （207）

Paradox of Demonstration Teaching of thesis Writing
 in College History ··· Hao Peilin (217)
Problem, personality and thinking
 ——Introduction to the History under the Concept
 of Innovative Talents Training ······························ Li Yong (233)
A Probe into the Teaching of Historical Materials in the Teaching
 of Ancient Chinese History
 ——Taking the teaching piece of "Emperor Taizong of Tang and the
 dynasty governed" as an example ················ Lin Shenghai (243)
Problems and Countermeasures in the Cultivation of History
 Professional Teachers in Local Normal Universities
 in the New Era ··· Liu Jiafu (255)
The Value and Application of Digital Image Technology in the
 Teaching of History Major in Universities ·········· Wang Cunsheng (267)

Postscript ·· (276)

强化问题意识　凸显创新精神（代前言）
——"双一流"背景下高校历史学专业教学改革与创新型人才培养研讨会综述

庄华峰　王振红

习近平同志在十九大报告中指出，要加快一流大学和一流学科建设，实现高等教育内涵式发展。一流大学和一流学科建设，是中共中央为提升中国高等教育综合实力和国际竞争力而做出的重大战略决策，为实现"两个一百年"奋斗目标和中华民族伟大复兴的中国梦提供了有力支撑。很显然，高校内涵式发展，离不开教学改革与人才培养这一核心，为此，安徽师范大学历史与社会学院举办了"双一流"建设背景下高校历史学专业教学改革与创新型人才培养研讨会。

本次研讨会由全国优秀教师庄华峰教授召集，来自南京师范大学、安徽大学、安徽师范大学、淮北师范大学、安庆师范大学、阜阳师范学院等单位 30 余名专家学者与会。与会学者围绕着历史学专业的教学理念、教学内容、教学方法的改革与创新，教学资源与技术的开发与运用等方面展开了深入的交流，呈现出如下四个方面的特点。

一　理论教学与实践教学相结合

历史学自产生之日起，它就不是一门纯知识性的学问。古希腊哲学家曾非常固执地认为变动不居的瞬时性的历史不能作为"知识"的对象，它只能是一种"意见",即历史只是关于事实问题所具有经验性的半知识。古希腊哲学家强调历史具有经验性以及把历史排除在知识之外的看法,恰恰凸显了历史学的实践特征。与之截然不同,中国古代学者特别重视历史,认为历史学就是从变动不居的人、事、制度、历史进程中总结经验、教训,从而获得借鉴,服务现实。孟子论孔子修《春秋》曰:"晋之《乘》、楚之《梼杌》、鲁之《春秋》,一也。其事则齐桓、晋文,其文则史,孔子曰:'其义则丘窃取之矣。'"这就是说,历史学不仅要记载具体的人事,而且还要通过褒善贬恶(其义)评价历史、影响现实。到了司马迁作《史记》,则明确提出要"究天人之际,通古今之变,成一家之言"。很显然,注重人事经验,并试图从中寻求经验教训,是中国历史学发生之时便具有鲜明的实践特征。正是由于历史学本身所具有的这种经验性、实践性,决定了我们今天的历史教学不可能只是知识理论的传授,应该与具体的实践结合起来。

在本次研讨会上,在理论教学与实践教学的关系方面,与会学者一致认为历史教学应继承、发扬"读万卷书,行万里路"的传统,将基础理论知识与感性认识、实践知识深入结合起来。安徽师范大学裘士京教授《高校历史专业教学实践的探索与实践》一文指出历史教学除了日常的课堂教学之外,应该有与之相应的教学实践课程。因为,教学实践课程尤其是专业考察不仅"用专业的眼光,从专业的角度,通过现场考察、参观增强感官效果";而且"通过考察深化专业知识,用历史的眼光审视不同时期的墓葬、遗址、文化艺术和大量的历史遗物,从多方面加强专业知识,领略历史的深度广度"。因此,高校历史专业教师一方面应鼓励学生"练就一副'铁脚板',在可能的条件下考察民情、探访古迹古物,注重实地考察和调查研究";另一方面,教师本身平时应将"考察的理念,考察的方法、有关文博的知识成为教学的一部分,增长学生的实践才干,使之受益于无形之中,达到提高教学质量的效果"。

对于历史学专业本科生而言,教学实践课程除了专业考察之外,还包括教学实习、师范生教学比赛、在动手查找资料文献的基础上撰写论文等。安徽师范大学历史与社会学院徐彬教授指出,高师院校培养历史学专业本科生一个重要的指标就是师范性，但实际上目前高师院校历史学专业本科生的师范性并不强，主要原因就是一方面教学实习做得不够深入，另一方面是历史学专业本科生参与科学研究的机会很少，教育教学与科学研究的能力没有得到充分的锻炼。南京师范大学社会发展学院齐春风教授也指出，目前高师院校历史学专业本科生教学存在重理论轻实践、重结果轻过程的问题，为此应该改革通史课程，一方面在断代史讲述的基础上真正贯通古今，另一方面则要更新教学方法，实现理论教学与实践教学地有机融合，提升历史学专业本科生查找资料文献、撰写论文的动手能力。此外，阜阳师范学院刘家富副教授《新时代地方师范院校历史专业教师培养存在的问题与对策》一文指出，目前历史学专业本科生课程结构不尽合理，教育专业课程及教育实践课程只占总课程的15%，很多高师院校"只重视学科的'学术性'，不重视师范教育的'学术性'"，"学生教育实践能力的培养更是被置于'边缘'或从属的地位"。他指出：地方高师院校是地方基础教育师资的培养基地，适应新一轮基础教育改革的要求，地方高师院校历史专业教师培养应加快教育改革的步伐，以素质教育的基本理念和教师专业化理论为指导，根据基础教育改革的目标与内容，调整培养目标与课程设置结构，改革教学方法与培养模式，努力加强历史教师教育学科建设，强化实践环节，提高历史教师培养专业化水平，增强未来历史教师的综合素质和终身学习的能力。安庆师范大学郝佩林博士《高校历史专业的论文写作示范谫论》一文，一方面展示了史学论文示范教学的三个步骤即"史料提要要清晰条理，提取史料核心意涵"，"史料提要整合归类，凝练论文逻辑框架"，"任意选取论文片段，教师下水示范写作"；另一方面又以具体的示范教学案例讲授、展示史学论文写作应注意的程序与方法。最后他强调指出，教师在论文写作教学中要身体力行，亲自示范。这样做的目的"无非希望老师深知作文的甘苦，无论取材布局，遣词造句，知其然又知其所以然，而且非常熟练，具有敏感，几乎不假思索，而自然能左右逢源"（叶圣陶语）。

总之，与会学者一致认为历史教学虽然与理科、工科以及其他管理应用型学科不同，需注重理论的阐发和史实的传授，但同样需要实践，单纯的课堂教学缺乏现场感，无法获得相应的感性认知与切身体验。"纸上得来终觉浅，绝知此事要躬行"，历史教学务必纠正重理论轻实践、重结果轻过程的做法，将专业理论与基础知识的教学和具有现场感、体验性的实践教学紧密结合起来，从而提高教学质量，培育出专业知识扎实、理论素养较高、实践能力很强、人文情怀丰富的创新型人才。

二　强烈的问题意识

众所周知，任何一门课程的教学都不仅仅在于传授知识、理论与方法，更重要的还在于培养学生形成批判性的思维，以及发现问题、分析问题和解决问题的能力。历史教学亦然。但目前在高师院校历史专业课程的教学过程中，无论是教师还是学生都比较缺乏问题意识与批判性思维。本次研讨会之所以以"双一流"建设背景下高校历史学专业教学改革与创新型人才培养为主题，可以说在一定程度上也是为了唤起师生的问题意识，提高他们批判性思维的能力。实际上，作为一线的高师院校历史学专业教师，与会学者在具体的教学过程中都遇到过各种各样的教学问题，而本次研讨会大家提交的所有论文无不因问而论，因问题而困惑，因困惑而获得洞见。

本次研讨会所提交的论文，都展现出强烈的问题意识。淮北师范大学李勇教授《问题、个性与效用——谈"史学概论"课程教学》一文在总结多年教学经验的基础上，指出"史学概论"课程教学仅有问题意识是不够的，"更重要的是要有强烈的问题意识。所谓要有强烈的问题意识，是指不断提出相关问题，甚至提出可能质疑学生已经接受的历史知识和观念的问题。"这是因为，"史学概论"相对于中外通史、断代史、国别史、专门史等课程，它的理论性、抽象性更强，没有强烈的问题意识与批判性思维，很难深入其堂奥。不仅如此，大学的课堂教学要做到"内容体系有个性、概念有个性、结论有个性"，通过"史学概论"教学帮助学生养成自觉的怀疑习惯，自觉克服思维缺陷。在具体教学过程中，李勇教授强调教师善于提问,由此激发学生的问题意识。与之稍有不同,安徽大学历史系盛险峰教授的《以"问"观"学"论》一文则指出,在教学实践中通过发问与被问还能深入分析发问者与被问者的学问与材性,进而实现教学相长、因材施教。盛教授认为,"学"与"问"具有内在的辩证关系,"学"是知识的量的积累,而"问"是认识的质的提升,"问"可以体现主体的特殊性。因为,"问"不仅能反映出问者的兴趣爱好,而且能反映问者的思维特质。因此,教师一方面可以通过学生之"问"辨识其材性,知其材性,而后进行针对性的教育;另一方面层层辨析学生之"问"所蕴含着的思维方式、思维特质,最终,由"问"入手,因"问"施教,因材施教。可见,"问"贯穿于"学"与"教"之中,从而实现了三者的有机统一。问题意识如此重要,所以,安徽师范大学胡宁副教授的《历史学专业本科生教育中问题意识的培养》一文重点探讨了历史教学过程中大学生问题意识培养的途径与方法。他指出,"培养问题意识,教师应通过展示与学生原有刻板观念相异的观念,转变圣经式的教材观,将史学意识的培养与问题意识的培养结合起来,以问题作为引导,让学生明白历史学的审视视角与发问方式"。其具体途径是以教材观示范问题意识、以问题彰显历史学专业的特点、以作业与考试训练问题意识,"让学生在相对开放的、附有启发性的教育引导下学习,敢于发问、善于发问,逐渐具备历史学专业素养"。

如果说李勇、盛险峰、胡宁探讨的重点放在高师院校历史学专业教师与大学生的问题意识与批判思维能力的培养方面,那么王德民教授、董根明教授的问题意识则着眼于高校历史教学与中学历史教学如何衔接的层面。安徽师范大学王德民教授《从历史教师教育角度看高师院校通史课程的教学改革》一文指出,高师院校通史课程的教学目标是培养中学历史教师,但由于高师院校历史教育专业本科生的通史素养缺失,导致他们在教育实习尤其是课堂教学行为中基本史实把握不准,缺乏证据意识,历史视野狭窄,思维僵化。针对这些问题,王德明指出,历史教师教育视角下通史课程的教学改革策略应讲清中学历史课程所涉及的基本史实,通史课程要有效渗透史学方法与史学理论层面的专业训练,以及合理配置通史课程的教学资源。安庆师范大学董根明教授与安庆二中历史高级教师何凌合作《高师历史学专业教学与中学历史教学衔接问题探析——以安徽省高师院校和基础教育为例》一文，针对现行师范类历史学专业课程设置及教学与中学历史教学脱节，教育教学实习流于形式，导致师范生入职时教育理念和教学设计不科学、专业知识不扎实以及课堂把控能力不足等问题，指出：高师历史教学应与基础教育之间建立师资互动机制，高校教师进中学，中学教师进高校，从而实现教学、科研的互动与衔接，建立课程开发与质量监控的长效机制，创新师范生教育教学实习模式，切实提高人才培养质量。董根明教授在其另一文《试论人文教育中科学思维和科学精神的培养》中指出，一些教育工作者认为，人文教育虽然可以影响一个人的价值观，感化人的心灵，陶冶人的情操，甚至可以让一个身处逆境的人感受到挫折的意义和价值，但人文教育很难对人们科学思维和科学精神的养成产生多大的作用。现代教育中的这种认识直接影响了人文教育社会功能的全面发挥。其实，人文学科不仅蕴含丰富的科学价值，而且对学生科学思维和科学精神的培养具有相当大的作用。安徽师范大学梁仁志副教授《大数据时代的史学研究与历史教学》一文指出，以史料的完备性为基础，实现对历史问题从局部认识到全面认识的转变，避免一叶障目、盲人摸象；从专门探究因果关系向兼顾相关关系转变，从而更好地预测历史发展的基本趋势，以便更好地指导未来实践；从不遗余力地收集史料向深度解读史料转变，从而实现对历史问题更加深刻、更加全面、更加科学的认识。大数据时代史学研究的这三个转变，不仅为史学研究开辟了新路，也为历史教学提供了新的利器。用数据发掘真相让揭示历史真相变得更加"触手可及"，更加生动有趣，可以较好地提升课堂教学效果和增强学生对历史学科学性的认识。阜阳师范学院吴修申副教授《地方高师历史专业世界史课程教学现状分析与思考》一文，针对世界史本科教学存在的课程数量不足、教授方式、考试方法单一呆板等问题，提出了相应的解决措施：适度增加世界史课程课时数量，授课采取讲授、小组讨论、研讨会等多种形式，考试方式要兼顾基础知识与能力培养。本文因问题而寻求世界史教学的提升之道，体现出明确的问题意识。

总之，问题意识源于具体教学实践所遇到的各种问题与困惑，更是源于身为教师的职业道德与责任感。为了提高教学效果，培养优秀的创新型人才，高师院校历史学专业教师在教学的过程中要善于设疑，激发学生深入思考历史学相关问题，引导学生反思甚至质疑已有的知识结构、认知视角与思维定式。通过"教"与"学"的有机互动，增强"问题意识"，培养批判思维能力。

三 与时俱进的创新精神

创新是社会进步的灵魂，历史学专业教学改革与创新型人才培养当然需要与时俱进的创新精神。就高师院校历史教育教学而言，创新包括学科发展规划、课程设置的创新、教学理念的创新、教学内容（包括教材）的创新、教学方法或手段（包括教育技术）的创新等层面。本次研讨会以"创新型人才培养"为主题，全面深入地研讨了高师院校历史学专业教学的各个层面，新意迭出。

安徽师范大学庄华峰教授响应习近平总书记"绿水青山就是金山银山""生态兴则文明兴"的号召，主张在高校本科历史学专业开设《生态环境史》课程。庄教授指出，在生态环境日益恶化的今天，有关生态环境的研究取得了丰硕成果；然而，这些研究成果并没有很好地向教学转化，目前几乎没有本科历史学专业开设《生态环境史》课程。在全民生态意识普遍加强的当下，高校历史学专业开设《生态环境史》课程十分必要。这对于完善历史学学科体系，帮助学生更深入地了解中国历史，增强学生的环境保护意识，实现其生态文明的知行转化，以及为经济社会发展提供历史借鉴、增强民族认同感大有裨益。庄华峰教授《改革高师历史专业教学内容和课程体系的思考》一文，则表达了对改革现行教学内容和课程体系的思考。针对目前高师历史专业教学内容相对陈旧、课程体系不尽合理、轻视能力培养以及与中学历史教育相脱节等现象日益凸显的状况，庄华峰教授认为，要解决上述问题，必须与时俱进，达到如下几个要求：教育必须面向未来、必须完善学科体系、必须实行素质教育、教学内容必须与中学历史教育接轨。庄教授同时指出，高师历史专业教学内容和课程体系改革是一项复杂的系统工程，在深化教学改革中必须处理好教材建设与课程建设、调整课程体系与保持学科特色、教材建设与师资队伍建设以及学术研究与教学研究等这样几层关系。淮北师范大学吴航副教授《〈明史史料学初稿〉编纂刍议》一文，主张历史学专业本科生与研究生应该开设"明史史料专题"课程，因此，在吸收前辈学者有关明史研究成果与明史史料整理的基础上，编纂一部系统且有新意的《明史史料学》教材势在必行。此外，目前史学界伴随着公众史学与口述史学的兴起，口述史课程也日渐成为本科历史教学的一项内容。恰因如此，安徽大学陆发春教授《口述历史与历史撰述——以唐德刚〈张学良口述历史〉为中心》一文指出，唐德刚的口述历史往往选取有代表性的人物，采取多种写作手法相结合描述人物，善于以小见大即从具体而微小的历史事实揭示时代变迁。所以，将口述史引入本科生历史教学不失为一个颇有创新的尝试。

关于学科发展规划与学科建设问题，本次会议也有全面深入且颇具创新的思考。安徽师范大学韩家炳教授《高师院校世界史学科发展规划的思考——以安徽师范大学为例》一文，重点阐述了安徽师范大学世界史学科发展规划的路径：首先，学科发展规划要紧扣时代脉搏，把握教育改革的最强音，更新教育观念。其次，"整合与创新"同步，"回归与改造"并重，重铸世界史学科发展的基本理念。"整合"就是借鉴其他学科资源为世界史学科发展所用，同时又不改变世界史学科的主体地位；"创新"是指对世界史学科的功能价值、知识体系、思维理念、教研体制进行重新思考、定位与再创造；"回归"即世界史学科教育要回归"求真求实"的实录精神，回归"天下兴亡，匹夫有责"的担当精神，回归改造国民性、以史为鉴的致用意识。再次，要整合校内资源，加强院系联合，凝练世界史学科发展的特色方向。具体言之，就是要加强与中国史、社会学、文化学、语言学等学科的联系，拓宽世界史专业培养的口径，力争在课程设置、学科教学、科学研究中逐步打造世界史的四个学科方向群即外国语言与外国历史,历史学与世界史双学位,国际关系史、中国边疆史与周边国家史方向,以及世界史与国际文化传播。最后,要优化配置校内师资,引进外来杰出人才,多渠道打造精干的学科团队。傅新球教授《中国世界史学科体系的新发展——读刘景华教授〈人类六千年〉》一文,则表达了对世界史学科体系的关注。她指出,学科体系是历史学家对历史的理解与解释系统,它决定历史学家选用哪些素材来编织他对历史的陈述,体系制约着对历史的解读,同时将散乱的历史细节组合成整体。傅教授进一步指出,刘景华教授《人类六千年》一书努力构建中国的世界史体系,把世界文明史分为四个阶段即人类第一批文明从诞生到衰亡的上古时代(文明诞生到476年)、亚欧大陆第二代文明繁荣与其他大陆出现文明的中古时代(从476年到16世纪)、西方工业文明居于统治地位的近代世界(从16世纪到1945年第二次世界大战结束)、1945年以来的世界。这种把人类历史进程分为四段的世界史体系前所未有,是有理有据的大胆创新,对于我们认识人类文明史具有重要的意义。淮北师范大学王智汪教授《史学新成果走进高校本科历史教学课堂刍议》一文,主要讨论了历史课堂教学如何吸收学界新的研究成果的问题。他指出,历史教学不同于史学研究,前者是传道授业,后者是探求真实。然而两者之间却存在着密不可分的联系,历史教学只有不断吸收史学研究的养分才能保持课堂的生命力。因为历史具有客观性,史学研究和历史教学都应该遵从历史的客观性。对于如何在教学中吸收学界新的研究成果的问题,王教授进一步指出,史学界的新观点、新材料是创新课堂教学的源泉,我们要积极引导学生大胆探索,他们或许能发现许多曾经是盲点的部位,进而进行全面而深入的思考。为此,教师应该认真研究教材和教学内容,精心备课,关注学术界的最新动态,引导学生多角度、多层次地观察历史,开拓他们看待历史的新视野,拓展他们的科研思维能力。

本次会议所提交的论文,不仅有对新课程设置的建议,也有对现有课程的改革与完善的思考。淮北师范大学王振红教授《中国史学史教学中的"通古今之变"思想解析》一文认为,《中国史学史》课程教学在讲授史著、史家、史观、史学发展等内容的过程中当以变动不居的历史背景,"通古今之变"作为《中国史学史》的核心思想,它不仅体现了中国古人善于"通变"的历史观念,而且促使中国古代史学形成了独特的通史体例与通史精神,更为重要的是,它集中体现了中国古人历史主义的思维模式,即历史是时刻变化的,故应从运动中认识历史、把握历史、服务现实。安徽大学蒲霞副教授在《融会贯通,将历史学专业课程教学冶于一炉——以〈史学概论〉课程为切入点》一文认为,在历史学专业必修课的数量与教学总时数不断减少的情形下,将历史学专业课程打造成一个课程链,使各门专业课程的教学冶于一炉,使它们相辅相成、相互补充、融会贯通,在一定程度上可以提升历史学专业必修课程的教学效果,从而帮助学生建立起较为扎实的专业基础知识体系。与蒲霞副教授的观点相呼应,安庆师范大学江贻隆副教授《如何实现〈中国历史文献学〉有效教学》一文,一方面论述了安庆师范大学《中国历史文献学》课程教学之教材与教学参考书的选用情况,教学方法和教学手段的改革与创新;另一方面指出,《中国历史文献学》课程教学要兼顾相关课程内容,诸如注重对地方文化资源的发掘,加强国学经典的研读,与《中国历史文选》《训诂学》等课程的有机融合,建立《中国历史文献学》相关课程结构体系等。由此可见,深入融合历史学专业相关课程,建立课程群(课程链),完善整合现有相对分离的各门课程使之成为一个课程体系,这既是本次会议的共识,也是一个历史学专业教学的新方向。

四 融"旧"会"新"的理念与方法

"问渠哪得清如许?为有源头活水来。"创新型人才的培养离不开优秀传统文化的滋养,因而在历史教学的过程中我们要注意汲取传统文化的精髓,培养当代大学生的人文素养与家国情怀。与此同时,为了取得良好的教学效果,又需要教学理念、教学内容(包括教材)、教学手段的创新。

安徽师范大学王彦章副教授《传统民俗在中国近代史教学中的应用》

一文指出，文化是民族的血脉，而民俗是民众创造、享用和传承的生活文化，是规范人们的行为、语言和心理的基本力量，具有心理娱乐、社会调控和保存文化的重要功能。所以，将传统民俗融入中国近代史教学之中，对于传承与弘扬传统文化、培养家国情怀、提高教学效果都具有重要的意义。安庆师范大学方晓珍教授《中国近代史教学与传统文化传承研究》一文，主张在中国近现代史教学中传承与发扬传统文化：首先，要秉承客观、科学、礼敬的态度取其精华，去其糟粕。其次，当今社会现实下弘扬传统文化，要将传统文化现代化、生活化、大众化、教育化、网络化。最后，将优秀传统文化融入中国近现代史教学，要坚持整体把握，实现系统融入；突出重点热点，实现深度融入；创新表达方式，实现生动融入。安庆师范大学梁诸英教授《以安徽革命文化资源助力我省师范院校中国近代史教学》一文认为，对大学生尤其是师范院校大学生进行革命文化教育非常重要，安徽省高师院校历史教学应将丰富生动的安徽革命文化资源融入中国近现代史的课堂教学活动、课程资源建设、校园文化建设等方面，从而引导大学生树立正确的历史观、民族观、国家观、文化观。

就历史教学而言，任何一门课程从时间上可以说都是既回首过去、关注现实而又面向未来，从内容上而言既是知识的传授又是人文精神的弘扬。所以，阜阳师范学院李强副教授《试论当代大学生民族精神的培育——以〈中国近代史纲要〉教学为中心》一文指出，中国近代史是一代又一代仁人志士和人民群众为救亡图存和实现中华民族伟大复兴而英勇奋斗、艰苦探索的历史，《中国近代史纲要》课程可以从教学内容、教学手段以及理论层面对大学生进行民族精神的培育，发扬光荣的革命精神，开创美好未来。安徽大学蒋浙安副教授《古希腊罗马史课程教学与大学生人文素质培养》一文认为，古希腊罗马史蕴含着丰富而生动的人文精神，学习古希腊罗马史可以培养大学生的勇气、意志、良好的品行举止与个人修养，这不仅可以促使大学生加深对西方世界的认识，也有助于今天的"一带一路"建设。安徽师范大学杜英副教授也不约而同地谈到了历史教学与大学生人文素质培养的问题，她在《世界史通识课程与大学生人文素质培养研究——以安徽师范大学通识课〈西方文化史〉为例》中指出,在全球化日益深入的今天,通过学习西方文化,培养大学生学会用正确的世界观与方法论分析西方历史文化现象,促使大学生学会用独立的眼光审视世界,用历史的批判精神反思人生,用宽容的态度对待他人。总之,要通过学习世界上所有优秀文化资源,培养符合时代需要的高质量复合型人才。

本次研讨会有关教学理念、教学内容(包括教材)、教学技术以及教学评量的论述也颇有新意。安徽师范大学曹升生副教授《用"四好"理念推动世界史本科教学》一文,提出了"读好经典""学好外语""用好网络""写好文章"的"四好"理念,指出:任何学科的经典著作都具有永恒、典范的价值,所以,"作为学术训练的第一步,读好经典具有不可替代的意义";对于世界史学科而言,学好外语在学术研究与学术交流中具有十分重要的作用;在信息时代的今天,用好网络是收集、利用资料的最重要途径;"所有的读书和思考,最终都会通过论文的形式呈现出来",所以,写好文章也是世界史本科教学的重要内容。显然,"四好"理念全面概括了世界史本科教学的基本内容,既注重传统经典又与时俱进(如用好网络)。安徽大学尹建龙副教授《〈美国史〉本科教学中试用外文原版教材的效果研究》一文,介绍了安徽大学历史系开设《美国史》使用外文原版教材的经验与教训:一方面首先要解决美国原版教材与我们自己的教育目标、课堂授课要求水土不服的问题,针对美国原版教材存在大量宣扬美国自由主义价值观、普世价值以及歪曲历史事实的内容,我们要按照历史唯物主义、辩证唯物主义的观点进行再阐释;另一方面,授课教师要互相听课、集体备课以提升教学水平,同时深入了解学生的水平、兴趣以及真实想法,切实提升教学效果。随着现代信息技术的突飞猛进,新媒体日新月异,淮北师范大学王存胜博士在《数字影像技术在高校历史课程教学中的价值及应用》一文中指出,在高校历史课程教学中引进现代数字影像技术,积极探索现代数字影像技术在课堂教学中的独特价值与应用原则,有助于推动现代高等教育教学模式的改革与创新。阜阳师范学院郭从杰副教授《中学历史教师的专业发展与教学评量》

一文认为，教学评量是教师专业化成长的有效手段，对教师的教学通过同事评量、学生评量以及专家评量等多种形式的评量，对于提升教师教学的专业化水平、优化师资队伍的结构、增强教师队伍的活力具有重要的意义。作为整体教学过程的重要环节，教学评价是提高教学质量、实现"教"与"学"互动的重要手段。郭从杰将评"教"与评"学"相结合，撰写教学成长档案，建构相应的诊断矫正机制等做法，都是具有创新意义的举措。

一流大学和一流学科建设，人才培养是关键。安徽师范大学举办"双一流"建设背景下高校历史学专业教学改革与创新型人才培养研讨会适逢其时，本次研讨会所凸显的问题意识、创新精神、融"旧"会"新"的教学理念与方法，为高校历史学专业教学改革与创新型人才培养提供了新理念、新思路与新途径。

理论与方法

以"问"观"学"论

安徽大学 盛险峰

"问"在学习知识和培养人才的过程中具有重要意义,问反映了问者的兴趣及其思维方式,而这作为学的基础,问与学具有一致性。问作为师生之间探讨知识的一种方式,应用于课堂教学中,可以达到因材施教的目的。

一

"问"可以观"学"。问可观被问者之学,亦可观问者之学。

一是问可以观被问者之学。古希腊哲学家苏格拉底是以"问"作为判断被问者知识的内在逻辑[1]。在思想界流传的苏格拉底之问,蕴含了思辨性,这成为古希腊哲学的重要特征之一。纵观我国历史,也不乏有关问的记载。据《后汉书》载,东汉时期郑玄以"山东无足问者,乃西入关,因涿郡卢植,事扶风马融","会融集诸生考论图纬,闻玄善算,乃召见于楼上,玄因从质诸疑义,问毕辞归。融喟然谓门人曰:'郑生今去,吾道东矣。'"[2] 郑玄的游学是以问作为学的对象,当郑玄与马融之间"问"之不存,郑玄的离去也就理所当然了。宋代欧阳修著有《易童子问》,其以童子问来设计问答,通过一系列的童子问答阐释其易学思想。

---

[1] [古希腊]柏拉图:《柏拉图全集》,王晓朝译,人民出版社2002年版。
[2] (刘宋)范晔:《后汉书》卷三五《郑玄传》,中华书局1965年版。

一是问可以观问者之学。历史上记载以"问"观"学"之事颇多，其中尤为值得注意的是朱熹之问和戴震之问。朱熹之问，是对天这一本体的追问，"（朱熹）幼颖悟，庄重能言，韦斋（朱松）指示曰：'此天也。'问曰：'天之上何物？'韦斋异之。"① 而戴震之问，则是对经学注疏经验常识的怀疑：

> 十岁乃能言，就傅读书，过辄成诵，日数千言不肯休。授《大学章句》，至大注"右经一章"以下问其塾师曰："此何以知为孔子之言而曾子述之？又何以知为曾子之意而门人记之？"师应之曰："此先儒朱子所注云尔。"又问："朱子何时人？"曰："南宋。"又问："孔子、曾子何时人？"曰："东周。"又问："周去宋几何时？"曰："几二千年。"又问："然则朱子何以知其然？"师无以应，大奇之。②

朱熹之问发生于父子之间，戴震之问发生在师生之间，但从朱熹之问到朱熹之学，戴震之问到戴震之学，都可以看出问者与其学术之间的必然关系。朱熹之问和戴震之问表明，古人对问可以观学的认知。战国时期屈原《天问》对周遭世界提出了一系列的"问"，内容丰满，包罗万象，体现了其大胆怀疑和探索的精神，至今读起来，仍然觉得气度非凡。

可见，问可以观学。经学语境下的学问，学与问是分开的。《周易·文言》曰："君子学以聚之，问以辩之。"《礼记·中庸》曰："故君子尊德性而道问学，致广大而尽精微，极高明而道中庸，温故而知新，敦厚以崇礼。"这里除了学和问从具有经验性的"前言往行"的历史上获得知识以成就君子人格之外，学与问具有内在的辩证关系，学是知识的量的积累，而问是认识的质的提升。问是体现主体的特殊性，与具有专业性

---

① （宋）黄榦撰：《勉斋集》卷36《朝奉大夫文华阁侍制赠宝谟阁直学士通议大夫谥文朱先生行状》，《影印文渊阁四库全书》第1168册，台湾商务印书馆1986年版，第404—405页。

② （清）王昶：《春融堂集》卷55《戴东原墓志铭》，《清代诗文集汇编》（第358册），上海古籍出版社2010年版，第545页。

的学具有一致性。

二

"问"何以观"学"？问可以观问者之材性，这是为学的基础和前提。

一是问反映问者的兴趣。人皆有探索、发现的天性，这一天性推动了人类社会的发展。而人触识环境，万端不暇，体悟不一。由于人的材性各异，对外在环境的感知也不一样，这样就反映在个体兴趣上也具有多样性。观察问者之问，是了解问者兴趣的主要途径，据此也可以明问者材性，只有这样才可以因材施教。当然，类似的问因发问者不同，反映的个体兴趣也不一样，善教者应细察之。《论语》作为孔子弟子和再传弟子追记孔子与弟子之间的对话，在对话中，即使有些弟子问同一类的问题，但孔子的回答是不同的，因人而异，这里不同的回答是建立在孔子对弟子不同材性认知的基础上的，解读这些不同可以发现孔子对弟子材性的了解。

二是问反映问者的思维特质。问除了能够反映问者的兴趣外，还可以反映出问者的思维特质。问者的兴趣可以由问直接判断出来，而其背后所反映出的思维特质，也就是问者的所思与所问的关系，是值得注意的。人的共性的东西是具有普遍意义的，但人们生活的地理环境、经济基础和文化传承的不同，不同民族、国家、地域的人们思维特质也不一样，这是特殊性与共性的关系。人的思维倾向于感性还是理性，都可以从问者的问来判断，而一个人的思维特质是从事某一门学问和专业的基础。教师的教学活动就是要通过学生的问发现学生的思维特质，这样可以引导其成为符合这一思维特质的人才。《礼记·中庸》曰："博学之，审问之，慎思之，明辨之，笃行之。有弗学，学之弗能弗措也；有弗问，问之弗知弗措也；有弗思，思之弗得弗措也；有弗辨，辨之弗明弗措也；有弗行，行之弗笃弗措也。"这里的"学"与"能"、"问"和"知"、"思"和"得"、"辨"和"明"、"行"和"笃"表明知行的过程，其中"问"作为"知"的手段，反过来也可以判断学的特征。

由此可见，由于兴趣和思维特质可以从问与问者关系上反映出来，所以朱熹和戴震幼年之问，发自天真，出于无邪，这一童子之问更能反映材性的差异，而材性之不同则为学趋向也不一样，故问可以观学。

三

既然问可以观学，那么教师在教育中，要善于把问作为工具组织课堂教学，使教学过程也是发现学生的过程，达到因材施教的目的，这样教学活动就具有创造性的特征。问作为手段，不在于问的本身，而在于问与问者之间所体现的问与学的关系。具体而言，应用于问到课堂之中，应做到以下两点：

一是"如切如磋，如琢如磨"。在学生的问中，教师要善识学生的材性，知其材性，方可施以"工具"，才能切磋琢磨，即进行和设计有针对性的教育。教学过程实际上既有传道义务，也有培养学生成器的责任，道是普遍意义的，器则体现专业特征。由于材性不同，对道的理解以及成器的类型也不一样，这种差异是人的天性和社会陶冶的必然。

二是问如新心，新叶新知。唐代大颠禅师说："修行如剥芭蕉。"宋人张载《芭蕉》诗云："芭蕉心尽展新枝，新卷新心暗已随。愿学新心养新德，旋随新叶起新知。"大颠禅师的话和张载诗旨趣不一，但都以芭蕉这一植物喻新知和修行，大颠禅师从剥的角度去"觅心"，张载的诗阐释新心和新叶之理。问如剥芭蕉叶，层层推进，愈进愈里，接近新知，这样问也是辨识问者之思维特质的过程。修行可以明心见性，问体现了心，则由问也可以见性。正如《中庸》所云："诚者，天之道，诚之者，人之道。"

在信息时代下，教学的软硬件设施令人目不暇接，课堂教学组织的方式和理念不断创新，色彩纷呈，但师生之间的教学活动，其实既简单又复杂。所谓简单，作为教学活动，关键如韩愈在《师说》中指出为师应"传道授业解惑"，其中"解惑"是"传道授业"的基础。所谓复杂，教学活动是培养人的活动，百年树人，人有独特的成长规律，传什么道，授什么业,解什么惑,都必须依据对象进行有针对性的教育。而由问入手,因问施教,尊重主体自身发展,这一教育理念在信息时代仍然不失为培养人才的主要手段。

改革高师历史专业教学内容和课程体系的思考

安徽师范大学　庄华峰

进入新时代，高师历史专业教学内容相对陈旧、课程体系不尽完善以及与中学历史教育相脱节等现象日益显露出来，这对于培养适应21世纪社会和教育发展需要的新型师资是极不相称的，也难以适应高校"双一流"建设的需要，因此，对其进行深入改革，势在必行。

一　高师历史专业教育存在问题的分析

随着学术研究的推进和时代的发展，特别是面向21世纪对新一代史学人才的要求，目前推行的高师历史专业教学内容和课程体系，其弊端日益突出，概言之，约有以下数端：

(一) 课程老化

现阶段历史专业课程老化问题十分突出，这里以中国古代史课程为例。目前实施的中国古代史课程教学内容和课程体系是在血与火的阶级斗争中建立起来的，从教学内容到课程体系都带有极其鲜明的时代特点。例如：为了鼓舞人民反对帝国主义的侵略，教材着重介绍历史上汉族抵抗异族压迫的斗争；为了反对封建主义，教材着重揭露封建地主阶级对人民的压迫和剥削；为了论证农民在当前革命中的地位和作用，教材着重叙述历史上的农民起义和农民战争，并强调农民战争是整个封建社会历史前进的动力，等等。看得出来，这些教学内容本身在当时都与中国的前途和命运息息相关，都直接服务于中国共产党所领导的急风暴雨式的阶级斗争，因而在当时具有极大的吸引力，鼓舞一代进步青年看清了历史的前途，使他们积极投身革命。因此，在这一时期所建立起来的课程体系和教学内容也就自然而然地处于领导地位，并被继承了下来。然而长期以来，由于社会历史条件的限制，我们并未辩证地看待这一教学模式，只看到了它所具有的历史合理性，而没有看到它从一开始就具有的暂时性。于是，诸如奴隶社会的有无与封建社会的分期问题、资本主义萌芽问题、农民战争问题、封建土地所有制形式问题、亚细亚生产方式问题等分别成了某一时期教学内容的中心问题，讨论得轰轰烈烈。问题在于，上述诸多问题，或者本身属于一个已经逝去的时代，或者由那些时代性很强的问题所派生出来。总之，这些问题和我们今天的社会现实，有的毫不相干，有的距离太大，而真正为人们所关注的许多问题又不在我们的教学内容之中，以至于我们的教学内容和课程体系越来越远离新的时代，新的现实，使人们对它产生了越来越大的隔膜感，甚至厌弃感。

其他课程的教学内容，也都不同程度地存在老化问题，这里不再赘述。

（二）学科体系不完善

目前历史专业的学科体系大都由政治、经济和文化三部分组成，其中没有社会史的地位。这样的学科体系结构是不完善的。在这样的体系中，由于社会史的缺位，使我们的历史远离了大众，远离了生活，也远离了社会，这是一个值得关注的现象。

当下的史学研究有时有点像得了"自闭症"，一些学者将自己封闭在学术的象牙塔里，进行着所谓"纯学理性"探究，常常孤芳自赏地抱着"精英阶层"的傲慢，责难非专业人士对知识的缺失。在这里，我们并非否定进行学术性探究的必要性，毕竟探求历史的本真，是史学研究的第一要务，而且探求历史的真相，就如同计算圆周率，永无穷期。但是，如果我们的史学研究或教学不能够启迪当世、昭示未来，不能够通过历史的讲述去构建一个国家的认同，史学作品不能够成为读者启迪人生的向导，相反自顾自地远离公众领域，远离社会大众，使历史成为纯粹精英的历史，成为干瘪的没血没肉的历史，成为冷冰冰的没有温情的历史，自然也就成了人们不愿接近的历史，这样的学术研究或教学自然是没有活力的。

（三）轻视能力培养

传统的历史专业教学方法归纳起来就是"三多三少"，即讲授内容多，学生进行思维少；讲授时间多，学生自学少；教师单一讲授多，学生参与机会少。从表面上看，这种教学方法发挥了教师的主导性，内容充实，时间投入量大，但效果并不佳。因为它侧重于用灌输的方式向学生传授知识，无视学生学习的主观能动性的发挥，容易造成学生的思维滞塞。加上有些教师只注意传授书本知识，而忽视让学生学会综合、分析和评价问题的方法。因此，学生不能透过纷繁复杂的历史现象把握其源流与实质。它既不符合学生的认知规律，也不利于学生创造能力的培养。此外，对于学生的技能（诸如表达能力、写作能力、书写能力、计算机操作能力等）训练也未予重视，以致毕业生适应工作的能力较差。

（四）与中学历史教育相脱节

高师历史专业应该强调其在史学研究方面的优势，不断创造史学研究的最新成果，奉献给社会，并为各级各类学术机构或高等院校输送高级史学专门人才（如研究生、双学位等），真正体现高师院校的学术水平。但这并非衡量高师历史专业教学水平的唯一标准，严格地说，高师历史专业的主体培养目标是合格的中学历史教师。对此，高师院校没有足够的认识，因而目前历史专业教学工作脱离中学教学实际的现象十分严重。现在，大多数高师院校的教师不了解中学历史教材的知识结构、重点和难点，每个教师的教学内容都自成体系，随意性很大，很少考虑与中学历史教学内容接轨,双方基本上是"老死不相往来"。因此,一些新近参加工作的历史系毕业生抱怨说,学到的没用上,用得上的没学到。话似乎说得太过且有片面性,但也确实暴露了高师历史专业教育在这方面的弊端,对中学的历史教学情况缺乏真切的了解和研究,以致成为对"新师资"培养的薄弱之处。

此外,教学手段单一等也是目前高师历史专业教育中存在的主要问题。

二 历史专业教学内容和课程体系改革所应达到的目标

对于上述存在的问题,我们必须不失时机地加快历史专业教学内容和课程体系改革的步伐,努力提高教学水平,以跟上"双一流"建设的步伐。而要实现这一改革目标,我们认为必须达到如下五条要求。

(一)教育必须面向未来

教育是国家大计,也是民生之基。教育要面向未来,这也是时代对于历史教育提出的一个极其严肃的课题。可以这么说,教育面向未来,就能使学生在21世纪的国际竞争中取得战略主动地位;就会重新思考历史教学的方向,以吸引青年学生,并认识自己的教育效果、过程和目标的价值;就会通过历史教学,帮助青年学生学习国际合作和有效的文化交流的意义;就会正确地掌握知识和思维的过程,指导学生不断了解信息和掌握技能;就会在注意发展学生的文化意识的同时,加强他们对不同国家、不同地区、不同文化、信仰的认识。归结一句话:就是要求历史教学必须更新观念,解放思想,扩大思维的空间,从过去那种狭隘的、封闭的状态中解放出来,从更为广阔的领域来认识中国历史和中国文化,以更为现实的观点来讲解世界文化和世界历史。

(二) 必须完善学科体系

教材是教学内容的载体。在深化课程体系和教学内容改革中，教材建设占有举足轻重的地位。在教材建设上，要突破流行半个多世纪的政治、经济和文化"三足鼎立"的中国通史著述格局，从社会史（以婚姻、家庭、人口、宗族、社区、饮食、服饰以及社会调控和社会问题为主要内容）的角度入手，开拓和填补鼎足之下的边缘地带和空白区域，同时再以不同历史时期的社会史为中介，连接和沟通鼎立的"三足"，复原历史的本来面目，使之血肉丰满，容光焕发，改变以往史学那种单调干瘪的形象，使之更加充实和完善。由于社会史的加盟，中国通史便形成由经济史、政治史、社会史和文化史四个部分组成的多层次、多线索交错互动、互相联系的相辅相成的学科体系。同时，这四个部分又自成体系，它们组成了历史学学科网络结构，通史的总体性存在于这些部分中间，而且是通过这些部分自然形成的。这样的学科体系要明显优于那种经济、政治、文化三个方面构成的旧通史格局。以上是就中国通史的学科体系而言的。在《世界通史》教材建设中，也应增加社会史的内容。如在《世界近代史》教材中，就可以资本主义社会的物质生活和精神生活为题，展示400年间欧美诸国社会生活的实况。以近代物质生产的进步说明人们在衣食住行、社会风尚、家庭生活、文化娱乐等方面的演变过程，使学生既了解资产阶级与普通民众在生活上的巨大差距，又看到人民生活水平的提高，同时也懂得家庭的变化，妇女地位的底下，儿童受虐待，弃婴等是资本主义社会普遍的丑恶现象。

（三）必须实行素质教育

《中国教育改革和发展纲要》明确指出："中小学要由'应试教育'转向全面提高国民素质的轨道。"这使得我国高师教育面临着一场深刻的历史性革命。"素质教育，从教师抓起。"基础教育要"转轨"，师范教育就必须首先"转型"，也就是要按照素质教育的需要，改变原有的培养规格和模式，达到教育部在《关于当前积极推进中小学实施素质教育的若干意见》中所提出的"师范院校要从办学方针、培养目标、基本教育教学理论、课程结构、教育内容和教育方法、培养和提高教学能力等几方面进行改革，努力为中小学输送符合实施素质教育要求的新师资"的要求。《教育部关于加快建设高水平本科教育全面提高人才培养能力的意见》（高教〔2018〕2号）也指出：要"发展素质教育，深入推进体育、美育教学改革，加强劳动教育，促进学生身心健康，提高学生审美和人文素养，在学生中弘扬劳动精神，教育引导学生崇尚劳动、尊重劳动。……把生态文明教育融入课程教学、校园文化、社会实践，增强学生生态文明意识。广泛开展社会调查、生产劳动、志愿服务、科技发明、勤工助学等社会实践活动，增强学生表达沟通、团队合作、组织协调、实践操作、敢闯会创的能力"。为了达到上述要求，在高师历史专业教学内容和课程体系改革中，必须实现专业知识教育与文化素质教育的有机融合，要从单纯的专业教育的旧框框中解放出来，使学生不仅接受专业教育，而且接受文化素养和文化品格的教育，促使学生精神境界、文化修养和工作能力的整体素质得到全面提高，培养既有充实知识，又有完善人格和应用能力的新时代人才。因此，必须进行两方面的改革：一是增设通识课程。必须在以往行之有效的各种做法的基础上，认真总结经验，让学生更多地选修其他人文社会科学学科，尤其是中国语言学、哲学、经济学、社会学、人类学、美学、西方哲学史、中国文化史、先秦诸子选读、西方古典音乐欣赏、中国戏曲欣赏、中国书法艺术等课程，并鼓励学生选修部分与自然科学基础知识有关的课程，以提高学生的人文素养。二是加强能力培养。要采取措施提高学生各方面的能力，尤其是表达沟通、团队合作、组织协调、实践操作、敢闯会创的能力。

（四）必须提高本科生毕业论文质量

由于近些年来本科毕业论文质量出现严重"滑坡"现象，社会上掀起了"取消本科毕业论文"的呼声。我们认为，不能因噎废食。这种"一叶障目，不见泰山"的呼吁不仅不符合我国本科教育的培养目标，而且也违背了培养高层次人才的梯队发展规律。而要提高本科生毕业论文的质量，我们认为可从以下几个方面着手：一是推行"三级论文"写作制度，逐步提高学生的写作能力。所谓"三级论文"写作制度，就是指大二写作"课程论文"，大三完成"学年论文"，大四提交"学位论文"。逐年锻炼，逐级提高。学生可以在"三级论文"上就同一个知识点展开深入研究，这对于培养学生的论文写作能力大有裨益。二是提倡本科生毕业论文写作允许自主命题，发扬"团队精神"合作完成。毕业论文写作应当由学生自主灵活命题，但要经过导师审核。对选题有共同兴趣的学生可以3—5人组成团队，发扬"团队精神"，大家分工协作，集思广益，这样不仅能实现高质量学位论文的要求，而且更重要的是凝聚了同学们的智慧，改变"90后"大学生那种缺乏合作、"独立"悠然的人格心理。三是要创新论文的考评机制。到2020年我国要建设成为创新型国家，急需大量高素质创新人才。与之相适应，提倡本科毕业论文的写作可以采取多样化的形式进行，既可以使用传统形式的毕业论文（设计），也可以是反映学生真才实学和创新能力的与专业相关的作品、设计、调研报告、竞赛取得的成果和在报纸杂志上发表的优秀文章等。这种灵活的考评机制对于培养学生的动手能力和创新能力大有益处。四是将本科生毕业论文质量纳入导师工作绩效考核体系。在现代知识经济高速发展的大背景下，社会对大学生的教育和培养提出了更深层次的要求。导师作为学生的最主要的培养者，对学生各方面的能力尤其是科研能力产生重要的影响。但是由于种种原因，导师不能够把注意力全部集中到本科生身上，这是导致本科生毕业论文质量欠佳的一个很重要原因。所以，尝试将本科生论文的质量纳入导师工作绩效的考核体系，直接与导师的荣誉和利益挂钩，不仅能够激励导师对本科生更加关注，而且在导师的带领下学生的毕业论文质量也理所当然地会有很大的提升。

（五）教学内容必须与中学历史教育接轨

高师教育直接为基础教育服务，因此必须处理好高师教育与中学历史教学的接轨问题。自教育部于2018年1月正式颁布《普通高中历史课程标准（2017年版）》以来，高中历史课程标准的修订变化引起了广大中学历史教师的关注。按照新的课程设计，高中历史课程结构调整为：必修课程即《中外历史纲要》，在历史时序的框架下，从中国和世界两个层面呈现人类历史演变的基本脉络，以及丰富多样的历史文化遗产，是全体高中学生必须学习的课程；选择性必修课程是必修课程的拓展与深化，设有《国家制度与社会治理》《经济与社会生活》和《文化交流与传播》三个模块，旨在引领学生多角度认识历史的发展与变迁，由学生根据个人兴趣和升学需求选择学习；选修课程设置《史学入门》和《史料研读》两个模块，是在必修课程和选择性必修课程基础上的进一步延伸。新的课程标准，以贯彻落实教育部提出的"立德树人"根本任务为指针[1]，着力培养学生的历史学科核心素养，在文本结构、课程结构、课程内容以及实施要求诸方面与以前发生了重大变化。这种变化对高师历史教学提出了更高的要求。新课标强化对相关史实的整体认识。《中外历史纲要》作为必修课程，以大时序小专题的呈现方式，精选了24个专题以引导高中生进一步通过对相关史事的整体认识，深化对人类历史发展基本脉络的认识和对人类社会从低级到高级发展规律的认识，这就要求高师历史教育要以《中国通史》和《世界通史》两大历史学专业主干课程为核心，在"博"字上下功夫，把两门通史的内容进行交叉、渗透，从中国看世界，从世界看中国，学贯古今，融通中外，夯实未来中学历史教师的专业基础。同时，基础教育课程承载着党的教育方针和教育思想，规定了教育目标和教育内容，是国家意志在教育领域的直接体现，在立德树人中发挥着关键作用。这就要求高师历史教育在"情"字上下功夫，"以唯物史观为指导，对人类历史发展进行科学的阐释，将正确的思想导向和价值判断融入历史的叙述和评判中；要引领学生通过历史学习，认清历史发展规律，对历史与现实有全面、正确的认识，形成实事求是的科学态度以及正确的世界观、人生观、价值观和历史观；要增强学生的历史使命感，不断增强学生对伟大祖国的认同，对中华民族的认

---

[1] 参见《教育部关于加快建设高水平本科教育全面提高人才培养能力的意见》（高教〔2018〕2号）。

同，对中华文化的认同，对中国共产党的认同，对中国特色社会主义道路的认同；增强学生的世界意识，拓宽国际视野。"① 使他们在未来的中学讲台上以饱满的激情、适当的方式将正确的价值观通过历史教学传递给中学生。

三 历史专业教学内容和课程体系改革应处理好的几个关系

高师历史专业教学内容和课程体系改革是一项复杂的系统工程，因此，在深化教学改革中必须处理好几种关系。

一是处理好教材建设与课程建设的关系。《教育部关于深化本科教育教学改革全面提高人才培养质量的意见》（教高〔2019〕6号）指出，应"鼓励支持高水平专家学者编写既符合国家需要又体现个人学术专长的高水平教材，充分发挥教材育人功能"。教材是教学内容的载体。在进行教学改革中，教材的更新必须同课程的调整紧密地结合起来。如果离开课程调整去写教材，这样的教材建设就无益于提高教学质量。课程调整，一是内容的调整，二是结构、体系的调整。新教材只有适应课程调整的需要，按课程结构、体系进行布局，并体现新的课程内容，才能保证具有较好的质量。随着形势的发展和学术研究的不断深入，高师历史专业的课程体系应作相应的调整，应围绕修订后的专业培养目标的要求，增设反映本学科前沿成果，有助于提高学生基本功训练和理论思维能力的基础课，特别是文化史、科技史、社会史、宗教史、外交史等领域的专门课程。与课程调整相适应，有必要逐步改革《中国通史》和《世界通史》两门历史专业最主要基础课的内容和体例，使之更好地反映时代变化和学术的最新发展。要增加有关生态、人口、疾疫、社会思潮、大众心态等国际普遍关注的内容，并努力把中国历史置于世界历史的总体发展中考察。只有这样把教材建设与课程建设有机地结合起来，才能收到

---

① 参见教育部制定《普通高中历史课程标准（2017年版）》。

相得益彰的效果。

二是处理好调整课程体系与保持学科特色的关系。完善课程体系是教学改革的重要任务之一。但是，课程体系的完善并不意味着否定过去的一切和抛弃学科特色。恰恰相反，只有处理好调整课程体系与保持学科特色的关系，教学改革才有坚实的基础和旺盛的活力。在调整课程时，我们不主张所有课程都以市场为取向，而应根据专业的特点来决定其取舍。具体到历史这种偏冷的基础、长线专业来说，在教改中，要注意处理好两个问题：一是要解放思想，加大课程调整力度，适当增加应用性课程，以适应形势和学术发展的需要。二是要注意保持专业的传统和特色。我国历史学几千年发展历程所形成的学术传统，特别是近代史学和马克思主义史学的发展，对近几十年来历史专业的教学和学术发展有深远影响。这种深厚的本土学术渊源，使我国历史专业教育具有许多其他专业所不具备的特色。这些特色在继续深化改革时应当注意保护和珍惜。对于一些传统课程，诸如史源学、训诂学、版本学、目录学、文献学等，不但要开设，而且要开好，以提高学生的学术素养。

三是处理好教材建设与师资队伍建设的关系。课程体系和教学内容改革的关键在于教师。教育目标的实现，归根结底是通过教师的具体教学活动来决定的。在课程体系和教学内容改革过程中，必须把教师队伍建设放在重要位置，尤其要把编写《中国通史》和《世界通史》等新教材同培养中青年教师队伍结合起来，让中青年教师挑重担，达到既编出了教材，又培养了人才的双重目的。

四是处理好学术研究与学生成长的关系。《教育部关于深化本科教育教学改革全面提高人才培养质量的意见》（教高〔2019〕6号）指出，要"推动科研反哺教学。强化科研育人功能，推动高校及时把最新科研成果转化为教学内容，激发学生专业学习兴趣。加强对学生科研活动的指导，加大科研实践平台建设力度，推动国家级、省部级科研基地更大范围开放共享，支持学生早进课题、早进实验室、早进团队，以高水平科学研究提高学生创新和实践能力。统筹规范科技竞赛和竞赛证书管理，引导学生理性参加竞赛，达到以赛促教、以赛促学效果"。这一要求为高师院校的学术研究指明了方向。我们在开展学术研究的过程中，要积极吸纳学生参与其中，使学生通过参与教师的学术活动，激发自身的学习兴趣，提升学习自主性，在参与的过程中，改进学习方法，树立问题意识和创新意识，加强团队合作，使学生查阅资料、写作、分析问题和解决问题、交流合作等各方面的能力与素质得到锻炼和提升。

用"四好"理念推动世界史本科教学

安徽师范大学　曹升生

信息时代的到来,虽然极大地拓宽了史料的获取途径,但是对于学术训练提出了更高的要求。台湾史家严耕望曾倡言"看人人所能看得到的书,说人人所未说过的话",指出"真正高明的研究者,是要能从人人能看得到、人人已阅读过的旧的普通史料中研究出新的成果",[1] 这就是说在史料相同的情况下,考验史学工作者的,依然是整体性学术训练所体现出来的功力与见识。反映在本科教学层面,就需要高瞻远瞩,制订贯通的培养方案。笔者在此提出"四好"理念,希望抛砖引玉,能有助于中国的世界史本科教学。

一　读好经典

作为学术训练的第一步,读好经典具有不可替代的意义。经典分为两种,一种是广义的经典,如中西人文社科领域流传久远的那些著作,比如中国的《论语》《易经》《史记》等,西方的《政治学》《政府论》《论美国的民主》《文明的冲突与世界秩序的重建》等,这些著作的作用在于奠定深厚的人文底蕴,培养起对知识的敬畏感和对学术的向往。另一种是专业书籍,这类书籍的意义在近来得到更广泛更深刻的认识。如

---

[1]　严耕望:《治史三书》,辽宁教育出版社1998年版,第23页。

山东大学王学典教授认为"所有成功学者一定要精读本方向的基本典籍",[①] 因为现代学术越来越碎片化,专业性越来越强,而人的精力又有限,所以必须聚焦于本专业的经典书籍。王仲荦先生认为治学就像打仗一样,得有自己的基本队伍,经典著作就是队伍中的核心部队,他一生酷爱读《资治通鉴》并受益匪浅。前辈学者在这方面的例子不胜枚举。如研究中西交通史的张维华先生对《史记》《汉书》和《明史》熟稔有加,童书业先生终身受益于八岁时熟读《左传》。当代美国史专家李剑鸣教授也指出,"具体到美国史领域,不论研究什么课题,都有必要系统研读乔治·班克罗夫特、弗兰西斯·帕克曼、查尔斯·比尔德、弗雷德里克·杰克逊·特纳、理查德·霍夫施塔特、丹尼尔·布尔斯廷、赫伯特·戈特曼、尤金·吉诺维斯、伯纳德·贝林、埃里克·方纳等人的著作"。[②] 所以在大一开始时,教师们就应该结合本校本系的实际,为学生提供一份较为详尽的世界史专业经典阅读书目,敦促学生写读书笔记,开读书报告会,并不时予以指导。

二 学好外语

学好外语对于世界史研究而言十分重要,一方面是作为研究工具而言的,另一方面却是针对学术交流而言的。以往研究一个国家,必须精通该国的语言,才能读懂文献,进而开展研究。如今,随着全球史的兴起,仅仅利用一国文献来研究一国历史已经捉襟见肘了,这是因为全球相互依赖的加深,导致一个国家发生的历史事件,往往有深刻的国际背景,单纯从一个国家的视野来开展研究显然是困难的。但就外交史而论,至少要收集、研究两个国家的文献,这就要求最低需要精通两个国家的语言才能有所作为。杨生茂先生早在20世纪80年代就提出"尤其外交史研究所涉及的国家比较多,所以只有掌握多种文字,才能胜任愉快,

---

① 王学典:《治学的功力与见识》,《文史知识》2007第6期,第152页。
② 李剑鸣:《历史学家的修养和技艺》,上海生活·读书·新知三联书店2007年版,第200页。

游刃有余",① 可谓先见之明。其中一个重要的问题是翻译。众所周知，改革开放后世界史学界出现了不少因为翻译错误而产生的纷争，这种问题的出现是因为对研究对象国的精致文化不够深入所致，反过来说要避免这种情况，还需要从语言学习深入到对其文化的深层把握。另一个需要是学术交流，当前的学术研究，需要进行跨学科、综合性的研究，因此跟踪欧美发达国家最新学术动态，吸收、借鉴国外的理论或学说就变得迫切起来，而这一切都需要熟悉多门外语才能实现。

三 用好网络

信息时代的到来，给历史学学科带来了革命性的可喜变化，这就是史料的极大丰富和易于获取。外国政府的重要档案，比如美国外交文件集（FRUS）和美国国家安全会（NSC）的文件，通过定期解密的形式，实现对公众的开放，这就促成美国外交史研究出现了繁荣的局面。与此同时，比如 JSTOR、EBSCO、Heinonline、Wiley、Taylor&Francis、PQDT 等数据库的出现，更是基本实现了中国与美国、英国等社会科学领域学术期刊和学位论文的即时获取。更为难能可贵的是，16 家综合性高校牵头成立了"中国高校人文社会科学文献中心"（CASHL 一般称为"开世览文"），通过认证缴费的形式即可实现文献共享。而一些研究机构在其官网上也列有大量的数据或信息，比如美国国会研究处发布了大量有关外交的报告，价值极大。在这股热潮中，有些网站致力于收集专题文献，如 SSRN、booksc 等。这样，政府解密档案、数据库、研究机构的报告、专题网站，就构成了网络资源的重要内容。更可喜的是，经过近 20 年的摸索，在世界史范围内，一些学者如首都师范大学姚百慧、北京大学于留振、厦门大学高艳杰等已经分别就国际关系史、美国内战史、冷战国际史研究领域的网络资源收集、利用和注意事项撰写了专题论文，其经验可以为后来者所借鉴。而国内一些高校如东北师范大学、华东师范大

---

① 杨生茂：《探径集》，中华书局 2002 年版，第 101 页。

学高度重视学术数据库和网络资源的购买和利用,在相关领域的学术研究上也占尽了优势。

四 写好文章

所有的读书和思考,最终都会通过论文的形式呈现出来,所以,写作作为研究的最终程序便具有了非同寻常的地位。"写作事实上也是研究的最后阶段,而且是最重要最严肃的阶段;不写作为文,根本就未完成研究功夫,学问也未成熟。"① 中国古人讲"义理""考据""词章"并重,就是强调通过材料的组织来阐述某个道理,如同导演通过演员在特定的场景中的表现来烘托出某个主题一样,所以学者就同导演一样要凭借文字把材料组织起来呈现某个主题,在这个过程中,材料的组织是否得当,叙述的准确和连贯与否,剖析的深浅程度,格式的规范性,等等,都成为决定论文质量高低的关键。"从形式上看,史学写作就是按照一定的思想逻辑,运用准确而清楚的文字,对经过确认的史实做出表述,以形成自成系统的历史解释,"② 中国古人讲"言之无文,行而不远",具体到世界史领域,如果不讲究文字技巧,不用心写作,就不可能达到学问的精妙境界。这种学术训练,反映到本科生教学层面,就是首先要培养学生欣赏美文的爱好,学习马克思、恩格斯等经典作家的文笔,要仔细揣摩司马迁、班固等中国传统史家或简约或典雅的文笔,要用心体会当代著名学者如黄仁宇、吴于廑等用词造句、布局谋篇的功力,学会欣赏美文。"只有努力学习古今中外史学名家和大家的精品力作,不断从中汲取写作营养,才能使自己成为'工文'的'良史'",③ 然后要树立起勤于写作的意识,不断练笔,通过写日记、写论文等丰富多样的形式,来提高写作技能,增强文字表现力。按照严耕望先生的见解,文笔的锻

---

① 严耕望:《治史三书》,辽宁教育出版社1998年版,第95页。
② 李剑鸣:《历史学家的修养和技艺》,生活·读书·新知上海三联书店2007年版,第407页。
③ 田居俭:《论良史攻文》,《史学理论研究》2008年第2期,第16页。

炼宜早不宜迟,"要在青年时代就训练写作。据我了解,一个人在三十五岁以前,至迟四十岁以前,若不常常写作,以后就不大可能写作了"。①

结　语

通而观之,世界史本科专业教学在中国推行"一带一路"倡议背景下,具有了较为强烈的现实意义,与此同时,互联网时代的到来使得史料更为丰富,同时也对研究能力提出了更好的要求,而全球化时代进行世界史学术研究又不得不通盘考虑全球相互依赖所共同促成的历史现象,研究工作越发富有挑战性了。相应地,如何与时俱进地引导、推动世界史本科教学,便成为本专业教师不得不思考的问题,本文所提出的"四好"理念,可以视为一种尝试。

---

① 严耕望:《治史三书》,辽宁教育出版社1998年版,第95页。

试论人文教育中科学思维
和科学精神的培养

安庆师范大学　董根明

人文学科主要包括文学、史学、哲学、伦理学、心理学以及宗教和艺术等。在人文的视野中，很多意念都是难以捉摸和不确定的，一些被人们持守的价值观也是不能实证的，人的想象可以超越事物的实用价值，赋予物质世界以灵性和意义，这是一个心理和情感的世界。正因如此，有学者认为只有自然科学属于严格意义上的科学，社会科学勉强可以算作科学，而对于探寻人类自身生命意义和精神价值的人文领域则不能称为科学。[①] 受这种观念的影响，一些教育工作者认为，人文教育虽然可以影响一个人的价值观，感化人的心灵，陶冶人的情操，甚至可以让一个身处逆境的人感受到挫折的意义和价值，但人文教育却很难对人们科学思维和科学精神的养成产生多大的作用。现代教育中的这种认识直接影响了人文教育社会功能的全面发挥。其实，人文学科不仅蕴含丰富的科学价值，而且对学生科学思维和科学精神的培养具有相当大的作用。

一　人文学科蕴含科学价值

古希腊哲学家亚里士多德可以说是比较早的给"科学"以明确定义

[①] 吴鹏森、房列曙：《人文社会科学基础》，上海人民出版社2000年版，第1页。

的学者，他认为科学研究是一种从观察上升到一般原理，然后再返回到观察的活动。近代英国著名哲学家、数学家罗素在此基础上将科学界定为"诉之于人类的理性而不是诉之于权威的……一切确切的知识"。① 曾留学于英国的中国近代启蒙思想家严复也认为："凡学必有其因果公例，可以数往以知来者，乃称科学。"② 显然，他们所界定的科学不仅指 natural science（自然科学），而且还包括关于事物的本质属性及其规律性的知识，以及获得这些知识的方法，是以理性的手段对确定的对象进行客观、准确认识的活动及成果，是自然科学、社会科学和人文科学的综合。从这个意义上说，科学就是指一切体系化的知识，人文学科不仅是学问、是学科，也是科学。

其实，科学与人文都是人类思维活动的产物。人类的科学思维与人文思想有着共同的自然物质基础，这就是人的大脑。"科学与人文知识、科学文化与人文文化尽管彼此相区别，然而正因为均来源于或者共生于人的大脑、客观世界及人在客观世界中的实践，所以自然也是一个不可分割的整体。"③ 众所周知，在古埃及、古巴比伦、古印度、中国以及古希腊文明相对独立发展的轴心文明时代，人类的知识结构是融合的，现代意义上的哲学、伦理学与数理逻辑均以"智慧之学"的形式来表现，而所谓的科学教育并没有其独立的形态，而是被包含于宗教、伦理、哲学、历史、文学以及音乐等人文教育之中。只是到了近代，随着人类知识经验的增多，为利于传承和发展而产生分门别类的学科，"科学"这一概念才更多地指向了自然科学。

这就是说，在我们人类精神世界和思维领域中，科学与人文本是一个整体，只是随着社会的发展，科学和人文才被专业化了。人类几千年所积累的知识经验，无论科学知识，还是人文理念，它们本身应该是一个整体。学科的划分是学科发展的需要，是社会分工的需要，也是人为的结果。教育承担着传承社会文化的功能，作为教育工作者，我们在教

---

① 罗素：《西方哲学史》上卷，商务印书馆1986年版，第11页。
② 严复：《严复集》，中华书局1986年版，第125页。
③ 杨叔子：《科学人文和而不同》，《清华大学教育研究》2002年第3期，第12页。

育中应该有一个整体的观念,而不应该受学科划分的影响。无论在科学教育中忽视人文关怀,还是在人文教育中淡化科学观念,应该说都是有害的。因为任何单一学科的知识和观念都会使我们受教育者的人格不完善,这种现象不是人们所期望的。因此,在高等教育提倡科学教育和人文教育融合的现代社会,充分认识人文学科所蕴含的科学观念是具有很强的现实意义的。

所谓人文教育,可以简约为培养理想的"人"所进行的教育。我们姑且不论"人文"是不是科学,是否以专业的形式呈现,但人文学科应该是指培养理想的"人"的所有学科,这是可以确定的。人文学科是指以人的内心活动、精神世界以及作为人的精神的客观表达的文化传统及其辩证关系为研究内容、研究对象的学科体系,它是以人的生存价值和生存意义为学术研究主题的学科。广义上的人文学科其学科种类则具有变迁流动性与不确定性,古典人文学科就包含了现代理科的算术、几何学和天文学,而人文学科传统科目,如文法或语言学等,在当代日渐定量化为电子计算机的分析对象后,也与物理学的界限越来越模糊了;反之,如果为发展自己思维能力而研习高等数学,在这种特定情况下,高等数学就是典型的人文学科。因此,人文教育的本质在于人文精神而不是这些知识本身所呈现的内容。从科学的内涵是关于事物本质与规律性认识的知识体系看,科学观念应是人文学科知识本身所蕴含的内容,即便以现时分科之学的话语体系来解读人类生命历程所凝结的知识体系,我们当不难发现,科学思维与科学精神亦浑然于人文科学之中。文学对生命价值的解读,历史对生命之源和过程的考证,哲学对生命终极意义的探究,无不是人类科学思维的精彩闪现。

二 人文教育中科学思维的培养

对人类自身生命历程与生存意义的认识和把握是人文教育的重要内容。几千年来,人类对世界本源的认识、生命意义的界定和精神价值的执着,既是科学探索的重要领域,也是恒久的哲学命题。由于哲学是人类认识世界的最高层次,也是人文学科的灵魂所在,这就注定了凡人文学科的终极认识都会在哲学层面寻找问题的答案,因此,在人文教育中培养学生的科学思维不仅可能,而且非常必要和现实。

首先,哲学认识过程就是科学思维的训练过程。在古代社会,人们对待世界的态度、认识世界的方法以及最终形成的认识成果,都集中地体现在当时的哲学观念之中,哲学几乎囊括了那个时代观察世界的一切视野。在探询自然与生命意义的过程中,人类一方面通过其特有的理智与理性造就了不同时代的物质文明;另一方面,人类又以其特有的反思形式改变着自身的价值观念与生活方式。人类所特有的科学思维使人类更加理性地看待自身的生命过程与价值,而人类关于生命意义的恒久思考又使自身置于一个永远也难以穷尽的哲理空间。从这个意义上说,人类几千年的文明史既是科学不断昌明的历史,也是哲学理念不断演化的历史。近代以来,随着知识的不断积累与分化,学科的划分也越来越细致,哲学遂被抽象为专门探讨世界观和方法论的学问。但哲学与具体科学的联系并没有隔断,哲学作为对世界整体规律把握的世界观和方法论仍然统领着具体科学的发展,而各门具体科学所取得的研究成果,也成为哲学发展的养料。

虽然人在把自己区别于自然物性的体认中,形成了一套不同于科学方法的人文认识方法,并在科学与人学分野的时代,发挥着有效地认识人文现象的功能和作用。人文认识方法"是我向的、感悟的、形象的、具体生动的,因此缺乏科学那种客观性、普遍性、规律性等特点",[①] 但20世纪以来科学技术的发展,不仅改变着人的世界观和方法论,而且改变着人的思维方式,使人类对自然世界、人类社会和自身的认识更加深化和全面。从绝对走向相对;从单义性走向多义性;从因果性走向偶然性;从确定性走向不确定性;从分析方法走向综合方法和系统方法;从时空分离走向时空统一;特别科学发展观内在要求科学与人文融合的趋势使人类的理智和理性又一次在更高的层次上得以贯通。因此,哲学作

---

① 肖峰:《科学精神与人文精神》,中国人民大学出版社1994年版,第268页。

为一种对宇宙万物的终极认识，本质上是人类科学思维的结果，哲学教育过程就是对学生进行科学思维的训练过程。

其次，文学和史学等人文学科亦可实现对学生科学思维的培养。不仅人文教育中的哲学教育，可以给人以方向感，提升一个人的科学思维能力，史学和文学作为人文学科的重要领域，同样可以训练学生的科学思维。语言是文学和史学表达的基本工具，也是人类思维的最直接实现，因此，思维与语言密不可分。著名教育家叶圣陶先生就认为："语言与思维密切相关，语言说得好在乎思维的正确，因此锻炼思维极关重要。"① 其实，对文学作品的分析和理解就是逻辑思维能力的最佳训练，教师应鼓励学生积极思考，在剖析文学作品的逻辑思路和把握作者的构思谋篇中培养学生的逻辑思维能力。

读史之所以明智是因为史学是一门思辨的科学。中国马克思主义史学的奠基者李大钊就认为"史学能陶炼吾人于科学的态度"。所谓科学的态度一为尊疑，二为重据，而史学家以此二者为信条。"凡学都所以求真，而历史为尤然。这种求真的态度，熏陶渐渍，深入于人的心性；则可造成一种认真的习性，凡事都要脚踏实地去作，不驰于空想，不骛于虚声，而惟以求真的态度作踏实的工夫。"② 众所周知，鸦片战争后，那些深具民族忧患意识的近代知识分子多半首先从中国器物方面何以不敌西方的现状开始反思中国传统文化与西方近代文化的差异，从魏源、林则徐的"师夷长技以制夷"到康有为、梁启超的"变法新政"，都是这种认识的结果。这些有识之士普遍认识到，中国近代科技之所以落后于西方，其根源在于中国文化重"道"而西洋文化尚"器"。近代维新派代表人物郑观应在其所著的《道器》一文中，就明辨了维新派对"道""器"关系的理解，他认为西学是"不知大道，囿于一偏"的"后天形器之学"，不能与"弥纶宇宙，涵盖古今，成人成物，生天生地"的中学等量齐观。但在西方列强侵略的情势面前，郑观应等人也认识到，重道之中

---

① 《中国教育报》1984 年 2 月 21 日。
② 李守常：《史学要论》，商务印书馆 2000 年版，第 132 页。

学与重器之西学应该"道器合一","合之则本末兼赅,分之乃放卷无具。"① 这种透过科技表象而直面哲理的文化归因,不能说是毫无道理的。

近代中国的有识之士之所以能够从"器用""体制""思想"和"文化"等不同的哲理层面反思中国"千年未有之变局",本质上说是人类科学思维发挥作用的结果。这种建立在科学思维基础之上的历史认识不仅使这个古老的东方民族看到了西方现代科技术的力量,也使这个民族习惯于从自己特有的生存意义上反观西方科技的功利倾向。从这种意义上看,历史教学的价值就不仅是"使学生掌握了一些历史认识"这一功用所能概括,历史教学在彰显人类科学理性和哲学智慧的同时也训练了学生的科学思维应是不争的事实。

综上所述,科学思维是认识和把握人文学科知识的基础,而在人文教育中引领学生探究人文学科所蕴含的对于宇宙万物和人类社会的终极关怀,又成为培养学生科学思维的基本途径。

三 人文教育中科学精神的培养

在人类智慧的宝库中,科学与人文是相维而生、互相促进的。近代自然科学的发展不仅使人类认识到自己在宇宙中的位置,并对人所生活的这个世界有所把握,而且更为重要的是,在科学探究中所形成的科学价值观和理性思维还会以一种文化的形式注入我们人类社会,改变着人类自身的生活方式和思维方式。所谓科学价值观,或科学精神,是指在探究事物本原时所表现出来的那样一种不懈追求的信念和勇气,它透出一个人的心理、性格和气质,从其表现特质看,乃是一种典型的人文情怀。

科学观念和科学精神的基本品质主要表现为探索精神、实证精神和创新精神。这些精神品质不仅可以在自然科学的研究与教学中得到培养和造就,而且也可以通过人文学科的教学和研究得到体现。在人文教育

---

① 郑观应:《郑观应集》上册,上海人民出版社1982年版,第242—243页。

中培养学生的科学精神可以通过"设疑"和"探源"的教学方式得到实现。

其一，关于"设疑"。科学始于好奇，探索精神是科学精神的基本品质。如果说"天上星，亮晶晶，数来数去数不清"是人类对宇宙世界的好奇。那么，"我们从何而来？为何我们在此？"就是人类对自身历史的一种好奇，而"采天地之灵气，取日月之精华"就是文学对自身灵巧与精致的一种抒发。"学起于思，思源于疑。"其实，人文学科的教学过程本质上就是"设疑—求疑—释疑"的过程，在人文教育中教师能否通过"设疑"来调动学生思维的积极性是培养其科学品质的关键。

一幢大楼是物质的一种具体形态，而这幢大楼的设计图是人脑思维的产物，是意识现象，根据前面学过的原理，物质是第一性的，意识是第二性的，物质决定意识，那么，就应该先有大楼，而后有设计图。但是，现实中都是先有设计图，而后按图施工建大楼。这不就违反了唯物主义关于物质第一性的原理吗？如何理解这种现象呢？

这位哲学教师在讲"主观意识的能动作用"时，通过提出这样一个矛盾问题调动学生思维的积极性，其对学生探索精神的培养应是不言而喻的。此外，教师的"设疑"具有一定的思维力度也是非常必要的。例如鲁迅先生的小说《药》中描写夏母上坟时有一句："忽见华大妈坐在地上看他，便有些踌躇，惨白的脸上，现出些羞愧的颜色……"若教师设问："作者为什么用'羞愧'的这个词呢？儿子为革命牺牲'羞'在哪里？'愧'在何处？""羞愧"一词原指因做错事有所觉悟而感到惭愧，夏母不因儿子为革命献身感到光荣，反而觉得羞愧，鲁迅先生在此处用"羞愧"一词的深刻含义是什么呢？教师有思维力度的"设疑"，必然会激发学生作更深层次的思考——除出于母亲本能怜爱亲生儿子外，革命者的母亲也不能理解革命，对儿子牺牲的意义全然不知，运用"羞愧"这个词就入木三分地针砭了当时的民主革命脱离群众、不宣传发动群众的严重弱点。

其二，关于"探源"。科学源于事实，成于思维，实证精神和原理精神是科学精神的基本品质。自然科学研究注重透过事实表象，找到规律性的认识和基本原理,近代以来自然科学的发展大大改变了人们的思维方式,人们已经由过去那种凭自觉积累的经验社会发展到做什么事情都首先要弄清其根本原理的理性社会。"大胆假设,小心求证",已不再是自然科学研究方法的专利,实地调查、归纳演绎和文献考证等手段已发展成为人文学科研究的基本方法。

无论是自然科学的探索,还是人文学科的研究,其活动的主体都是人。"理性、理智为心思作用之两面:知的一面曰理智,情的一面曰理性,二者本来密切相连不离。譬如计算数目,计算之心是理智,而求正确之心便是理性。""必须摒除感情而后认识乃锐入者,是之谓理智;其不欺好恶而判别自然明切者,是之谓理性。"[①] 按照梁漱溟先生的说法,一个人的计算之心是理智,是智商,是科学可以把握的;而求正确之心是理性,是情商,是一种态度,也是价值观。这就是说,人对事物本质的"探源"不仅需要科学思维,也需要人文精神。无论哥白尼的"日心说"对"地心说"的创新,还是爱因斯坦相对论对物理学的创新,不仅需要科学精神,而且需要人文情怀。例如对"洋务运动"的评价,在强调阶级斗争的时代,人们仅从阶级情感出发,侧重于以阶级分析的眼光来看待一切,认为洋务运动是买办的官僚的,是应该彻底否定的事物。今天,我们从中国近代化进程的角度,从尊重人对科技和生产力的创造角度重新审视这场运动,我们发现洋务运动富国强兵的直接目的虽然没有实现,但洋务运动毕竟是中国人学习西方物质文明以图自强的一种努力,是中国近代化的肇始,自此近代化的观念才逐步深入人心。这就是说,从理性层面分析,洋务运动在中国近代历史进程中确实具有某种积极意义。

众所周知,科学精神的培养需要有创新意识,而创新的前提在于想象力。想象力是在客观事物的影响下,在言语的调节下,人脑中已有的表象经过改造和组合而产生新表象的心理能力,古人称为"神思",有了它就可以"观古今于须臾,抚四海于一瞬","笼天地于形内,挫万物于

---

① 梁漱溟:《中国文化要义》,上海人民出版社2003年版,第147—150页。

笔端"。① 马克思给予想象力以很高的评价,认为它是"十分强烈地促进人类发展的伟大天赋"。② 文学作品被誉为"培养想象力的学校";史学是人类对自身生命的回望与追思;哲学作为"智慧"之学,其赋予人的想象则更为空灵与艰深。因此,对于创新意识的培养,人文教育是可以充分发挥培养学生想象力之优势的。

---

① (晋)陆机:《文赋》,转引自(清)严可均《全上古三代秦汉三国六朝文》,中华书局1958年版,第4025页。
② [苏联]海伊尔·里夫希茨编:《马克思、恩格斯论艺术》第二卷,曹葆华译,人民出版社1960年版,第5页。

中国近现代史教学与传统文化传承研究

安庆师范大学　方晓珍

习近平总书记在党的十九大报告中指出:"文化是一个国家、一个民族的灵魂。文化兴国运兴,文化强民族强","中国特色社会主义文化,源自中华民族五千多年文明历史所孕育的中华优秀文化",我们要"深入挖掘中华优秀传统文化蕴含的思想观念、人文精神、道德规范,结合时代要求继承创新,让中华文化展现出永久魅力和时代风采"[1]。他一再强调,中华优秀传统文化是中华民族的"根"和"魂",是国家的重要软实力。国学泰斗张岱年先生说:"中国传统文化的基本精神,也就是中华民族的民族精神。主要有四点:1.刚健有为;2.和与中;3.崇德利用;4.天人协调。"[2]

历史是最好的教科书,也是最清醒的营养剂。中国近现代史是一部中华民族反对侵略、反对外侮的爱国史,是对当代大学生进行爱国主义教育的最好载体。只有历史辩证地正视中国传统文化,重视传统文化的理论研究、保护传统文化的物质载体、重构传统文化的价值体系、采用不同的媒介对传统文化进行传播,才能更好地传承和发展中国传统文化。

---

[1] 习近平:《决胜全面建成小康社会　夺取新时代中国特色社会主义伟大胜利》,《人民日报》2017年10月28日。

[2] 张岱年:《论中国文化的基本精神》,《中国文化研究集刊》第1辑,复旦大学出版社1984年版。

在中国近现代史教学实践中,我们要坚持问题导向,聚焦难题、热点,突出问题的时代感。马克思曾说:"问题就是时代的口号,是它表现自己精神状态的最实际的呼声。"① 马克思此语的弦外之音是:一切问题,均具有时代性和情境性特点。因此,问题预设要尽可能富有创意,少一些"大而泛"的老问题,多一些"特色化"的新问题。注重宏观与微观相交织、历史与逻辑相结合、"减法"与"加法"相杂糅。

问题之一:中国近现代史教学中如何理性看待传统文化?

怎样对待传统文化是个有世界意义的文化课题,由于近代中国社会变迁的激烈与反复,使这个问题的争议经常出现弘扬传统与彻底否定传统的两极对峙,在这两极之间又存在众说纷纭的歧见和程度不同的折中,从而使这一讨论具有更为复杂纷繁的内容。

传统文化是指在长期的历史发展过程中形成和发展起来,保留在每一个民族中间具有稳定形态的文化。中国传统文化是指以华夏民族为主流的多元文化在长期的历史发展过程中融合、形成、发展起来,具有稳定形态的中国文化,包括思想观念、思维方式、价值取向、道德情操、生活方式、礼仪制度、风俗习惯、宗教信仰、文学艺术、教育科技等诸多层面的丰富内容。主要体现在三个方面:一是凝聚之学,中国传统文化是内部凝聚力的文化,注重和谐,把个人与他人、个人与群体、人与自然有机地联系起来,形成一种文化关系;二是兼容之学,中国传统文化并不是一个封闭的系统,尽管在中国古代对外交往受到限制,但它还是以开放的姿态实现了对外来佛学的兼容;三是经世致用之学,文化的本质特征是促进自然、社会的人文之化,中国传统文化突出儒家经世致用的学风,它以究天人之际为出发点,落脚点是修身、治国、平天下,力求在现实社会中实现其价值,经世致用是文化科学的基本精神。中华优秀传统文化中很多思想理念和道德规范,不论过去还是现在,都有其永不褪色的价值,是新时代中国特色社会主义文化建设的重要战略资源。

---

① 《马克思恩格斯全集》第40卷,人民出版社1982年版,第289—290页。

如何对待传统文化，在很长一段时间内，曾经不成问题。但走上近代社会后，在中西文明大碰撞中，我们开始对自己民族的传统文化进行反思，并很大程度上调整了以前对传统文化的看法。近百年来，国人对待中国传统文化的态度是冰火两重天。20世纪两次大的文化运动——五四运动、"文化大革命"，使中国传统文化遭到巨大冲击，而尤其可悲的是使中国人几千年形成的传统的思想观念、价值取向、道德情操难以为继，使新一代的中国人出现了信仰危机、价值危机、道德危机，导致民族精神的衰落。改革开放以来，随着人们思想的解放，冷静地反思；随着中国国力的强盛，民族自尊心、自信心的恢复，研究和发展中国传统文化成为当下思想文化界一道众所瞩目的风景线。由政府到学界，由国内到国外，国学热不断升温。如，很多知名学者在《百家讲坛》讲清帝、讲红楼、讲三国、讲史记、讲论语等；《光明日报》专门开设了国学版，中文搜索引擎百度开设了"国学频道"，新浪网高调推出乾元国学博客圈，中央电视台热播《中国诗词大会》，政府在各个国家开设孔子学院，等等。这一冷一热带给我们很多思索：应该如何看待中国传统文化？应该采取怎样的方式传承和发展中国传统文化？

　　一个民族如果没有自己的科技，可能会亡国；一个民族如果丧失了自己的文化，就要亡种，而亡种比亡国更可怕。对中华民族来说，中国传统文化是中华民族的身份证和象征，是中华民族区别于其他民族的唯一标志。对于几千年来维系中华民族精华之源泉，深蕴着我们先民追之不舍、迄今十多亿中国人仍然哺之于中的丰富营养成分的中国传统文化，一棒子打死、妄自菲薄、数典忘祖，搞历史虚无主义是不行的；但抱残守缺、照抄照搬、全盘吸收，大搞复古主义也是违背历史发展的规律。冯友兰曾说："中国人最关切的是中国文化和文明的继续和统一。"[①] 我们的智慧或可超然于文化之外，而我们的最终命运又必然统摄于文化之中。因此，理性看待、辩证分析、充分尊重中国传统文化是中国人的不二选择。没有对中华优秀传统文化的深刻认知，就不能深刻理解中华民族的

---

① 冯友兰：《关于中国人的民族观念》，《中国哲学简史》，北京大学出版社2012年版。

历史。同样，没有对中华优秀传统文化的深刻自觉，就很难实现中华民族伟大复兴的中国梦。

对于中国文化的发展，有识之士一直在不断思索，1935年《中国本位的文化建设宣言》旗帜鲜明地主张以中国传统文化为本位、为主体，建设现代国家，以增强民族自信心。指出对肇始于近代的民族文化危机，"我们不能任其自然推移，我们要求有中国本位的文化建设！"同时，"要使中国能在文化的领域中抬头，要使中国的政治、社会和思想都具有中国的特征，必须从事于中国本位的文化建设"[①]。1958年《为中国文化敬告世界人士宣言》建议以儒家文化为主，融会西方"民主、科学"，以达"返本开新"后的世界价值和济世功用。2004年《甲申文化宣言》的策略落脚点：侧重强调全球化背景下文化平等、多元共生的见解及中华文化对世界未来的可能性贡献。"主张每个国家、民族都有权利和义务保存和发展自己的传统文化；都有权利自主选择接受、不完全接受或在某些具体领域完全不接受外来文化因素"，"不同族群的恒久信仰、行为方式和习俗，则理应受到尊重"，"主张文明对话，以减少偏见、减少敌意，消弭隔阂、消弭误解。我们反对排斥异质文明的狭隘民族主义，更反对以优劣论文明"[②]。近代中国的三次文化宣言，通过以文化的名义直抒当下诉求，折射出近代以来中国文化策略指向演进的历史轨迹以及未来文化建设策略在价值取向和技术选择上的理性趋势。

不忘本来才能开辟未来，善于继承才能更好创新。"只有坚持从历史走向未来，从延续民族文化血脉中开拓前进，我们才能做好今天的事业。"[③]任何一个民族、一个国家，不管是对历史负责，还是对未来负责，都应保有自己的文化特色，保护自己的文化遗产。尽管这个"文化酱缸"在一定时期内束缚了历史的发展，但中国传统文化是中国的特色，是中国宝贵的物质和精神财富，是五千年文化的积累，是中国文化保持长久

[①] 王新命等：《中国本位的文化建设宣言》，《文化建设》月刊1935年1月10日。
[②] 许嘉璐、季羡林等：《甲申文化宣言》，《中国青年报》2004年9月5日。
[③] 习近平：《在纪念孔子诞辰2565周年国际学术研讨会暨国际儒学联合会第五届会员大会开幕会上的讲话》，《人民日报》2014年9月24日。

生命力的重要因素。

　　大江东去的豪迈、杨柳依依的悱恻、长河落日的壮阔、彩笺尺素的缠绵、马革裹尸的肝胆、海纳百川的胸襟、乘风破浪的逸兴、青天揽月的壮思——生命中的一切体验和东方审美意境，都在中华传统文化中有着鲜活的表达。道法自然、天人合一的自然观，天下为公、世界大同的世界观，和而不同、求同存异的价值观，以民为本、为政以德的治世之道，仁者爱人、以德立人的人生哲学，自强不息、厚德载物的精进精神——中华文明的哲学内核与中华民族的精神品格，都在中华传统文化中有着丰富全面的呈现。这里，凝结着中华民族最深沉的情感、省思、智慧；这里，培育了中华民族独特的审美、政情、民俗。"位卑未敢忘忧国"的壮志，"贫贱不能移，威武不能屈"的品格，"己所不欲，勿施于人"的胸怀，"苟日新，日日新，又日新"的气度——这些中华民族历经数千年锤炼的中华优秀传统文化，与党和人民在伟大斗争中孕育的革命文化和社会主义先进文化，共同积淀着中华民族最深层的精神追求，代表着中华民族独特的精神标识，让我们在今天正在进行的具有许多新的历史特点的伟大斗争中充满自信。"自信人生二百年，会当水击三千里"，文化自信，凝聚以爱国主义为核心的民族精神和以改革创新为核心的时代精神，鼓舞全党全国人民不忘初心，继续前进。党的十八大以来，以习近平同志为核心的党中央站在历史与时代相结合的高度，十分重视中华优秀传统文化的历史传承和创新发展，将其作为治国理政的重要思想文化资源，使之成为加深民族记忆、培育中华民族共同体的认同感、彰显文化自信，从而坚定走中国道路的精神纽带和道德滋养。中国自近代以来就产生的重要文化命题——如何以民族文化为基点推进中国现代化、如何打通传统文化与现代中国，正在经历一场历史性的破解。

　　目前，世界对中国传统文化的研究已经成为一种潮流。斯宾格勒的"文化有机论"与季羡林的"21世纪是东方文化世纪论"，以及不少学者认同的"太平洋世纪论"都认为东方文化（尤其是中国文化）将成为世界主流或内核。相信在不久的将来，中国传统文化在扬弃了落后和腐朽，在吸收了中国新文化、新思想，在融合了世界先进文化后，将在中国、在全世界显出勃勃生机。中国"礼义仁智信"的做人原则，教化为本、以德为先的政治策略，饱含中国深厚文化底蕴的风俗民情，孕育中国悠久历史的名山大川，将成为中国先进文化中不可分割的重要部分；蕴藏着丰富价值理念的中国传统文化将在人类新一轮道德价值规范的重构中找到自己的位置，成为中华民族伟大复兴与中国和平崛起的强大精神动力。在我们向发达国家学习现代科学技术的同时，中国传统文化中的精华会以新的方式与世界文化、现代文明并存，并不断焕发新的生机和活力。因此，我们要秉承客观、科学、礼敬的态度，不复古泥古，不简单否定，坚持古为今用、推陈出新，有鉴别地加以对待，有扬弃地予以继承，取其精华、去其糟粕，用中华民族创造的一切精神财富来以文化人、以文育人。

问题之二：中国近现代史教学中如何传承弘扬传统文化？

文化认同与文化传承是民族赖以生存的基础和继续发展的前提，其重要性是不言而喻的。中国传统文化教育是个由来已久的话题，也是国家常抓不懈的一项重点工作。2006年9月国务院发布《国家"十一五"文化发展规划纲要》明确提出："重视中华优秀传统文化教育和传统经典、技艺的传承。在有条件的小学开设书法、绘画、传统工艺等课程，在中学语文课程中适当增加传统经典范文、诗词的比重，中小学各学科课程都要结合学科特点融入中华优秀传统文化内容"，"高等学校要创造条件，面向全体大学生开设中国语文课"。2014年3月，教育部印发《完善中华优秀传统文化教育指导纲要》，它为开展传统文化教育提供了具有现实意义的指导思想与教学大纲。2017年1月，中共中央办公厅、国务院办公厅印发《关于实施中华优秀传统文化传承发展工程的意见》，以公共政策的方式，为文化传承提供了规划和抓手；更以系统的梳理，呈现了当代中国蓬勃的文化实践。

传承是基础，创新是生命，两者不可偏废。人类已经进入21世纪第二个十年，如何应对全球化的冲击，如何在激烈的文化竞争中生存与发展，核心是文化创新。创新是一个民族进步的灵魂，是一个国家兴旺发达的不竭动力,也是一种文化生生不息的源头活水。即使是优秀的文化传统,也要适应时代的需要,实现现代性的创造性转化,同时融入民主精神、科学精神、市场精神、法治精神、竞争精神、公平精神等新理念。只有永远保持创新精神,才能谱写新时代民族文化的新篇章,赋了其新的内涵与活力。

传承中华文化,绝不是简单复古,也不是盲目排外,而是古为今用,洋为中用,辩证取舍,推陈出新,摒弃消极因素,继承积极思想,"以古人之规矩,开自己之生面",实现中华文化的创造性转化和创新性发展。传承中华优秀传统文化,可以"引人向善"。儒家的"仁爱""诚信""和合"、道家的"无为而治"、佛教中的"因果观""慈悲"等思想,教化人们向真向善向美,对人对事宽容为怀,回归人性本真,不急功近利,让人净化心灵,帮助人们树立正确的人生观和价值观,是极具现实指导意义的。

虽然中国传统文化在中国后期的封建社会里一定程度上起着阻碍历史进步的作用。但仍然有与现代化融合从而促进现代化成功实现的诸多营养成分存在,以儒家思想为主的"东亚价值观"仍是亚洲各国发展的文化基础,而且还受着那些"文明过度"的西方学者的特别青睐——认为在中国这种以伦理主义为核心的传统文化中可以寻求到医治由"过度文明"带来的"文明病"的良方。

直面现实,如何传承、弘扬中华优秀传统文化?关键是做好创造性转化和创新性发展。习近平总书记强调,今天,我们传承发展中华优秀传统文化,就是要推动传统文化与现实文化相融相通,就是要用蕴含其中的精髓精华滋养当代中国人的精神世界,提振当代中国人的精神力量。

一要高度重视中国传统文化的研究阐释。任何一个民族、一个国家,不管是对历史负责,还是对未来负责,都应保有自己的文化特色,保护自己的文化遗产。中国传统文化是中国的特色,是中国宝贵的物质和精神财富,是五千年文化的积累,是中国文化保持长久生命力的重要因素。因此,加强中国传统文化的研究、整理,从中吸收精髓,使之发扬光大;摒弃糟粕,以史为鉴。中国近现代史教学,要讲清楚中华文化的历史渊源、发展脉络、基本走向,讲清楚中华文化的独特创造、价值理念、鲜明特色,深入挖掘和阐发中华文化讲仁爱、重民本、守诚信、崇正义、尚和合、求大同的时代价值,不断增强文化自信和价值观自信。

二要切实保护中国传统文化的物质载体。文化的"神"是文化的核心和灵魂;文化的"形"是文化的"神"的载体,要发挥传统文化新的生命活力,就应实现其"神"与其"形"的现代统一。因此,一方面要致力于传统文化固有的"形"保存、保护——经典文本、文物古迹、传统节庆、优良的民间习俗、民间谚语等文化遗产,使之继续发挥作为传统文化中"神"的载体的作用;另一方面又要总结传统文化中的"神",对其进行现代价值再创造,融入中国特色社会主义的理念和价值观念,及时反映和体现改革开放进程中涌现的一些新思维、新观念、新取向,使中国文化更具时代特征和时代引导能力,使有"形"的文化遗产具有现代生命力。中国近现代史教学要加强实践环节,重视文物保护利用和文化遗产保护传承,让文物说话、让历史说话、让文化说话,充分发挥近现代史上革命遗址、文化基地的育人作用。

三要积极重构中国传统文化的价值体系。中国传统文化的许多腐朽、落后、愚昧成分已经难以适应中国特色社会主义现代化建设实践的需要,必然会被文化自身的新陈代谢所抛弃。中国传统文化的传承与改造要有面向现代化、面向世界、面向未来的时代意识,弘扬中华民族的主体意识,坚持取其精华、去其糟粕,古为今用、洋为中用的原则。传统文化中"仁义礼智信""以和为贵""兼爱""尚贤""自强不息"等普适性文化元素要大胆地发扬光大,应该成为中国先进文化的重要组成部分。按照时代的新进步新进展,对中华优秀传统文化的内涵加以补充、拓展、完善,增强其影响力和感召力。西方文化中包含的科学精神、民主思想、法制观念、人权理论等文明成果,要像学习马克思主义一样,吸收、消化,使之中国化,成为中国文化中浑然天成的一部分,使中国传统文化的价值体系更加完善。

传承与弘扬中华优秀传统文化,要有一套具体的做法和合适的路径。中华文化具有悠久的历史,但是五四以来在文化方面总的来看是破得多,立得少，从近百年来的文化讨论来看，一些相同的主题几乎过几年就被重新提起，老是在批判传统——重建传统——再批判传统——再重建传统里兜圈子。因此，我们无论如何再也不能犹豫彷徨了。一定要以学生为重点，从最基础的典籍着手，从最基本的文明礼仪和规范做起，努力做到"五化"：

一是现代化。中华民族五千年的文明积累了极为丰富的文化遗产，既有物质文化遗产，也有非物质文化遗产。建议地方和高校都要加强规划，加大投入，特别是运用现代科技手段，认真做好文化典籍整理工作，切实保护我们的文化瑰宝。

二是生活化。逐步使仁义礼智信、温良恭俭让、礼义廉耻成为日常生活规范。培育与人为善、乐于助人的道德情感，见利思义、顾全大局的行为准则，形成相互尊重、礼让宽容的人际关系，以及互谅互让、友好协商、人人为我、我为人人的社会风尚，创造关爱他人、团结互助、维护公平、伸张正义的社会氛围。

三是大众化。通过实践教学和社会实践活动，使中华优秀传统文化走入社区和社会，改造和发展具有浓郁民族特色的民间风俗礼仪，开展丰富多样、健康有益的民间民俗文化活动，保持中华民族共有的精神记忆和文化传承。

四是教育化。通过进规划、进大纲、进教材，使中华传统文化成为各级各类学校的重要课程。各学科课程都要结合学科特点融入中华优秀传统文化的内容，在全国大中小学生中广泛开展典籍诵读活动、国学知识普及活动。

五是网络化。要把中华文化的丰厚资源与现代数字、网络技术结合起来，使网络成为传播中华文化的重要载体。使更多的人了解传统文化，喜爱传统文化，成为优秀传统文化的承载者和传播者。

传统文化是一个复杂的矛盾体，需要具体分析。要全面认识中华传统文化，取其精华，去其糟粕，使之与当代社会相适应，与现代文明相协调，保持民族性，体现时代性。继承和弘扬中华优秀传统文化，坚持创造性转化和创新性发展，构建起与时俱进的当代中国文化，并让中国文化走出国门、面向世界，推动当代中国文化的世界影响力和引领力，这是当代中国文化建设的最终理想和目标。

问题之三：中国近现代史教学中如何深度融入传统文化？

中国近现代史教学在大学生优秀传统文化教育中担负着重要的使命，要求深度融入中华优秀传统文化，这不仅是必要的，也是可行的。传统文化在近现代历史发展中命运多艰，教学内容与重点也不易把握。我们认为，在教学内容设计上，要以爱国主义为主线，整合教学内容，进行专题教学；重点讲授自强不息、爱国主义等中华优秀传统文化的精髓与内核。要重点介绍中国传统思想、传统价值观和道德观、传统风俗习惯、传统文学艺术等，让学生认识到中国传统文化的博大精深而产生敬畏感；看到中国传统文化与近现代中国千丝万缕的联系而产生历史认同感和归属感；看到中国传统文化与世界发展的联系而产生自信心；吸收中国传统思想而提高道德修养，学习中国传统文学艺术而获得美的教育。在教学方法运用上，实施以教师为主导、以学生为主体的项目化教学。通过"进大纲，进课堂，进课外，进考评"方式将中华优秀传统文化融入《中国近现代史》教学并落到实处，达到既弘扬中华优秀传统文化，又提高《中国近现代史》教学效果的目的。

然而，令人感到揪心和无奈的是，在今天的高校，相当多的学生传统文化意识淡薄，历史文化常识缺失。是什么因素造成了这样的局面？我们以为有以下几个方面的原因：

一是近代以来传统与现代的断裂。近代以来，由于国家主权的不完整，民族的屈辱和屡屡失败的痛苦经历，也由于中国在19世纪中叶以来所显示的贫穷和积弱，使得中国"现代性"不得不在一种对于传统文化的批判中建构，而这种构建必然在一定程度上造成传统与现代的断裂。"否定旧文化，提倡新文化"成为近代以来的主流文化氛围。近代史上新文化运动期间资产阶级激进派提出了"打倒孔家店"的口号，儒家思想遭遇危机和冲击；现代史上"文化大革命"期间提出了"批林批孔"，儒家思想再次受到冲击和清理。

二是"显性"与"隐性"教学目标的顾此失彼。中国近现代史主要教学目标是要让当代大学生认识中国近现代社会发展和革命发展的历史进程及其内在规律性,"了解国史、国情,深刻领会历史和人民是怎样选择了马克思主义,选择了中国共产党,选择了社会主义道路"。在实际教学中,大多数教师只注重这一显性目标,而忽视了隐性目标:对中国社会发展精神动力的追寻,树立中华民族的自信心。教学仅停留在传授确定知识的层面,传统文化尚未找到应有的位置。究其原因是:理论上对教学目的认知上的偏差及实践中教育理念贯彻不到位。显性与隐性两种教学目标的顾此失彼,造成了中国近现代史课程背后所承载的丰富的传统文化知识的迷失,许多历史事件的文化内涵得不到释放,传统文化对"人"的发展的关照大大被淡化。

三是学生"实用主义"学习观的制约。很多学生内心深处逐渐形成这样的意识:大学属于专业学习阶段,而中国近现代史和自己未来的发展没有太多的相关性,只有专业学习才与今后的求职就业及事业成败息息相关。专业学习、社会实践、外语学习、创新创业等占据了大部分时间,没有闲情逸致去品读传统古籍了。特别是面临着严峻的就业形势,激烈的社会竞争使得相当一部分学生的本性被严酷的现实所扼杀、被彻底地异化。中国近现代史课程学习的内在动力严重不足,对课程中所蕴含的传统文化知识,大学生们更是显得漠然,甚至有些麻木。这种"实用主义"学习观直接制约了中国近现代史教学中传统文化的传播效果。

如何改善这种状况?我们要通过课堂讨论、知识竞答、经典诵读、专题辩论等多种模式激活课堂,营造良好的学习氛围,激发学生对传统文化的兴趣和热情。如,在讲到新文化运动新文化人对传统文化的态度时,将学生分为正反两方进行辩论,让学生在收集资料的过程中熟悉、了解传统文化,并对传统文化作自我认知;在辩论的过程中借鉴他人、反思自我。我们可以选择"传统文化是否就是儒家文化""五四运动反封建是否就是反传统文化""传统文化在中国人民御侮图强中是否起到作用""毛泽东思想中是否包含传统文化内容""根据地建设中是否提到传统文化""'文化大革命'对传统文化的破坏与影响""先进文化与传统文化关系"等专题进行论述，充分展现传统文化久久不息的魅力，为教学活动提供新的理论支点。通过教学内容和方式创新，培养学生民族文化归属意识、民族文化危机意识、民族文化创新意识，增强学生在民族文化方面的自豪感、责任感和使命感，使他们对传统文化秉持珍惜和尊重的态度。

中华优秀传统文化内容丰富、博大精深，我们在中国近现代史教学中要坚持整体把握，实现系统融入；突出重点热点，实现深度融入；创新表达方式，实现生动融入。进入新时代，我们要以中国传统优秀文化为根基，将传统文化与近代文化、现代文化有机融合融通。坚持本土化、民族化，注重传承弘扬中国传统文化的优秀基因，结合现实国情进行创造性转化、创新性发展，使绵延几千年的中华文明焕发恒久魅力，彰显中国传统优秀文化的现实意义和当代价值。

中国世界史学科体系的新发展

——读刘景华教授《人类六千年》

安徽师范大学　傅新球

21世纪的今天,人类社会已经成为一个命运共同体,在这样的形势下,我们迫切需要了解世界,不仅要了解世界的今天,还要了解今天的世界是如何演变而来的。对广大的中国人民来说,我们尤其需要一部简明的世界通史。[1] 刘景华教授独自撰写的《人类六千年》(上下两卷,中国青年出版社2017年版)正是这样一部简明世界通史,上下六千年,纵横全世界,120多万字。"而且洋洋洒洒,严严谨谨,俨然是一部完整的世界通史"。"作者突破说教的模式,使用叙述的手法来表达思想,行文生动"。[2] "一个人写出一部世界通史,这本身就代表着一种特色。"[3] 除去上述特色,笔者感受最深的,是本书对世界史学科体系的一种新发展、新突破。

什么是学科体系?按照钱乘旦先生的说法,体系是历史学家对历史的理解和解释系统,它决定历史学家选用哪些素材来编织他对历史的陈述,体系制约着对历史的解读,同时将散乱的历史细节组合成整体。没有体系的历史学充其量只能是知识的堆积,其中堆积的知识越多,内容

---

[1] 齐世荣:《人类六千年·序一》,中国青年出版社2017年版。
[2] 钱乘旦:《人类六千年·序二》,中国青年出版社2017年版。
[3] 同上。

就越破碎。建立体系就是自觉地运用历史学家"视野的意识",通过它来选择史料,重现历史;而建立体系就是建立判断的标准,确定历史重要性的依据;建立体系也意味着对某些基本的历史理论问题进行解答;就整个历史学科而言,都存在着有体系还是没有体系,要体系还是不要体系的问题。任何历史学有体系就能做到条分缕析,没有体系就会变得庞杂无章。[①] 由此可见建立学科体系的必要性和重要性。

得益于新中国成立初期"全盘苏化"政策的导向,中国的"世界史"学科在1949年以后建立起来,苏联体系认为全世界各个地方都遵循共同的历史发展阶段逐一更替、由低级向高级发展,而发展的动力就是阶级斗争,这样,历史书写成了阶级斗争的历史书,历史变成了完全的阶级斗争史。苏联体系在中国盛行几十年,对我国世界史学科的形成和发展做出过重大贡献,但它有其明显的弱点,如体系涵盖面不广,伸缩性不大,难以作自我调节,已经不能适应学术发展的需要及时代的要求。[②]

改革开放以后,中国世界史学科建设开始摆脱苏联模式的束缚,从历史学的宏观视野出发来进行世界史学科体系的重构,学术界先后提出三种世界史学科体系建设的理路,第一种理路是由吴于廑先生倡导的整体世界史观,主张从联系的、整体的高度把握世界历史的发展。在为《中国大百科全书·外国历史》卷所撰写的"世界历史"一文中,吴于廑先生全面地阐述了他的世界历史观。吴于廑先生认为,"人类历史发展为世界历史,经历了一个漫长的过程。这个过程包括两个方面:纵向发展方面和横向发展方面。纵向发展,是指人类物质生产史上不同生产方式的演变和由此引起的不同社会形态的更迭。横向发展是指历史由各地区间的相互闭塞到逐步开放,由彼此分散到逐步联系密切终于发展成为整体的世界历史这一客观过程而言的"。[③] 纵向发展制约着横向发展,纵向

---

① 钱乘旦:《以现代化为主体构建世界近现代史新的学科体系》,《世界历史》2003年第3期。
② 同上。
③ 吴于廑:《吴于廑学术论著自选集》,首都师范大学出版社1995年版,第62—63页。

发展所达到的阶段和水平规定着横向发展的规模和广度。横向发展一方面受纵向发展的制约，另一方面又对纵向发展具有反作用。横向发展与一定阶段的纵向发展相适应，就往往能促进和深化纵向发展。① 稍后，由他和齐世荣教授共同主编的六卷本《世界史》问世，在我国世界史学界产生了广泛而深远的影响。它体现了我国世界通史研究的新水平。

第二种理路是"现代化史观"。罗荣渠先生是在中国开辟和进行现代化理论研究的著名世界史学家。在《现代化新论》著作中，他宏观地架构起一元多线的历史发展框架，提出人类社会生产力经历了三次大变革。罗先生主张，自有文字以来的历史时期，文明的演进大约经过四个阶段：原始农业文明、古典农业文明、原始工业文明和发达工业文明。生产力发展是各文明发展阶段推动社会财富增长的根本动因。②

第三种理路是"文明史观"。其代表人物是彭树智和马克垚先生。彭树智先生在《文明交往论》中提出"历史交往论"，这一理论用文明交往建构了一种全新的认识、理解全球化文明历程的思维坐标和理论平台，是全球化理论的一种理论创新。2004年，马克垚教授主编的三卷本《世界文明史》出版（2016年修订再版为上下两卷），标志着我国"文明史观"的正式建立。在《世界文明史》导言中，马克垚先生对全书的观点和体系作了提纲挈领的阐述。他指出：文明是人类所创造的全部物质和精神成果，从这个意义上说，文明史也就是世界通史。③ 根据各文明生产力的发展变化和历史学界的习惯做法，《世界文明史》将世界文明史划分为农业文明时代和工业文明时代。

这些新史观和世界史体系的提出，体现了我国世界史学界"百花齐放"的状态，它们从宏观的世界历史角度支撑起我国世界史学界对世界史研究的新理解、新认识和新架构，体现了新时期我国世界史研究在马克思主义唯物史观基础上的创新精神，在学术界引起极大冲击和巨大反

---

① 吴于廑：《吴于廑学术论著自选集》，第64—66页。
② 罗荣渠：《现代化新论》，北京大学出版社1993年版，第53—80页。
③ 马克垚主编：《世界文明史·导言》（第二版，上下卷），北京大学出版社2016年版。

响。但是上述理论体系都有各自的理论支点和侧重，它们之间相对孤立的状况给世界史体系的认知带来了某些困境和偏差[①]。北京大学何芳川先生曾认为："我国学术界同人的世界史体系观，应该向着一个共同的怀抱聚合，即以一种开放的、包容的、多元的态度，努力构建中国的世界史体系；并将其贡献给国际学术界，在国际学术交流中积极推动处于不断变动、不断发展的世界史体系的构建。具体而言，就是以科学的马克思主义为指导，有鉴别地汲取当代国际史学及社会科学的一切新理论与方法论，汲取当代国际史学及社会科学研究的新成果，考察人类文明形成与发展的整体轨迹，揭示其律动的阶段性，经过几代人的艰苦努力，构建起具有我国特色的世界史体系。"[②]《人类六千年》正是这样一本构建中国特色的世界史学科体系的代表作之一。

作为吴于廑先生的嫡传弟子，刘景华教授深受吴先生的影响，刘景华先生在尊崇吴先生思想的基础上，对吴先生的世界史体系进行了新的发展。《人类六千年》一书，一是强调文明发展的多样性及联系。二是该书在强调人类文明的多样性的同时，承认在人类历史发展的进程中，不同时期存在着不同的发展中心，而且不同时期的中心对那个时期的人类历史的发展确实起主导作用。更难能可贵的是，《人类六千年》一书实事求是地承认，世界文明的中心呈不断向西移动的趋势：古典文明时代从东方开始，公元前5世纪西移到了希腊。公元前2世纪至5世纪，文明的中心又变成了罗马。到了中世纪，欧洲的文明中心也是不断西移，从拜占庭西移到意大利城市国家，再西移到西北佛兰德斯地区，16世纪起，随着西欧对世界其他地区的优势形成，西方世界长期成为世界的"核心"地区，并且这个核心的重心也不断西移：16—17世纪是大西洋沿岸的西班牙、葡萄牙、荷兰、法国称雄；18世纪是英吉利海峡两岸争霸的英法两国；19世纪，有"世界工厂"及"日不落帝国"之称的英国可以算世界的中心；20世纪上半叶，北大西洋两岸的欧洲和北美是主宰世界的中

[①] 教育部社会科学委员会秘书处：《中国高校哲学社会科学发展报告2006》，高等教育出版社2007年版。

[②] 何芳川：《世界史体系刍议》，《史学理论研究》2005年第3期。

心；到了20世纪下半叶，越过大西洋，西半球的美国无疑占据了世界中心位置。①

长期以来，我国学界一直对"西方中心论"持批判态度。然而，欧洲中心论的破除并不意味着世界历史在客观上不存在或根本不需要中心。华东师范大学历史系余伟民教授也认为：作为整体结构的世界历史的"中心"是指客观世界体系的结构中心，也就是在一定历史时段对世界整体发挥支配或主导作用的"力量中心"。在这个意义上，"西方中心论"是否成立，并不取决于主张这种理论逻辑的研究者是否站在西方的立场上，而是取决于世界历史的客观进程中是否发生过西方作为支配性的力量中心崛起于世界的历史事实。② 正如林中泽教授所认为的："一方面，在人类历史发展进程中，的确存在着某些中心；另一方面，从研究者的研究角度看，也需要在主观上确立起某些假设的中心。"③ 因此，在《人类六千年》一书中，刘景华教授尊重世界历史发展的事实，承认在人类历史发展的长河中，以"西方"作为世界"中心"的空间定位是迄今为止的经验事实。这是一种从事实出发的历史观点，其结论符合马克思主义的唯物史观和世界历史观。

在世界历史的分期方面，《人类六千年》一书以吴于廑先生的整体世界史观为指导，从世界历史有"纵向发展"和"横向发展"的辩证统一认识出发，创造性地将"文明形态+世界格局"作为历史的主线和分期标准，认为世界历史纵向发展的直接结果是文明的进步，横向发展的直接结果是世界格局的变化。文明在各个时代的不同形态是文明进步的内涵，是各个时代世界格局形成的内驱力；不同时代的世界格局演变则是文明进步的一种外在，是文明发展的自然结果。④ 据此，将人类6000年文明史划分为四个阶段：

---

① 刘景华：《人类六千年·引子》，中国青年出版社2017年版，第9页。
② 余伟民：《"中心观"与"中心论"》，《史学理论研究》2005年第3期。
③ 林中泽：《历史中心与历史联系——对全球史观的冷思考》，《学术研究》2005年第1期。
④ 刘景华：《人类六千年·引子》，第10页。

第一阶段是人类第一批文明从诞生到衰亡的上古时代,时间自文明诞生到476年。第一批文明主要包括古代两河流域文明、古代埃及文明、古代印度文明、古代中国文明、赫梯文明、腓尼基文明、巴勒斯坦犹太人文明、古代波斯文明、古代希腊文明、古代罗马文明等。公元476年西罗马帝国的灭亡标志着世界文明史第一阶段的结束。第一批文明绝大多数是原生态文明、原发性文明,而且都是农业文明。受自然因素的影响,农业文明的本质特征是孤立的、闭塞的。但由于人口的增加和生产力水平的不断进步,它也具有一定的扩张性和外向性;各个文明出现后,都有一个由小到大的过程,各文明间虽然存在着联系但并不普遍。这一时期的世界格局,是在亚欧大陆所形成的南部农耕世界和北部游牧世界之间的对立,游牧民族对农耕世界文明国家发动了三次冲击浪潮,游牧民族在军事政治上取得了胜利,并大多在经济文化上融入了农耕世界。可以说,上古世界的历史是亚欧大陆的文明史。

第二阶段是亚欧大陆第二代文明繁荣、其他大陆出现文明的中古时代,时间起自476年,直至16世纪。亚欧大陆第二代文明的繁荣包括基督教文明、阿拉伯—伊斯兰文明、中国文明和印度文明;同时又诞生了新的原发性文明:如日本文明、俄罗斯文明、东南亚文明、非洲黑人文明、美洲印第安文明等,不过,中古世界的历史仍以亚欧大陆为主角,此时期仍然是农业文明时代,且深受宗教文化的影响,刘景华教授将之概括为"农业文明+宗教文明"。[①] 此时期游牧地带和农耕世界的南北格局依然存在,文明之间的联系大大加强,处于世界东西两端的文明也通过陆路商道和航海贸易取得了接触。在16世纪,西欧因为资本主义经济关系、自由思想、民主政治、人性解放等新因素的出现,对本地区和整个世界文明世界发起了冲击和挑战,因此,16世纪作为中古时代的下限和近代的开端。

第三阶段为西方工业文明居于统治地位的近代世界,这一世界体系形成于16世纪,终结于1945年第二次世界大战的结束,这是西方作为

[①] 刘景华:《人类六千年·引子》,第14页。

世界中心、西方工业文明主导着世界文明发展方向的时期。从 16 世纪起，西欧文明的文化新因素、思想新因素、宗教新因素、经济新因素、政治新因素等不断成长、壮大，在促使本地区社会发生深刻变革的同时，还促使西欧势力不断向全世界扩张：经过海外探险、海外贸易、殖民活动将整个世界文明连成一片，同时不断从东方掠取物质财富和吸收丰富的思想文化，使得西方社会前进的步伐大大加快，引发了科学革命和技术飞跃。18—19 世纪的两次工业革命为西方创造了前所未有的巨大生产力。19 世纪的西欧再次形成对东方古老文明的强烈冲击，同时还瓜分了非洲大陆，全世界的整体化形成；19—20 世纪之交，以西方为核心的近代世界体系形成；在形成西方世界体系的同时，也引发了世界性的矛盾和冲突，导致两次世界大战的爆发，1945 年第二次世界大战的结束宣告西方丧失了对整个世界的统治地位，以西方为核心的近代世界体系崩溃。

第四阶段即 1945 年以来的现代世界。刘景华教授认为，"之所以认为 20 世纪前期的整体世界仍属近代，1945 年以后的整体世界才叫现代，是因为这两个整体世界有着本质的区别，并不是一脉相承的。"[①] 第二次世界大战结束后，以西方为核心的世界体系彻底崩溃，形成以冷战为核心的世界格局，与此同时，第三世界开始崛起。随着 1989—1991 年的东欧剧变，冷战格局结束，世界进入多极化时代。西方人主宰世界、统治世界的近代历史成为过去，世界历史进入现代世界，其主题不再是 1945 年前的"战争与革命"，而是时代潮流共同推动的"和平与发展"。与 1945 年之前的工业文明不同，1945 年后的现代世界是信息文明的时代，世界成为真正的"地球村"。然而，世界各国发展仍然呈不平衡状态。当世界进入 21 世纪时，生态文明建设成为全社会的呼声，建设美丽家园、创造美好世界一定会成为全人类的共同目标。

这样一种对人类历史进程的四分法，尤其将 16 世纪至 1945 年界定为世界近代史体系，是前所未有的，不论学术界同行怎样评判，在笔者看

---

① 刘景华：《人类六千年·引子》，第 16 页。

来，这至少是一种有理有据的大胆创新，是刘景华教授三十多年来研究世界历史的深刻认识，也是对中外史学界成果充分吸收的结果，令人耳目一新。

高师院校世界史学科发展规划的思考[*]

——以安徽师范大学为例

安徽师范大学　韩家炳

1979年是中国世界史学科规划和发展史上的春天，是年在北京召开了全国世界史学科规划工作会议，随后在安徽师范大学举行世界近现代史学术报告会，并具体深入讨论学科发展问题。在安徽师范大学世界史学科前辈的襄助下，安徽师范大学为新时期中国世界史学科的规划发展作出了前驱性贡献：首先筹建了"中国世界现代史研究会"，并参与组建中国世界近代史专业委员会和中国世界现代史专业委员会。其次参与促成世界史学科的"地区组合"，即"武汉—中南地区组合""京津地区组合""华东地区组合"等。最后参与开创了世界史学科的特色方向研究，他们是世界史领域具有重大影响且成立时间最早的诸多学术团体的组织者和开创者，如陈正飞教授组织筹建了中国第二次世界大战史研究会，并担任首届会长；全国政协常委、全国人大代表光仁洪教授与南京大学等兄弟院校共同组建了中国国际关系史研究会（中国国际关系学会的前身），并与王绳祖教授分别担任首届正、副理事长。

辉煌属于过去，现实决定未来。恢复安徽师大世界史学科的昔日荣光，老一代人创榛辟莽，前驱先路，新一代人更要继承传统，薪火相传，

---

[*] 基金项目：安徽省高等学校省级质量工程教学研究项目"新课标下高师院校历史学专业课程体系创新研究以安徽师范大学为例"（2016）阶段性成果。

在国家振兴发展中西部高等教育、繁荣哲学社会科学、世界史升级为一级学科等大好形势下，需要世界史同人挺立潮头，群策群力，集体谋划，开拓创新，在"立足实情、世界意识、经世致用"的思想指导下，适时、科学地规划安徽师范大学世界史学科的未来发展。

一 安徽省高校历史学门类下的学科现状

目前安徽省共有5所高校（安徽大学、安徽师范大学、淮北师范大学、安庆师范大学、阜阳师范大学）开设历史学专业。安徽师范大学历史与社会学院设有历史学（师范类）和世界史本科专业，现有中国史一级学科博士点（含一级学科硕士点）、中国史博士后流动站、世界史一级学科硕士学位授权点以及学科教学（历史）专业学位授权点，专任教师约40余人。安徽大学历史系现有中国古代史、中国近现代史、世界史、考古学等专业教研室，设有历史学、考古与博物馆学两个本科专业，拥有中国史、考古学两个一级学科博士点及博士后流动站，专任教师约40余人。淮北师范大学历史与社会学院设有历史学（师范类）专业，1992年始招收历史教育本科生，设有中国史、世界史、文献与教学法等教研室，拥有中国史一级学科硕士和学科教学（历史）硕士授予权，现有专任教师30余人。安庆师范大学1989年始招收历史学教育专业本科生，目前拥有中国史一级学科硕士和学科教学（历史）硕士授予权，现有专任教师30余人，阜阳师范大学历史文化与旅游学院1994年始招收历史学专业本科生，设有中国古代史、中国近现代史、世界史等教研室，现有专任教师33人，目前无历史学硕士学位授权点。池州学院现有历史学（师范类）本科专业，设有中国历史与文化、世界历史与文化等教研室，专任教师24人，目前无历史学门类下的一级学科硕士学位授权点。由此可以看出安徽省历史学学科设置与发展基本现状：第一，安徽大学和安徽师范大学历史学专业两家独大，各具特色与优势。第二，就世界史学科发展基础与现状而言，安徽师范大学历史与社会学院是安徽省最早获得世界史硕士学位授权点单位，也是安徽省最早获得世界史一级学科硕士学位授权点单位，更是目前安徽省唯一一家世界史硕士点招生单位。2016 年，安徽师范大学历史与社会学院获批世界史本科专业，2017 年正式招生，填补了安徽高校世界史本科专业布局的空白点。所以，就世界史学科发展现状和前景而言，安徽师范大学历史与社会学院的历史学专业建设明显走在安徽省最前列，具有省内其他高校无可比拟的优势。

二　安徽师范大学世界史学科发展规划路径

（一）紧扣时代脉搏，把握教育改革最强音，厘清思路，做好规划

《国家中长期教育改革和发展规划纲要（2010—2020 年）》（以下简称《纲要》）指出："我国教育还不完全适应国家经济社会发展和人民群众接受良好教育的要求。教育观念相对落后，内容方法比较陈旧……素质教育推进困难；学生适应社会和就业创业能力不强，创新型、实用型、复合型人才紧缺……"《纲要》强调：高等教育要"优化结构办出特色。适应国家和区域经济社会发展需要，建立动态调整机制，不断优化高等教育结构。优化学科专业、类型、层次结构，促进多学科交叉和融合。重点扩大应用型、复合型、技能型人才培养规模"。为落实《纲要》精神，国家推出了《高等学校哲学社会科学繁荣计划（2010—2020）》的重大举措，要求"构建哲学社会科学研究创新平台体系""开展全球问题、国际区域和国别问题的长期跟踪研究"，这些纲领性文件的出台都为规划世界史学科的进一步发展指明了方向。在此基础上，安徽师范大学也出台了《安徽师范大学学科建设与科研发展的规划》，指出："在保持我校传统学科优势的同时，瞄准学科发展前沿，突破原有学科界限，拓展学科范围，加强特色学科、应用学科和交叉学科的建设，促进学科间的相容互补，培育新的学科增长点，促进特色学科群的形成。"《安徽师范大学学科建设》（2018 年讨论稿）明确将"世界史"增列为博士学位授权一级培育学科。所有这一切，都为世界史学科的发展提供了机遇，但同时也对世界史学科在学科发展观念、学科课程体系建设、优化知识结构、吸纳其他学科方法、人才培养模式等方面在规划上提出了更高要求。

（二）"整合与创新"同步，"回归与改造"并重，重塑世界史学科发展的基本理念

所谓"整合"，就是借鉴其他学科资源之优长为世界史学科发展所用，同时又不改变世界史学科的主体地位，吸纳他人之长处又不迷失自我。"整合"的目的就是"创新"。所谓"创新"，就是在"整合"的基础上对世界史学科的功能价值、知识体系、思维理念和教研体制进行重新思考、定位和再创造的实践过程。所谓"回归"，就是世界史学科教育要回归史学的优良传统，大力阐发传统史学的"求真求实"精神；大力弘扬"天下兴亡，匹夫有责"的勇士精神，担负起改造国民性、提升国民素养的重任；倡导史学的"资鉴"功能，为国家发展献言献策，避免重蹈覆辙等。所谓"改造"，就是适应时代之需要，对世界史学科的知识结构、课程设置、学术研究方法、教学方法、人才培养机制等方面进行改造。安徽师大作为一所学科门类齐全、专业设置科学、完备的省部共建高校，办学资源丰富，传统底蕴深厚，如何整合资源、回归传统来改造世界史学科，从而为国家提供创新型、复合型的世界史人才，是世界史学科规划所需要考虑的总体方略。

（三）整合校内资源，加强院系联合，凝练世界史学科发展特色方向

世界史学科发展的新特点有三：一是世界横向历史研究的加强，二是"整体史观"或"全球史观"的扩散，三是相邻学科的渗透（学科交叉）。根据上述特点，世界史学科将加强与本院（历史与社会学院）的中国古代史、中国近现代史、社会学专业以及本校外国语学院、国际教育学院、文学院、政治学院的联系与合作，加强世界史专业跨学科方法尤其是社会学、文化学、语言学的方法论训练，拓宽世界史专业培养口径，循序渐进，在课程设置、学科教学、科学研究中逐步打造世界史的四个学科方向群。

1. 外国语言与外国历史

这是教育部颁布的普通高校专业目录新增的特设专业，其目标是培养素质高、学识宽阔、基础扎实、适应力强的国际文化交流人才，并为相关学科输送高质量的研究人才。本专业生源除了高招之外，也可以从外国语学院、文学院、政治学院等相关专业中通过校内转专业录取。

2. 设置历史学与世界史的双学位

借助本院中国史和历史学（本院是中国史一级学科博士学位和硕士学位授权点、中国古代史是国家级精品课程、中国古代史和专门史是省级重点学科、历史学是国家级特色专业）的强大平台，加强世界史专业的中国史学习，强化世界史与中国史之间联系的纽带，让中国史"睁眼看世界"，用世界眼光反观中国史，实现世界史学科"立足中国、世界意识、经世致用"的总体思路，在此认识基础上，在本院历史学、世界史两个本科专业中设置双学位。

3. 国际关系史、中国边疆史与周边国家史方向

世界的全球化进程的加快和各民族、国家间彼此联系的加强，使得国际关系史已经成为世界史教学研究最为重要的方向之一。中国是一个正在崛起的大国，海疆、陆疆线漫长，邻国众多，国际纷争尤其是国家资源领土纷争将日益增多，加强边疆史地和周边国家史的研究已刻不容缓，培养这方面的人才，世界史学科责无旁贷。本学科将借助本院巴基斯坦研究院、欧美史研究所以及校内相关专业资源，利用好安徽省世界史学科最早的省级精品课程《近代国家关系史》平台，努力打造这一专业方向。

4. 世界史与国际文化传播

文化，既是历史发展的命脉，也是见证历史的符号。从文化的视角去分析考察世界的现象和本质，已经成为世界史研究的重要特点。从整体世界的发展和中国与世界交往的角度看，文化的交流、碰撞与冲突已经是国家间关系最重要的内容之一，它不仅在文化上而且必将在政治、经济、军事、宗教等各方面深刻影响世界历史的发展；国际竞争不仅表现为经济、军事的硬实力竞争，而且更重要的是越来越表现为政治价值观与文化软实力的竞争，整合借鉴世界文化、创新中国本土文化、输出中国特色文化已经提升到增强中国国家实力、扩大中国国际影响、争夺

国家话语霸权的战略高度。因此，研究世界各民族、国家、地区（包括中国）文化的历史及其交流史尤为重要，世界史专业的人才必须担负起应尽的责任。

（四）优化配置校内师资，引进外来杰出人才，多渠道打造精干的学科团队

高素质的师资队伍是培养高素质的人才的关键。目前我校历史与社会学院世界史专业教师共有14人，从总体上看，本学科已经基本形成了一支年龄、知识和专业技术职务结构合理、发展潜力巨大的学术梯队。本着实事求是的精神，学院准备采取如下步骤和措施：（1）建立健全本专业人才定期培养制度，加强现有师资尤其是年青教师的培训工作。通过留学、访学、短期交流等方式，鼓励世界史专业教师出国、出境，到国外或境外知名大学或研究机构学习或访问。不断加强国际学术交流，拓宽教师学术视野。（2）建立人才流动机制，大力引进人才。按照学校人才引进政策的相关规定，到国内各著名高校吸引各类优秀毕业生，充实世界史各学科研究方向队伍；设立国内外本学科领域有影响的客座教授职位，吸引有突出成就和良好学风的专家学者前来交流、讲学，形成人员流动、内外联合、竞争创新、自我发展的人才机制。（3）积极发挥老教师的余热。返聘校内外学术造诣深的老专家学者，发挥他们的传帮带作用。（4）实施校内联合培养策略，尤其要加强与外国语学院、文学院、国际教育学院、传媒学院的联系，引入各院系优质生源。（5）在加强科研攻关的基础上，培养本学科的学术带头人和优秀的中青年教学科研骨干；建立创新机制，大胆使用、选拔和培养有潜力的优秀中青年专家。

（五）面向社会需求，精心设计专业课程体系，积极探索人才培养的新模式

世界史专业课程体系设计（培养方案）要遵循以下原则：（1）全面贯彻党的教育方针，培养德、智、体、美、劳全面发展的社会主义现代化建设人才。(2)坚持厚基础、宽口径、多方向的原则。加大专业基础课的比重,拓宽专业口径,使学生成为一专多能的应用型人才。(3)坚持创新的原则。要突出学生创新能力的培养,加强基础理论教学,上好专业主干课,增加人文选修课,拓宽学生的知识面,适应素质教育对创新人才的要求。(4)坚持实践的原则。教学计划要加强实践教学的环节,强化实际技能训练,培养学生实际分析和解决问题的能力,以适应社会发展的需要。

根据世界史学科的特点和国际化办学的需要,本学科将进一步有针对性地加强与国内外著名大学、科研机构的联系,为本专业师生提供全面、深层次的科学研究与学习交流的平台;邀请世界史境外知名学者和国内一流学术大师来校讲学,传播国内外前沿学术思想,营造扩大开放的环境和氛围;建立本学科校内学术交流和学术报告制度,促进校内相关学科和院系之间的学术交流与合作。教学方面,本学科改变教师轻教学重科研倾向,鼓励教师申报各级精品课程和各级教学名师;将学科教学质量优劣和学科教学体系是否合理纳入学科负责人的考核内容;力争在10年内取得国家精品课程或国家级教学名师零的突破。

本学科将加强校企合作和境内外校际合作,在时机成熟之时引入人才培养的3+1模式,即三年在安徽师范大学历史与社会学院学习,一年(即第5、6学期)在国(境)外学习,学习费用由相关用人单位(企业)赞助、申请奖学金、个人自筹等多种渠道筹措。

三 结 语

当下中国经济发展已经进入了新的历史时期,它对全球金融危机的拯救和全球性的复苏起到了非常大的作用。在全球经济的整体增长中,"金砖五国"所产生的效益超过一半,而中国一国在五国中的总体效益又超过了一半。所以,中国的经济发展已经成为全球非常瞩目的亮点,进入了世界经济舞台的中央,而且日渐成为主角。中国被推向世界舞台的中央,并不是说理所当然地就坐在那里可以很舒服、很安逸。其实越是到了这个舞台的中央,风浪就越大,面临的竞争也越激烈,包括政治、经济军事方面的竞争,等等。如果从经济的角度来看,中国一方面是出口大国,一方面是外汇储备大国,另一方面也是国际经贸法庭上的被告大国,我们的贸易争端、摩擦越来越多。还有其他方面,比如说中东问题、朝核问题、南海等核心问题。因此,为了回应这些激烈的挑战和复杂的环境,我们不仅需要深谙国际法律的人才、知识产权的人才,也需要懂得国际金融、懂得操控国际舆论,利用国际舆论发挥作用与影响的人才,更需要对世界史、边疆史、海洋史等有深入研究的人才。

总之,当今相对失序的世界态势为较早确立的世界史学科赋予了新的内涵与崭新使命,使之成为一门富有魅力并具有广泛应用性的朝阳型专业。安徽师范大学将以成功获得世界史专业设置之机,发扬学院老一辈世界史大家治史的光荣传统,发挥今日学院世界史人才济济的优势,创造出安徽师范大学世界史学科光辉灿烂的明天。

史料教学与学生的证据素养培育*

安徽师范大学　王德民　江西师范大学　赵玉洁

史料是史学研究的基础,这一点众所周知。不过,从教学的层面看,史料首先应是学生感受、确证历史的知识来源。进而广之,通过史料教学,它还可以充当培育学生逻辑推理与分析能力、证据素养、求真意识的重要手段。当然,从本体意义上讲,史料在学生的"认知世界"里还能充当证据。鉴于此,本文仅从培育学生证据素养的角度,略作探讨。

一　史料为何引入教学:"用证据说话"

学生对历史的感受与理解是分阶段发展的。相关研究表明,"一些学生并没有想到人们是如何了解过去的这个问题,尤其是更小的学生,他们认为历史是已知的,仅仅是像百科全书那样的权威书籍中的信息。"[②]如此的观念不仅普遍存在于较低年级学生心里,即使高中、本科阶段,在以教材为"本"、讲授为主的教育模式下,亦颇占一定比例。笔者曾不

---

* 本文系安徽师范大学博士科研启动资金项目"基于学科逻辑转化的历史课堂有效性研究"、安徽省教育科学规划课题"基于历史课堂的合作学习机制研究"(JG14034)的阶段性成果。

② [美] M. 苏珊娜·多诺万:《学生是如何学习的——课堂中的历史》,张晓光译,广西师范大学出版社 2011 年版,第 64 页。

止一次于大四本科生实习听课中发现,学生讲述涉及夏商周文明的内容时,或者栩栩如生地描述禹"三过家门而不入"的治水故事,或者生动形象地"控诉"商代奴隶制的罪行。且不说这样的内容作为"传说"或某种推断,其真实性大可作疑,即使非要将其作为课程内容,也必须从证据的角度对其可信性程度作必要说明。

让学生懂得历史需要用证据说话,这是历史教学的基础,亦是史料引入教学的最深层动因。对学生而言,史料作为证据引入教学,至少可起到以下作用:(1)与学生的日常观念作区分。学生理解历史人物、事件通常以已有知识、日常观念为基础,但日常观念与过去的时代迥然相异,学生常认为过去的人们看起来很奇怪,这就需要考虑如何有效地运用史料,以史料为证据来解释过去的人们是如何看待事物的。(2)与社会上的某种"戏说"、偏见作区分。当代社会信息发达,网络、电视、报刊等各种媒介会借助不同途径、手段时时影响学生对历史的认知,这其中既有史实的"戏说",更有某些非历史的偏见,这也需要教师引用史料加以适当纠正。(3)懂得历史知识的来源。当前的学校教育实质上仍将教材作为组织课程内容的主要凭借,学生接受历史知识的途径主要来自历史教材,但历史教材限于篇幅,还是以对历史的叙述、记载为主导形式,这常导致学生误将"历史叙述""历史记载"作为历史知识的来源。引入史料,正是为了纠正此种认知偏差。

当然,从根本上讲,将史料作为证据引入教学,终归是要学生确立"通过史料推论重塑过去"的观念。发生的是"过去",写出来的是"历史"。写历史是人类对"过去"的梳理与重新认识,是人类对"过去"的挑选与判别,体现着每一代人对"过去"的不断理解与不断思考。[1] 史学研究需要借助史料"写历史",历史教学更需要借助史料,让学生体验"写历史"是一个对史料不断鉴别、判断、解读,乃至智慧参与的创造过程。比如,夏商周文明尽管上下纵贯一千八九百年,但遗留文献甚少,

---

[1] 钱乘旦:《发生的是"过去",写出来的是"历史"——关于"历史"是什么》,《史学月刊》2013年第7期。

且越向前记载便越模糊,并夹杂着神话成分。这一时段的历史空白、疑问很多。学习此段历史,就不宜只向学生简单地陈述历史知识或研究成果,以避免学生形成此段历史已知的认知错觉。而更应该是,借助文献记载,参照历史遗址、遗物、青铜器铭文,甚至甲骨文等史料,由已知推及未知,由相对晚近推及相对远古,向学生呈现"实在"的原生态的"历史"。如此,既可使学生生成"以史料为证据探究历史"的观念,其认知结果亦更接近历史的本真。

二 史料未必都是真的:"一分证据说一分话"

将史料作为证据引入教学,是培养学生证据素养、建构合理"历史"观念的前提性基础。但是,从证据角度看,引入历史教学的史料未必都是真的。作为反映某一特定历史事实的材料,史料既有实物或文献、一手史料或二手史料之分,亦存在有意史料或无意史料之别。史料的客观局限或主观属性,规约着史料对史实的反映既可能不相符合,更可能不相周延。这就决定了基于史料作证据的推论要适当,要"一分证据说一分话"。史料教学中,若要让学生做到"一分证据说一分话",至少需要避免以下情况:

其一,避免推论"过度"。基于史料考证史实,对相关的历史人物、事件、制度等作出评价与推论,是史料教学的基本规程。此操作规程中,鉴于有些史料存在某种程度的不确切、不完全、带偏见,甚至有歪曲,对其分析与推论就宜把握适度。当前的历史教学中,很多案例中的史料运用仅是为了证明某种观点,对史料自身作为证据的准确性、适当性、周延性等并不予以关注,这就导致很多案例即便运用了史料,其整体的信息呈现仍像是一种"历史叙述"。学生所能训练、习得的,也多是对史料的句读、辨别、阐释能力,更深层的对史料的反思能力、批判性思维能力反而很少涉及。更多的情况下,为了论证某种观点,史料通常被直接作为证据用于演绎性论证,史料自身有无问题、能作何种力度的证据则不考虑,这就会造成对史料的误用或过度推论。笔者曾多次在教师培训讲座中调查发现，很多教师在讲授"太平天国"一课时，为了论证《天朝田亩制度》的"凡天下田，天下人同耕"，以及其"以户为单位，不论男女，按人口和年龄平分土地"等内容，会拿"忠王李秀成所发的田凭"作例证（见图1），以此来说明"太平天国分田地给农民"。

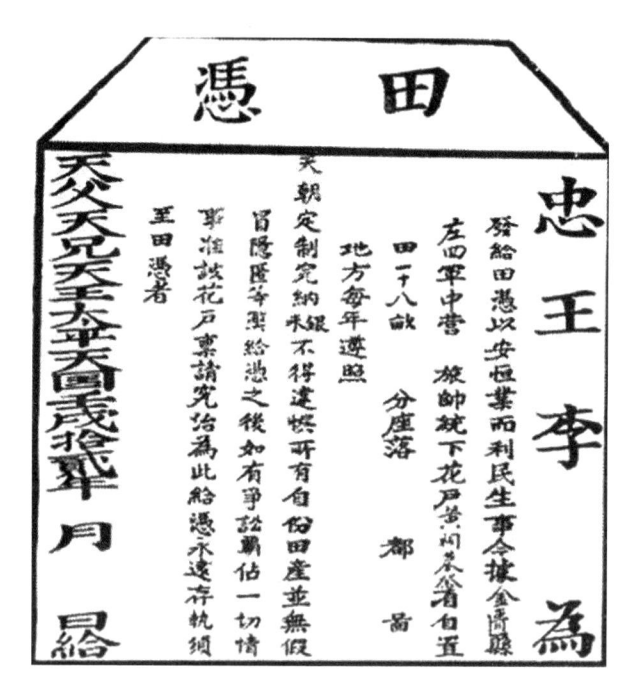

图1 忠王李秀成所发的田凭

从史料作为证据的角度看，以上述田凭为证据来论证太平天国分田地给农民（教材也如是说），实际上属于推论"过度"：根据田凭上的内容，可推断这是忠王李秀成发给"花户黄祠墓祭"的田凭，但"花户黄"究竟是什么身份，却很难作定论。因为，所谓"花户黄祠墓祭"意指占有黄氏祭田的在册民户，依据所能掌握的材料，祭田的占有情况却很复杂。占有黄氏祭田的"花户黄"可能是黄姓宗族，也可能是黄姓某个家庭，至于这个宗族或家庭是地主，是农民，还是其他什么身份，终究很难确定。有鉴于此，罗尔纲先生亦只能称其为"忠王李秀成发给金匮县黄祠墓祭田凭"。①

其二，避免推论"错位"。史料作为证据，有确证与反证之分，涉及某一历史人物、事件、制度等的评价，亦都可能从正面或反面找到可作证据的史料支撑。不仅如此，并不是所有的历史都可以用史料再现，遗留下来的"历史"也有空白。如此，史料教学中，对作为证据的史料要作准确评估，切忌仅从某一方面或超越某特定的历史阶段做出推断，以避免所做的评价或推论"错位"。比如，关于义和团运动的评价，既可找到其围攻教堂、抵抗八国联军的史料，亦可找到其降神驱鬼、破坏铁路以及抵制洋货的史料，无论基于哪类史料，所做出的推论都可能是偏离、错位的。教学实践中，即使让学生分别从"反帝爱国""愚昧排外"两类正反相异的视角展开讨论，倘若教师不作辩证引导，或者仅对正、反辩论双方都赞扬，或者各打五十大板，借此所呈现的由证据到推论的逻辑思维也是"简单化"的，最终也会脱离其特定的历史境遇与历史时空。

其三，避免"人造史料"。人造史料指基于课程目标的需求而被人为塑造的"史料"。此类史料的特点在于，史料所反映的单个历史人物、事件虽然并不存在，是虚构的，但它可能折射或揭示某类历史现象、某历史阶段特征的"普遍之真"。比如，某教师为让学生形象感知中共八大、"大跃进"及人民公社等内容，虚构了"阿牛"这个小人物，并以日记形式的"史料"向学生呈现了阿牛在此期间所经历的种种怪象、所遭受的痛苦等，以此来揭示"大跃进"、人民公社的"左倾"表现及后果。应该说，作为提升教学效果的手段，此种做法本无可厚非，但是，从培养学生证据素养的角度看，此种"人造史料"的做法并不可取：作为过去"遗留物"的当下存在，史料决定着人们还原、建构过去"历史"观念的基质与诉求，"史料之真"决定了人们所重塑的"历史之真"。易言之，史料作为证据不可"人造"，它会消解、虚化学生求真意识的理性与根基。

---

① 罗尔纲：《太平天国史》（第二卷），中华书局1991年版，第803页。

三 史料作为证据的方法论反思："大胆假设，小心求证"

由史料作为证据推论"过去"，既揭示了史学研究的必由之途，亦强调了史学重视事实、追求"史真"的学术基质。不过，史料作为证据，虽能做客观的史事"复原"，但亦存在不整齐、可能的主观臆断，这就从方法论上昭示了，探究历史尽管要以史料为凭借，但对待史料要谨慎，须"大胆假设，小心求证"。

对学生而言，"大胆假设，小心求证"不仅揭示了由史料获取历史知识的史学方法，且启悟了由史料培育学科思维的学习方法。从对史料的质疑开始，提出假设，假定种种解决问题的办法，通过验证每种假设最终寻求证解与答案。在这里，"假设"是建立在搜寻、辨别史料的基础上，"求证"则是建立在方法自觉、证据推理的基础上，科学的怀疑态度、基于"求真"的逻辑推理及辩证理性，都涵盖其中。具体又可聚焦于以下特征：

其一，"疑"与"证"相反相存。

从史料作为证据的推理过程看，"大胆假设，小心求证"作为"方法"蕴含了"怀疑"与"求证"两个主要环节。"怀疑"既是开启从未知到已知的逻辑起点，又体现了参与主体的批判性思维品质；"求证"既指向参与主体的求真意识，又包含考辨、判断、逻辑推理与辩证等建构性思维理性。两者正反相依，相辅共存。历史课堂中，恰当、深层次的史料运用恰恰蕴含了此类思维特征。比如，以《清明上河图》为凭借探究北宋城市经济，可通过图画中的街市结构、招牌幌子、灯箱广告、药铺旅店以及饮食物品等，探讨北宋东京的商业经营场所、经营手段与理念，以此透视北宋城市经济的繁荣，这是从史料中辨别、分析与推理有效信息的一般做法。但亦有教师突破此常规做法，让学生进一步关注图画中的"驴队"（见图2），做出"假设"与"求证"。

图 2 驴队

　　学生由此可做出的"假设"包括：驴队驮运的可能是粮食、铜钱、工艺品、药材、木炭等；"求证"的结果虽然并不确定，但却深层地揭示了城乡经济的互动，折射城市经济的繁荣，具体推论过程如下：

　　生 A：粮食……??

　　生 B：铜钱……??

　　生 C：工艺品……??

　　生 D：药材……??

　　师：木炭……??

　　结论：其实，可以反映城乡关系……①

　　由学生的思维特征看，上述"假设""求证"过程恰恰体现了"疑"与"证"并存，不仅蕴含了学生依据"驴队"作为商业运输载体，对其可能驮运的、与城市经济对应的"商品"的推测与概括，也从整体上聚

---

① 纪连海：《从〈清明上河图〉看北宋城市的经济》，《历史教学》（上半月刊）2009 年第 7 期。

焦了一个示范默会、假言推理的辩证思维过程。

其二,"实"与"疏"至通至远。

从史料作为证据的推理结果看,"大胆假设,小心求证"既以"求实"为努力的目标,又以不确定性为特色。它一方面肯定史事的"复原"需要以证据为前提,另一方面又隐含着对史料有限性的超越,强调对史料作有凭借也有约束的假设与推论,勾勒历史的丰富性,以"假设"之"疏"来连接、弥补历史的断层。就学生的思维发展来说,"大胆假设"突破了其对已有史料的接受、理解模式,强化了对史料作为证据的超越与反思,倡导学生对历史的多元阐释与对话,关注学生作为生命主体的独立表达与评判,其价值导向更着眼于学生的自主发展与未来。就这一点,美国史料教学有较好的借鉴与启示。比如,关于"美国独立战争"一课,美国教师不仅呈现涉及独立战争的史料,分析相关史料的内容与形式,还会让学生据此做出不同的假设:"1. 如果你是一位反独立者,你认为你在战前、战中以及战后是何感受?如果你是一位爱国者,你认为你在战前、战中以及战后是何感受?2. 作为反独立者的正面意义有哪些?爱国者呢?3. 作为反独立者的反面意义有哪些呢?爱国者呢?4. 如果反独立者赢得这场战争将会怎么样呢?生活会与现在有何不同呢?"[1] 如此,学生就会超越现有的史料文本,其思维释放更可能具有洞察性、延展性。

以上,以"用证据说话""一分证据说一分话""大胆假设、小心求证"为突破,探讨了史料作为证据的层次以及学生可能具有的证据素养。史料是史学研究的"粮食",更是从事历史学习不可或缺的"构件"与凭借。史料能否成为证据、学生能否生成恰当的证据意识,取决于教师对史料的性质理解、解释与运用。不同年龄和能力的学生需要使用不同形式的史料,亦对应不同层次的证据素养潜质。如何让学生从懂得"用证据说话"、到能够辨清"一分证据说一分话"、最

---

[1] [美] Eric Jensen LeAnn Nickelsen:《深度学习的7种有力策略》,温暖译,华东师范大学出版社2010年版,第211页。

终能在方法论层面上理解与体悟"大胆假设，小心求证"，既需要教师对学生现有水平有深入的了解，更需要教师对此作相应的、精心的史料教学设计。这是一个富有教学价值的、挑战性的培育过程！

历史学专业本科生教育中问题意识的培养

安徽师范大学　胡　宁

历史学很容易受到一种误解，即以为历史知识就现成地摆在那里，历史专业的人不过是记住、描述而已。不仅在社会大众中有这样的错误认识，不少已经进入这个专业学习的大学生也对自己所学的专业缺乏了解，把死记硬背知识点作为学习方法，单纯把"知道得多"视为历史就学得好。如果教师不能"转换'定论式'知识陈述基调"，[1] 加以有意识地引导启发，学生很容易出现在历史学专业学了四年却实际上没有入门、考试成绩好却实际上不具备继续深造资质的情况。笔者在刚刚走上高校讲台之时，就注意及此，很多大二、大三甚至大四快要毕业的学生，还保持着中学时代的思维方式和学习方法，关注点只在那些所谓"知识点"上，仿佛学习就是把确定的知识确切地记住，再写到试卷上去。一些毕业班学生所写的"毕业论文"，如同介绍信、说明书、导游词，一点自己的思考都没有，机械地述说着浮泛之言，没有探讨遑论解决任何问题。正因于此，笔者在教学实践中把培养问题意识作为主要的教学目的之一，经过多方尝试，有了一些效果，拟在这里略作介绍，不敢说是经验分享，只希望能引起同行对此问题的关注。

---

[1]　陈月茹：《教科书内容属性改革研究》，博士学位论文，华东师范大学，2005年。

一　以教材观示范问题意识

所谓"教材观",就是"对教材本质及其功能的基本认识,它反映了教师对待教材的态度和方式。教材观不仅涉及'教什么',也涉及'如何教',它从根本上影响着教师的教学方式"。[1] 应试教育模式下,教材是根本依据,通常不会受到质疑。而在高校教学中,教材应该只是辅助性的工具,却依然被不少学生甚至部分教师视为"金科玉律",以为学习这门课程的主要目的就是掌握教材里的重点知识。这种教材观通常被称为"圣经式的",正如郭晓明先生所说:"在教材价值观上,它认为教材的价值在于'规范'教学。……在对待教材的态度和方式上,它认为教师必须遵从教材,对教材有一颗'尊敬'之心。"[2] 这与教学资源的单一性和照本宣科式的讲授方式密切相关。

其实,在经过中小学十余年的教育之后,能以相对优秀的成绩考入本科院校,绝大多数学生都已具有较高的文本学习能力,懂得如何提炼知识点、总结章节内容、加强记忆,等等,即便没有教师讲授,发一本教材、给一定的时间,他们照样能应付以教材为范围的考试,甚至得分相当高。那么,教师的作用体现在哪里?高校教学的特点体现在哪里?圣经式教材观往往存在于教师、学生双方心里,既然教师的教材观直接影响学生的教材观,那么教师也就可以通过自己的教材观来引导学生,从而达到教育目的。

正因于此,在讲授一门专业课之始,笔者会就教材作特别提示,告诉学生:

> 手里的教材,用处在于方便大家把握这门课的基本结构和讲授

---

[1] 毕华林:《教材功能的转变与教师的教科书素养》,《山东师范大学学报》(人文社科版) 2006年第1期。
[2] 郭晓明:《从"圣经"到"材料"——论教师教材观的转变》,《高等师范教育研究》 2001年第6期。

> 的大致进度，是综合考虑篇幅、编写时代等因素，在多种同类教材中挑选的。教材里面包含了很多本学科的基本共识，但不是没有错误，不是没有疏漏之处，不是没有表述不合理的地方。教材中的观点，大多采用的是学界的主流观点，较少涉及相关争议，而且往往因跟不上学界新成果而有观点、表述陈旧过时的问题。本课程讲授，不局限于教材中已有的内容，对于教材中需要纠正的地方会随时指出。同学们如果有疑问，也随时欢迎提出。

说这番话的目的，是在一开始就减轻学生对教材的依赖，让他们把注意力集中到讲授本身上去，明确告诉他们教材不是毋庸置疑的，启发他们以较为开放的心态面对教材，勇于提出问题。

讲授过程中，在时间允许的条件下，应尽可能就关键问题对教材中的相应内容提出怀疑，这实际上是问题意识的当堂示范。例如讲授专业主干课程《中国古代史》，这门课程所使用的是某部在高校使用率较高的教材，无论内容和结构，都"中规中矩"，不妥之处和应再商榷之处皆颇具代表性。如其中商代部分说："商代可能已经比较普遍地实行了颁爵制度，侯、伯、子、男等爵位，都见于卜辞。……所谓'诸侯''多伯'就成为众多邦国的统称，子、男之属，为畿内的'多子族'。"笔者就这一段，在课堂上提出一系列问题：商代真的普遍实行颁爵制度吗？有实行的直接证据吗？甲骨卜辞中出现的侯、伯、子、男是爵位等次吗？"多子族"的"子"真的是爵位吗？再综合多种文献材料，参考学界主要观点，作简要辨析，指出教材中的说法是有问题的，让学生在已提供的资料基础上自己思考。又如魏晋南北朝文化部分，该教材专设一小节言"佛教的流行与神灭论思想"，这也是大多数中国古代史教材都会言及的内容。笔者就这一小节，在课堂上提出一系列问题："神"所指的是什么？佛教真的主张"神不灭"吗？有"神"思想当时为什么会广泛流行？再结合佛教的基本教义、大小乘佛教的特点、佛教经典翻译的用词、外来佛教思想与中国传统思想尤其是道家思想的关系、当时的时代背景等，作简要辨析，指出教材中的一些表述是有问题的，并为学生自己思考提供参考书目。

二 以问题彰显历史学专业特点

对专业特点的把握，是真正进入一个专业的标志，专业培养实际上可以说是一个让学生"越来越内行"的过程，正如布鲁纳所说："不论我们选教什么学科，务必使学生理解学科的基本结构。"[①] 历史学教育也是如此，但情况比较特殊。万事万物皆有其史，历史关涉万事万物，历史学是最易与其他学科发生交叉的学科，又有自己的专业特点，有自己的学术规范和研究方法。历史学专业教师除了教授通史课程外，还要教授各种专门史，如政治史、社会史、教育史、经济史等，这些既是历史学的分支，又是政治学、社会学、教育学、经济学等学科的分支。站在历史学的角度去看，既要充分借鉴吸收其他学科的理论和方法，又要坚守历史学的规范。实际上，恰恰是在学科交叉的背景下，最能体现历史学的专业特点，讲授这些课程也正是教师培养学生史学意识的最好时机。如何去做呢？笔者认为应将史学意识的培养与问题意识的培养结合起来，以问题作为引导，让学生明白历史学的审视视角与发问方式。

以《中国古代教育史》课程为例，笔者在讲授这门课程之始，也选用了目前较通行的一种教材，但在选择和使用的过程中，发现目前社会上流通的此类教材基本上都是由教育学专业人士编写的，在史料运用、时代性把握等方面多有欠妥之处。因此，笔者在充分参考此领域已有成果的基础上，自己编写了讲义，并从第二次讲授此课程开始使用至今。讲义与课程讲授都是从一个重要问题开始，即中国教育史应该从什么历史时期开始讲起。

首先，笔者言明课程的学科归属和历史学视野下应如何看待此问题：

---

① ［美］布鲁纳著：《布鲁纳教育论著选》，邵瑞珍、张渭城等译，人民教育出版社1989年版，第27页。

从历史学的角度来看，中国古代教育史是专门史的一种。研究历史，首先要占有史料，一切论述都要以史料为据。中国古代教育史研究所需要的是与教育相关的史料，各个历史时期都要有可以用来说明这一时期教育情况的史料，如果某一时期的教育，没有相关史料，我们就无法作任何描述和探讨。因此，中国古代教育史应从什么历史时期讲起，并不取决于中国古代从什么时候开始有了教育活动，而是取决于教育史料。

接着，着眼于史料，审视现有教材和专著中的开始部分。这些教材和专著通常从"原始社会的教育""远古教育"或"教育的起源"讲起。所讲的时代，如果按照中国传统的说法，就是"三皇五帝"及其以前的时期，即所谓"三代以前"；如果按照考古学的术语，则是石器时代和铜石并用时代。笔者指出关于三代以前情况的传世史料相当少，而且多为神话传说性质，文献形成时间相当晚，即便其中一些内容与教育有关，也不能用来说明问题。笔者结合具体材料加以讲解：

《史记·五帝本纪》有这样一段话："轩辕之时，神农氏世衰。……轩辕乃修德振兵……教熊罴貔貅䝞虎，以与炎帝战于阪泉之野。"张守节《正义》："言教士卒习战，以猛兽之名名之，用威敌也。"有的教育史教材或专著就用这则材料来说明五帝时期的军事教育，这是不够严谨的，司马迁自己也说过"百家言黄帝，其文不雅驯"，黄帝传说在战国时期大量出现，多是出于假托黄帝以抬高学派身价的需要，司马迁不敢全都信从，只选择了他认为较为合理的一部分，这段应该就在其中，史料的时代与五帝时代相距非常遥远，即便我们挖掘其历史价值，联系人类学来看，"熊罴貔貅䝞虎"倒更有可能原本是指以不同动物为族徽的部落，说"教"倒很有可能是因为后人不知此意，误以为黄帝能驱使大量猛兽而妄加的。

传世文献中的材料极少而且不足为凭，那么考古资料呢？近代以来，考古学发展很快，史前考古有很丰硕的成果，考古资料当然可以而且应该用于历史研究，但遗存遗物本身并不会"说话"，我们通常无法辨识其中哪些与教育活动有关。农具对农业生产情况有说明力，房屋对居住情况有说明力，人类遗骸对体质、脑力发展有说明力，祭祀遗存、墓葬等对宗教观念有说明力，什么对当时的教育情况有说明力呢？很难指实。生产劳动、宗教活动、艺术创作当然都伴随有教育，不管什么时代，不管哪个国家哪个民族都是如此的，我们不能依据考古资料先对当时社会生活的某一方面作一番描述，然后说当时的教育传承这方面的技术经验，就算是教育史的内容了，必须有足够的材料证明当时具有相对独立性的教育活动才行。对于三代以前，我们目前尚无法做到。

然后，对问题作进一步延伸并具体化，指出不仅对于三代以前，对于"三代"之第一代的夏，我们实际上也无法探讨其教育状况。传世文献言及夏代者很少，又不像商代有甲骨卜辞可资考索，考古遗存与夏代的对应关系尚有争议，因此中国教育史教材的夏代部分往往篇幅较小、语焉不详，强调的重点则是所谓"以射造士"，各种教材皆然。"夏后氏以射造士"属于什么性质的材料、应该怎样使用？将"习射"作为夏代教育的标志性内容，真的可以作为一种定论吗？提出这两个问题后，笔者加以辨析，指出"夏后氏以射造士"是宋代学者在《礼记》《孟子》一些材料的基础上得出的认识，不具有独立证明力，不能单独使用，而且因为所依据的文献材料有相互矛盾之处，不可信据。商周教育中，习射是主要科目，不能将其当成夏代教育的特点。[①]

最后，在以上层层辨析问题的基础上，明确提出中国古代教育史应该从商代讲起。商代之前并非没有教育，但因材料缺乏，无法探讨，而殷墟甲骨卜辞和一些有铭文的商代青铜器的发现，为我们提供了研究商代历史的同时代史料，其中有关于教育的内容，可以和传世文献中的记述相互印证，从而让我们可以通过辨析史料，探究当时的教育状况。

这样，经过一番提出问题、分析问题、解决问题的过程，在课程开

---

① 参见拙作《"夏后氏以射造士"辨》，《北京教育学院学报》2016年第1期。

讲伊始就把历史学的审读方式、分析方式提示出来，让学生较为直观地明白历史学专业学习的重点不在于记住"历史知识"，而在于以历史学的专业眼光审视材料、发现问题。

三　以作业与考试训练问题意识

问题意识的训练，可以是随堂进行的，在讲授的过程中，随时以提问或让学生提问的方式引起学生的思考，这是针对个体的、随机的。普遍的训练则可以通过布置作业和考试进行，作业其实可以归入广义的"考试"范围内。在考试观方面，教师与学生也是相互影响的，学生在中小学应试教育模式下长期形成的考试观，直接关乎他们对于问题、提问等概念的刻板印象，因此引导学生转变考试观是问题意识培养的重要内容。按照 Baird 的观点，考试观是关于考试特性和社会功能的看法，考试的特性包括适当性、精确性、有效性等。[1] 按照 Mupinga 的观点，考试观是对于考试内容、语境、结构和目的的认知和态度。[2] 本文关注的主要是考试的功能和目的，不是宏观上的，而是一门专业课程的考试对于这门课程的讲授和学习具有怎样的功能、要达到什么目的。

作业是在课程进行到某个节点，如一个部分讲授完成后，对学生一个阶段学习效果的检验。布置什么作业、作怎样的要求，需要教师慎重思考，如果仅仅是让学生重复教材上或讲授中已经讲过的东西，机械式的考察容易让学生养成应付任务的习惯，不能获得应有的训练效果。笔者认为教师应把作业视为培养学生史学意识与问题意识的重要手段，力求让学生实践以史学的方式思考和提问，作业内容和完成方式应能充分调动学生的主动性，较自由，但又不能太宽泛，以免学生过度发挥而偏离史学问题求证的轨道。

---

[1] Leonard L. Baird. *What Graduateand Professional School Students Think About Admissions Tests*. The National Councilon Measurementin Education, April 1977.

[2] Emily E. Mupinga, Davison M. Mupinga. Perceptionso fInternational Students Toward GRE. *Collage Student Journal*, June 2005.

以中国古代史课程为例,笔者自讲授之始就斟酌布置什么样的作业,此类课程的作业通常是让学生写一篇小论文,但根据经验,很多学生会把中国古代史中的一部分内容复述一遍,应付任务,这样的作业当然反映不了什么,也达不到训练的效果。小论文是合适的作业形式,但应有一些附加要求,才能培养学生的问题意识。这些附加要求应该主要针对拟题而作,因为本科生写小论文,最容易犯的毛病就是拟题过于宏观、宽泛,写出来的也就是平铺直叙、没有深度。为了杜绝泛泛而论,必须就拟题作出较为明确的要求,把学生的注意力拉到微观层面上去,抓住细节,学生才能提出可以把握的问题,在小论文中探讨之。笔者经过反复斟酌,所布置的作业如下:

作业:小论文

内容:围绕小问题所作的探讨,在中古史课程中任选一个细节,可以是一个事件、一个人物或者一个名词、一部书籍、一件古物等。围绕这个细节,先将相关资料尽可能收集在一起,包括古籍中的资料和已有的重要研究成果,归纳提炼,简述之,然后作一番考证,或者谈自己的看法。要求逻辑清晰,言之成理。每人一题,不能重复。

操作办法:先由各位同学自选,以"朝代+题目"的形式发给学委,由学委汇总,发现重复的,选择同一题目的同学除最先选此题者外其他人都应放弃,另选别的题目。也可以通过集体讨论决定各自题目。各人题目确定好后,学委汇总,发给我过目,可以的话,大家就开始着手写作。

友情提示:题目越小越好,不要选择资料太多的题目,也不要选择材料太少近乎没有的题目,不要抄几段正史就算,这个是记入平时成绩的。但也不要有压力,主要目的是让大家锻炼一下,做一次历史专业以后学习和研究经常要做的工作。

这样的作业,在选题上是自由的,并没有限定写某个时代或某个方面，但又有明确的要求，要求的核心就是"小"，并列举"一个事件、一个人物或者一个名词、一部书籍、一件古物等"让学生明白"小"可以指哪些、可以小到什么程度，这样就杜绝了大而空，让学生关注细节，主动去发现可以把握的小问题。另一个重要要求是对写作过程的，要求先收集资料、作简要综述，再进一步考证，谈自己的看法，这是为了避免学生在未充分理解材料、未了解已有相关研究的情况下就随意发挥，犯低级错误或提出无意义的观点，甚至写成"文学作品"。作业布置后，收到了预想的效果，绝大多数同学都领会了作业要求，选择自己感兴趣的小问题，尽可能收集相关资料，尝试提出问题分析问题解决问题。不少同学已能具体到"烧尾宴""贵粟令""兰陵王入阵曲"这样的历史中的小点上，在参考已有研究成果的基础上提出有价值的看法。

课程通常会有至少一次（一般在期末）笔试，或闭卷或开卷，题型则可分为客观题与主观题两大类，前者的常见题型有判断题、选择题、匹配题等，后者的常见题型有简答题、论述题、材料分析题等。但是，尽管《教育大辞典》给主观题下的定义是："主观题是试题的一种类型，特点是没有固定的答案和评分标准。"[①] 现实中主观题往往也是有"标准答案"的，名为"主观"，其实让学生主观发挥的空间很小。"将主观题客观化无疑能增强阅卷效率，减少争议，但这是以牺牲主观题的本质属性为代价的。……而主观题的本质就是要强调主观化、多样化和个性化，反对客观化、单一化和非个性化。"[②]

客观性较强的试题设置，与中学阶段依据标准化考试成绩进行统一选拔相适应，也适用于外语测试、职称考试等，但并不完全适用于高校专业测试。在已有客观题保证对学生专业基础知识考察的前提下，主观题则应更加注重考查学生运用专业知识分析问题的能力。为此，笔者在实践中采取的主要措施有三：第一，加大材料分析题的分数占比，而且材料选择注重启发性，不直接导向教科书上已有的论述。第二，论述题

---

① 顾明远主编：《教育大辞典》，上海教育出版社1990年版，第192页。
② 关丹丹：《主观题与客观题辨议》，《中国考试》2008年第7期，第52页。

题干尽可能既与课程讲授中的重要内容密切相关,又不是依靠现成表述可以回答的。第三,可以在某些课程考试试卷,尤其是开卷考试试卷中设置"自由发挥题",且占较大分数比重,让学生可以根据要求,在课程范围内自拟题目,拟题及自答过程可视为上述作业完成过程的"微缩版",因为考试时间有限,可以仅要求就课程学习过程中有疑之处谈谈自己的看法,明细要求则可依据不同课程的考查要求拟定。

以上从教材观、专业特点、作业与考试三个方面探讨了高校历史专业本科生问题意识的培养,三方面措施的宗旨是一致的:旨在让学生在相对开放的、附有启发性的教育引导下学习;目的是共同的:让学生敢于发问、善于发问,由此出发,走上历史学专业学习之路。

大数据时代的史学研究与历史教学

安徽师范大学　梁仁志

大数据在史学研究中的应用日益普及，对史学研究的影响也日益凸显。对此，学界已予以关注，不仅有众多学者专文讨论相关问题，《史学理论研究》《史学月刊》等一些杂志也相继组织专栏进行讨论[1]，学界还开过数次水准较高的专题学术研讨会。大数据不仅对史学研究产生了重要影响，也不可避免地对历史教学产生了深刻影响。在新的时代背景下，如何化被动为主动，积极利用大数据提高史学研究质量、提升历史教学水平，是摆在所有史学研究者和历史教师面前一个亟待解决的问题。有鉴于此，本文拟对大数据时代的史学研究及历史教学问题作一专门探讨。不当之处，敬祈方家批评指正。

一　概念化书写：大数据时代史学研究之初步反思

台湾学者黄一农较早提出了"e-考据"的概念，他认为："随着出版业的蓬勃以及图书馆的现代化，再加上网际网路和电子资料库的普及，新一代的史学工作者常拥有博闻强识的前辈学者们梦寐以求的环境。我们有机会在很短时间内就掌握前人未曾寓目的材料，并填补探索历史细节时的许多隙缝，或透过逻辑推理的布局，迅速论断先前待考的疑惑或

---

[1] 参见马建强《计算历史学：大数据时代的历史研究》，《学术论坛》2015 年第 12 期。

矛盾。事实上，一个有机会孕育'e-考据学派'的时代或已出现!"① 从而开启了讨论中国大数据时代史学研究问题之先河。黄先生所著《两头蛇：明末清初的第一代天主教徒》及《二重奏：红学与清史的对话》② 两本书，更是精彩地演示了如何使用"e-考据"。"e-考据"概念的提出在学界产生了较大反响，但也让概念化书写成为此后中国学者讨论大数据时代史学研究问题时的流行做法。

这种概念化书写主要表现在两个方面：一是用一个新的概念将大数据时代史学研究界定为一门新的史学分支学科。如焦润明提出了"网络史学"的概念，认为："网络史学是历史学与网络相结合的产物。虽然其本质上仍是一门历史学科，然而其存在形式确为电子史学，从而有别于传统的纸质史学。网络史学作为一门新兴学科，可以看成历史学在信息时代的一种新存在形式。"③ 他将"网络史学"直接视为一门新兴学科，并与所谓的"纸质史学"作了区分。周兵提出了"数字史学"的概念，认为："数字史学在史料的形态及其保存和使用，历史的书写、呈现、阅读与传播，乃至历史学及历史学家的学科地位等诸多方面都在引发一场革命。"并将其视为"一个相对独立的学科领域"。④ 马建强提出了"计算历史学"的概念，他认为"计算历史学"应该与"新计算社会学"相似，甚至有可能成为超越"计量史学"的大数据时代史学发展的新趋向。⑤

二是用一个新的概念将大数据时代史学研究界定为一种新的史学研究范式。如马勇提出了"草根史学"的概念，他认为随着互联网的普及利用，特别是网络论坛和微博等各种"自媒体"的出现，使人人成为历史的记录者、研究者有了现实可能性，"专业史学工作者不仅要重视草根史学的研究成果，而且应该深度介入草根史学的工作平台，和他们一样

---

① 黄一农：《两头蛇：明末清初的第一代天主教徒》，上海古籍出版社 2006 年版，第 vii 页。
② 黄一农：《二重奏：红学与清史的对话》，中华书局 2015 年版。
③ 焦润明：《网络史学论纲》，《史学理论研究》2009 年第 4 期。
④ 周兵：《历史学与新媒体：数字史学刍议》，《甘肃社会科学》2013 年第 5 期。
⑤ 马建强：《计算历史学：大数据时代的历史研究》，《学术论坛》2015 年第 12 期。

在同一个平等的工作平台上对话,这样不仅有利于引导草根史学走向理性,而且有助于及时纠正草根史学的先天缺陷和知识性错误"①。王文涛提出了"检索式阅读"的概念,认为:"不厌其烦地到全文检索软件中阅读,使用关键词检索定位,补充和丰富与之相关的信息。……这种'检索式的阅读'是全文检索数字资料的优长,是纸质书籍时代没有的读书方式。"② 李红梅提出了"'数据—史料'时代"的概念,认为:"大数据带来史料挖掘和阅读方式的革命,这是大数据对历史学发展最大、最重要的影响。……可以预知,一个'数据—史料'的时代,正在向我们走来。"③

表1　　　　　　关于大数据时代史学研究的新概念举隅

序号	概念	资料来源
1	e-考据	黄一农:《e-考据时代的新曹学研究:以曹振彦生平为例》,《中国社会科学》2011年第2期
2	网络史学	焦润明:《网络史学论纲》,《史学理论研究》2009年第4期
3	草根史学	马勇:《"自媒体时代"的历史研究和史学表达》,《史学理论研究》2011年第4期
4	数字史学	周兵:《历史学与新媒体:数字史学刍议》,《甘肃社会科学》2013年第5期
5	检索式阅读	王文涛:《信息时代的文献阅读和史料检索》,《史学月刊》2015年第1期
6	数据—史料时代	李红梅:《大数据时代对历史研究影响刍议》,《北方论丛》2016年第2期
7	计算历史学	马建强:《计算历史学:大数据时代的历史研究》,《学术论坛》2015年第12期

在一些学者对大数据时代的史学进行概念化研究时,一些学者则讨

---

① 马勇:《"自媒体时代"的历史研究和史学表达》,《史学理论研究》2011年第4期。
② 王文涛:《信息时代的文献阅读和史料检索》,《史学月刊》2015年第1期。
③ 李红梅:《大数据时代对历史研究影响刍议》,《北方论丛》2016年第2期。

论了大数据对史学研究的具体影响。如陈爽讨论了数字化检索的问题，认为它已经成为史学研究必不可少的辅助手段，史家对于史料的获取方式经历了亘古未有的革命。[①] 王加丰认为，网络史料不仅在补充实物形态的史料方面能够发挥重要作用，而且在社会史、政治文化史中也正成为最重要的史料来源之一，还特别有助于政治文化史或社会思潮或人物、团体的研究。[②]

一些研究者更从历史观念变革的视角对大数据之于史学研究的影响提出了新的看法。如刘军、李剑鸣等提出了史学民主化的命题。刘军认为："科技发明的社会作用远非发明家所能控制和想象的。互联网的'非中心化'渗透到了社会生活的各个领域，加速了社会平等或民主化趋势。"[③] 李剑鸣认为："网络世界创造出来的发表自由和简便……进一步加剧了历史研究的琐碎化和历史写作的'去宏大叙事化'。……长期以来，专业史家总是力图垄断历史的话语权，但他们始终没有做到这一点。到了网络时代，这种可能性更是一去不复返了。这在一定意义上也可以说是史学的'民主化'。同政治民主中的商议和决策辩论一样，史学中的'民主'一方面表现为参与者的增多，另一方面则是学术声音的多样化。"[④] 史学民主化与马敏所谓的"草根史学"有着相通之处。

但上述研究，在推动学界更加关注大数据时代的史学研究，推进大数据时代史学研究不断向前发展的同时，也产生了一些消极影响。如众所周知，"史无定法"是史学研究的一个基本常识。吴承明就曾很有见地地指出："史无定法，自然科学、社会科学、人文和艺术的研究方法都可有选择地用于历史研究，尤其是用于考据和实证。"[⑤] 因此，不应轻易地以某种具体的史学研究方法甚至某些特殊类型的史料来概念化史学。诸如"网络史学""数字史学""e-考据""计算历史学"等概念，特征既不

[①] 陈爽：《回归传统：浅谈数字化时代的史料处理与运用》，《史学月刊》2015年第1期。
[②] 王加丰：《互联网资料的史料价值》，《史学理论研究》2011年第4期。
[③] 刘军：《互联网与社会平等》，《史学理论研究》2011年第4期。
[④] 李剑鸣：《"网络史学"的神话与实际》，《史学理论研究》2011年第4期。
[⑤] 吴承明：《经济史：历史观与方法论》，《中国经济史研究》2001年第3期。

十分明确，方法论的意义也不是很强。且轻易地概念化某种具体史学研究方法甚至某种史料，对史学研究的健康发展并无太多助益，对一种尚未成熟的史学研究路径而言，甚至还存在作茧自缚的风险。由此，在讨论大数据时代的史学研究问题时，不应急于创造新的概念将其界定为一门新的史学分支学科或一种新的史学研究范式，从而人为地把它和传统史学作切割。而应注重从实践层面系统探讨大数据在史学研究中如何具体运用、有何影响等基本问题，以推动其史学实践。即与其将"大数据时代的史学"视为一门新的史学分支学科，不如将大数据分析作为史学研究的一种基本方法。

二 从手段到思维：大数据时代史学研究的新转变

目前对大数据之于史学研究的具体影响，更多地侧重于从史料的层面进行讨论。如王旭东认为："最大化地占有史料或资料，不仅计算机数据库和互联网的问世之前后不可同日而语，甚至于智能检索和云计算（Cloud computing）技术的应用之前后，也一样地不可同日而语。……历史学科的很多门类，不论是研究领域还是选题，也因之开始有了较大突破。"[1] 乔治中认为："书籍、文献、学术信息的查阅和史料的收集空前便捷，逐步打破以往研究资源保存在不同地区、单位和团体的严重不均衡状态，挑战史料和信息的垄断行为，使历史研究较为普及、较为公平地展开，可望促成史学界学术队伍结构和学术机制的良性演化。"[2] 李剑鸣指出："在谈到网络与史学的关系时，我们可能会首先想到网络所带来的巨大好处，尤其是它极大地拓展了获取资料和信息的渠道，也使得对资料的检索和利用大为便利。"[3]

---

[1] 王旭东：《信息化的历史学：基于互联网驱动的史学变革》，《史学理论研究》2011年第4期。

[2] 乔治中：《历史研究电子资源运用的兴利除弊》，《史学月刊》2015年第1期。

[3] 李剑鸣：《"网络史学"的神话与实际》，《史学理论研究》2011年第4期。

相关的反驳性论点也还是主要围绕史料的收集与检索问题展开。王文涛说："有些人以检索代替研究，不核原文，不审背景，错谬频出。古籍数字资料全文检索库，是文史研究的丰富学术宝藏，入宝山而不取固然可惜；但要加工提炼，如果胡掘乱采，不仅浪费学术资源，而且破坏学术环境。"① 对学术界依靠检索而不加辨析地使用史料的歪风提出了批评。乔治中更敏锐地发现了一个长久以来被学界所忽视的问题，他指出："学者应当清醒地认识到，电子资源虽然迅速地扩展，但迄今仍有许多历史文献、宝贵资料未被融入，许多善本书籍、稀见期刊以及史料价值极高的档案文献，依然游离于电子资源之外，短时期也无法改变现状。因此，历史研究不能单单依靠电子资源，特别是不能因为电子资源的便于利用，养成依赖于寻求其他各种文献的作风。"② 一般学者在使用数据库时，常常想当然地认为这个数据库所收录的材料是"完备"的，从常识的角度看，这显然是不可能的。

将大数据与史料紧密联系在一起，或者将大数据时代的史学研究狭隘地理解为史料的大爆炸和史料检索方式的便捷化，显然是受到当前中国史学界仍旧颇为盛行的"史学即史料学"之风气的影响。傅斯年认为："近代的历史学只是史料学，利用自然科学供给我们的一切工具，整理一切可逢着的史料。"③ 法国实证主义史学的奠基者朗格诺瓦与瑟诺博司曾提出："史料者，历史知识之唯一源泉也。"④ 英国历史学家阿克顿勋爵也认为，史学就是"收集历史资料的艺术"。⑤ 新中国成立后的一段时间，受马克思主义史学的影响，这种所谓的"史料派"曾一度沉寂。但改革开放以后，随着"史观派"的逐渐沉寂，"史料派"再次活跃起来，今天

---

① 王文涛：《古籍数字资料应用与史学研究》，《史学月刊》2009年第1期。
② 乔治中：《历史研究电子资源运用的兴利除弊》，《史学月刊》2015年第1期。
③ 傅斯年：《历史语言研究所工作之旨趣》，《傅斯年选集》，天津人民出版社1996年版，第174页。
④ [法]朗格诺瓦、[法]瑟诺博司：《史学原论》（下），李思纯译，商务印书馆1933年版，第8页。
⑤ [美] J. W. 汤普森：《历史著作史》（下卷），第3分册，谢德风译，商务印书馆1996年版，第457页。

史学研究被史料牵着鼻子走的现象可以说是更加凸显。这也导致了大家在关注大数据时代的史学研究问题时，不可避免地更加关注大数据对史料的影响。

可问题是，如果仅仅满足于史料数量的增加和检索方式的便捷化，真正能够充分发挥大数据之于史学研究的价值吗？至少从目前的既有成果来看，答案是否定的。王子今就曾感慨道："计算机技术在史学领域已经应用有年，现今已极少有史学学者不使用计算机。然而通过近期的史学观察可以得知，实现有显著推进性的突出学术进步的主要因素，似乎是先进思路的开拓和新出资料的公布，并不在于计算机技术作为研究手段的简单应用。"① 陈爽也曾感慨地说：

> 我们这一辈人，追随着计算机技术在人文学科应用和普及的大潮蹒跚而行，体验了惊喜，经历了喧嚣，也见证了历史。驻足回眸，令人略感失望的是，当我们以数字化的方式在一定范围内（比如我所从事的汉唐历史研究）"穷尽史料"之后，我们所期待的"史料大发现"的时代却并没有到来，我们依旧要在那几部最基本史著的字里行间寻求突破；技术手段的更新，也并没有带来终极意义上的学术思维革命，前辈学者经典学说的理论框架短期内尚难以全面突破，我们所做的只是在修正、完善和细化。数字化时代的史学论著呈几何级增长，令人目不暇接，学者或成为局促在某一领域自说自话的"专家"，或沦为批量生成"个案研究"的工匠。而那些立意格局令人耳目一新、闪烁着智慧之光的研究成果，却寥若晨星。②

究其原因，以往研究者还是更多地将大数据仅仅作为一种发掘、检索史料的手段，而忽视了其在改善史学研究思维方面独特而重要的价值。英国历史学家科林伍德曾指出，历史学是一种研究或探讨人类在过去的

---

① 王子今：《"史识"与计算机"利器"》，《史学月刊》2015年第1期。
② 陈爽：《回归传统：浅谈数字化时代的史料处理与运用》，《史学月刊》2015年第1期。

所作所为的学问,它"是通过对证据的解释而进行的。……历史学家们都会同意历史学的程序或方法根本上就在于解释证据"①。也就是说,历史知识的增长,不仅取决于史料的增加,更取决于新的史实和对传统史料的新解释。即只有提供新的观点或改写旧的观点,才能真正增添新的历史知识。姜义华曾言:"大数据为文献收集、校勘、考订提供了诸多方便,但终究不能取代'板凳需坐十年冷,文章不作半句空'的深入研究和深邃思考。"② W. G. 托马斯也认为,对现在的历史学家而言,可以更便捷地使用数字历史工具,并以之作为解决历史问题的重要手段,故总体而论,数字历史是一种方法,而非将目标确立为制造数字历史学家。③因此,我们认为大数据分析在史学研究中的具体运用,不应满足于史料数量的增加和检索方式的便捷化,而应更加注重史学研究思维的转变。这种转变主要体现在两个方面:

一是以史料的完备性为基础,实现对历史问题从局部认识到全面认识的转变,避免一叶障目、盲人摸象。邓小南认为:"在大数据时代,数据库的广泛应用降低了史料收集的难度,但同时也对历史学者的素质提出了更高要求:既然不能仅靠对史料的熟悉夺得先机,那么,对史料辨析与追问能力的重要性自然就凸显出来。我们应清醒地认识到,数据库只是助力研究深化的途径,历史研究不能满足于表层文本的提取和简易的攒凑式结论,深入的研究还要靠阅读体悟、史料辨析,要十分警惕急功近利氛围下历史研究的'表浅化'倾向。"④ 在以往的史学研究中,忽视对史料的辨析,"表浅化"倾向颇为明显,甚至误读史料的情况也时有发生。以明清商人社会地位与士商关系研究为例,以往学者在讨论"弃儒就贾"问题时,常常将这四个字望文生义、断章取义地理解为"放弃儒生(士人)身份而经商",在集中查阅史料中关于"弃儒就贾"的大

---

① [英]科林伍德:《历史的观念》(增补版),何兆武译,北京大学出版社2010年版,第10—11页。
② 姜义华:《大数据催生史学大变革》,《中国社会科学报》2015年4月29日。
③ Willian G. Thomas III, "Interchange: The Promise of Digital History", The Journal of American History, 95/2, September 2008, pp. 452 – 491.
④ 邓小南:《历史研究要强化史料辨析》,《人民日报》2016年5月16日。

量例子后，更会产生明清社会出现了"弃儒就贾"的潮流之强烈印象，从而很容易就推导出了明清时期出现了商人社会地位提高与士商融合的趋势的结论。在讨论"良贾何负闳儒"与"徽州风俗以商贾为第一等生业"等语句时，也常常轻易地认为这是要表达"商人的社会地位怎么能比士人差呢"和"在徽州商人才是第一等人"之意。事实上，通过对"中国基本古籍库""中国方志库"等大型数据库的检索分析便可以轻易地发现，当时的历史实境是：不仅有许多人"弃儒就贾"，还有很多人"弃儒就农（耕）""弃儒就医""弃儒就吏"或"弃儒就释（道）"，所以"弃儒"不必然"就贾"。如果这样来看，则所谓"弃儒就贾"潮流的出现便近乎成为一个伪命题了，至多也只能理解为众多潮流之一，则其所推论的明清商人社会地位提高与士商融合的结论也就难以完全成立了。对"良贾何负闳儒""贾名儒行"的讨论也存在这种情况，单看大量"贾（商）名儒行"的事例，就会轻易地"发现""贾名儒行"的潮流，进而"发现"商人社会地位提高与士商融合的趋势。而当时的历史实境是：不仅有"贾（商）名儒行"，还有"仆名儒行""医名儒行""吏名儒行""佛（释）名儒行""道（老）名儒行"等现象的存在，据此得出的明清时期商人社会地位提高与士商进一步融合的结论自然也需要改写。[①] 可以说，正是利用了大数据，从而有效地避免了史料集聚效应[②]，还原了历史真相。

二是从专门探究因果关系向兼顾相关关系转变，从而更好地预测历史发展的基本趋势，指导人类实践。传统史学研究在某种意义上甚至可以说，就是一种因果关系的研究，即在探究某种历史事件或历史史实发

[①] 具体讨论详见梁仁志《"弃儒就贾"本义考——明清商人社会地位与士商关系问题研究之反思》，《中国史研究》2016 年第 2 期；梁仁志《"良贾何负闳儒"本义考——明清商人社会地位与士商关系新论》，《湖北大学学报》2018 年第 4 期。

[②] 所谓"史料集聚效应"，是指"在史学研究中，相似或同质史料的高度集中，会引起并不断强化研究者的特定认知，从而将较为平常的历史现象放大为重要的或具有特殊意义的历史现象。这种情况类似经济学上的集聚效应，本文遂将其定名为'史料集聚效应'，其实质是对史料的过度解读和对史实的夸大认知。"具体讨论参见梁仁志《"良贾何负闳儒"本义考——明清商人社会地位与士商关系新论》，《湖北大学学报》2018 年第 4 期。

生或产生的原因。英国历史学家 E. H. 卡尔在《历史是什么?》一书中就明确提出:"历史研究是一种因果关系的研究。"并认为"历史学家以提出原因而著称。"① 但问题是,仅仅以因果关系为导向的历史研究是否真正有助于发现历史规律?或者说原因是否真正是唯一、确定和容易被确认的呢?由于对"原因"的概念界定并不明确,以及研究者研究视角和出发点等的不同等种种原因,答案似乎更倾向于否定。英国学者 W. H. 沃尔什在《历史哲学导论》一书中就指出,以往学者对于第一次世界大战、第二次世界大战原因的概括可谓是五花八门,归纳起来甚至多达数千种,到底哪一种原因是根本原因?哪一种原因更重要?似乎并无评判的标准。以至于他不得不说:"所以我们就被迫说:任何一桩历史事件的原因,都必须是在它之前的所有事件。要为一桩特定的历史事件的原因开列出一份各种原因的清单,那既要完备而又要数目有限,就按最低限度来估计,也是有点困难的事。"② 经世致用是中国史学的优良传统,美国历史学家乔·古尔迪和英国历史学家大卫·阿米蒂奇在《历史学宣言》一书中也指出:"历史指向实际和未来,其实并非近期史学才有的特征。事实上,西方史学自古典时期以来的大部分时间里都保持着这一传统。历史乃'以实例教导之哲学'本是一个非常古老的观念;历史的目的在于指导实践,也同样是传习久远的箴言。"③ 也即历史学的责任在于指导未来,如果不能很好地发现原因,就无法很好地揭示真相、解释过去,从而也就无法很好地总结规律,则又如何科学地指导未来实践呢?历史学要想健康地向前发展和更好地指导未来,就必须要解决好这些疑问。

维克托·迈尔-舍恩伯格及肯尼思·库克耶在《大数据时代——生活、工作与思维的大变革》一书中反复强调了相关关系的重要性,无疑给出了另一个可能的让史学研究更好地指导未来实践的路径:

---

① [英] E. H. 卡尔:《历史是什么?》,陈恒译,商务印书馆2015年版,第186、189页。
② [英] W. H. 沃尔什:《历史哲学导论》,何兆武译,北京大学出版社2008年版,第192—193页。
③ [美] 乔·古尔迪、[英] 大卫·阿米蒂奇:《历史学宣言》,孙岳译,格致出版社、上海人民出版社2017年版,第20页。

> 精确性似乎一直是我们生活的支撑,就像我们常说的"丁是丁,卯是卯"。但认为每一个问题只有一个答案的想法是站不住脚的,不管我们承认不承认……知道什么就够了,没必要知道为什么。……相关关系通过识别有用的关联物来帮助我们分析一个现象,而不是通过揭示其内部的运作机制。……建立在相关关系分析法基础上的预测是大数据的核心。……与常识相反,经常凭借直觉而来的因果关系并没有帮助我们加深对这个世界的理解。①

尽管我们很难发现原因,却可以利用大数据提供的海量数据(也即史料),找寻某一事物的发生发展与其他事物之间的相关性,这样就可以在一定程度上通过这种相关性来预测未来,从而指导人类实践。

在讨论徽商"贾而好儒"的特色的成因问题时我们发现,在徽州经商风气形成之前,可以看到大量徽州人好儒的例子,在徽州从商风气形成之后,好儒的徽州人又好经商,则"贾而好儒"的特色也就自然而然地形成了,可以说,徽商"贾而好儒"特色的形成与徽州从商风气形成之前就已形成的好儒之风密切相关。而所谓的原因乃是徽州特殊的自然条件和历史背景使然,或者是徽商试图"以儒道经商"的结果,这些所谓的原因却都禁不起推敲。② 如果明晓了徽商"贾而好儒"与徽州好儒之风之间的相关性,今后若想培养商人的好儒之风,唯有从教育抓起,其他的努力很可能就是用错了地方。美国学者罗伯特·威廉·福格尔(Robert William Fogel)和斯坦利 L. 恩格尔曼(Stanley L. Engerman),正是利用计算机技术对大量档案进行重新分析,对传统学界对美国奴隶制经济状况进行了非常具有突破性的研究,修正了很多观点。他们的研究并不拘泥于传统因果关系的研究,而是细致地考察了与奴隶生活相关的衣食住行等方方面面的因素,从而发现了前人难以发现甚至被误解的有

---

① [英]维克托·迈尔-舍恩伯格、[英]肯尼思·库克耶:《大数据时代——生活、工作与思维的大变革》,盛杨燕、周涛译,浙江人民出版社2013年版,第66—85页。
② 参见梁仁志《也论徽商"贾而好儒"的特色——明清贾儒关系问题研究之反思》,《安徽史学》2017年第3期。

关美国奴隶制的许多真实面向。① 今天已经有不少学者在尝试利用数据库来考察引起群体的寿命、幸福感等变化的相关因素，与人类某种疾病相关的某些因素等，这种研究尽管难以搞清楚引起群体寿命、幸福感、疾病变化的深层次原因，却可以较为清晰地筛选出最主要的影响因素在哪里，从而可以指导人类趋利避害，或采取相应的应对措施。应当说，充分利用大数据，从专门探究因果关系向兼顾相关关系转变，为史学的发展指明了另一条光辉大道，从而为史学研究更好地预测历史发展的基本趋势，指导人类实践奠定了新的基础。

三是从不遗余力地收集史料向深度解读史料转变，从而实现对历史问题更加深刻、更加全面、更加科学地认识。大量资料的公开出版、数字化和大型数据库的广泛建立、史料检索方式的革命，使得可资利用的史料呈几何级膨胀发展的趋势。要想阅读完我们手中的资料，已经不可能。以至于现在的学者常常陷入如何整理、利用手中大量资料的苦恼之中，以前学者那种写文章找不到资料的痛苦几乎被抛到九霄云外。为什么我们会陷入整理史料的苦恼中去呢？这是因为学者们总是希望穷尽自己所掌握的史料（既包括手中所藏，更包括自己可以检索的数据库及相关网络上所收藏的大量史料），可随之就产生了两个困惑：一是即便我们认真研究了自己所掌握的史料，就表示我们真的掌握了所有的史料吗？二是即便我们掌握了所有的史料，就意味着我们真的找到揭示真相的最后钥匙了吗？答案显然都是否定的。这是因为，所有的数据库都不可能收藏完全我们所需要的全部史料，更何况由于人类作为生物的自身的局限性，也很难阅读完所有的数据。以对古代商人好儒原因的分析为例，为了搞清楚这个问题，较好的做法就是对古代文献中关于"好儒"的记载都进行一番考察，可仅仅"中国基本古籍库"中关于"好儒"的记载就多达近4000条，要想仔细读完这4000条材料，显然需要花费大量时间，而这些时间的代价往往是当下的学者所无法承受的。再譬如，我们

---

① ［美］罗伯特·威廉·福格尔、［美］斯坦利 L. 恩格尔曼：《苦难的时代：美国奴隶制经济学》，颜色译，机械工业出版社2016年版。

在讨论"弃儒就贾"问题时，如果能够对"中国基本古籍库"中所有"弃儒"的事例都做一番研究当然是最好的，但这样的例子多达近600条，一时半会也是难以读完的，所以最后只能选择对"弃儒就×"相关事例进行深入分析。① 更何况，"历史研究中的客观性是一个程度概念，具有量的而不是质的属性。"② 因此，在大数据时代，史学研究者必须抛弃穷尽史料的幻想，应从不遗余力地从收集史料转向深度解读史料，让深度解读史料成为大数据时代史学研究的新常态，从而实现对历史问题更加深刻、更加全面、更加科学的认识。

三 用数据发掘真相：大数据时代历史教学的新常态

以史料的完备性为基础，实现对历史问题从局部认识到全面认识的转变，避免一叶障目、盲人摸象；从专门探究因果关系向兼顾相关关系转变，从而更好地预测历史发展的基本趋势，以更好地指导未来实践；从不遗余力地收集史料向深度解读史料转变，从而实现对历史问题更加深刻、更加全面、更加科学地认识。大数据时代史学研究的这三个转变，不仅为史学研究开辟了新路，也为历史教学提供了新的利器。用数据发掘真相让揭示历史真相变得更加"触手可及"，更加生动有趣，可以较好地提升课堂教学效果和增强学生对历史学科学性的认识。众所周知，传统历史课堂上的文献分析法注重因果关系和推理，其基本形式是从文献到文献，以文本阅读的方式去解释文献，进而分析历史事件的前因后果和来龙去脉。由于受制于课堂的时间限制，无法阅读海量文献，相关问题的"全貌"（当然，由于我们无法看到相关历史事件的所有史料，所以这种"全貌"也只是相对于那种仅仅依靠极少数文献所得出的残缺的历

---

① 梁仁志：《"弃儒就贾"本义考——明清商人社会地位与士商关系问题研究之反思》，《中国史研究》2016年第2期。

② 王学典：《"二十世纪中国史学"是如何被叙述的——对学术史书写客观性的一种探讨》，《清华大学学报》2008年第2期。

史面貌而言）就无法得以呈现，加之受到"仁者见仁，智者见智"之客观因素的影响，尽管老师费尽口舌，可能学生还是一知半解甚至一头雾水，自然而然地就影响到了学生对老师所给"结论"的认可度，进而也就影响到了历史教学的效果和学生对历史学科科学性的认知。大数据则可以很好地弥补传统历史教学的这些缺陷。

通过前揭大数据与史学研究的关系可以发现，在史学研究中，大数据不仅是指海量史料，更是指一种史学研究的思维方式。如果通过大数据的方法，在课堂上将海量史料直接"呈现"在学生面前，让学生得以直观地窥见历史"全貌"，则立刻让揭示历史真相变得更加"触手可及"，更加生动有趣。例如，我们在上人教版普通高中教科书历史（1）第10课时，教材中只说："为扭转贸易逆差，英国违背国际道德，向中国走私毒品鸦片，掠走中国大量白银，并严重摧残着中国人民的身心健康。"既没有清晰地交代鸦片和鸦片战争对当时中国的危害究竟有多大、影响有多深，也就无法让学生更加深刻地理解为何将"鸦片战争"作为中国近代史的开端，这当然也是当前不少人质疑中国近代史开端从1840年开始的一个重要原因。而我们通过对"中国基本古籍库"等数据库的检索可以发现，1840年前后的文献中对"鸦片"的记载陡然增多，可以清晰地看出"鸦片"已经成为当时社会舆论关注的焦点。如果再通过标题进行检索，可以进一步发现关于鸦片各种危害的文章比比皆是。将检索结果直接截图通过PPT展示给学生看，就可以让学生一下子就能看出"鸦片"对中国社会的危害已经深刻地影响了当时的中国，"鸦片战争"直接影响了中国社会其后的走向，将"鸦片战争"开始爆发的1840年作为中国近代社会的开端是有其很强的合理性的。再比如在讨论近代中国民主共和思想的兴起和科举废除等问题时，都可以通过大数据的方式（譬如对数据库进行检索的方式）很直观地呈现出来。尽管这种方式呈现出来的只是一个"结果"，而且由于受到史料容量的限制，呈现出来的也不是历史的"全貌"。但这种"结果"比老师费尽口舌教条式地解释要有说服力得多。何况我们永远也无法穷尽任何一个历史事件乃至历史史实的所有相关资料，既如此，则退而求其次地以可以发现的全部史料去代替仅仅数条史料，其结论自然要更加客观和有说服力得多。同时，通过大数据分析呈现出来的两件乃至数件历史事件之间的相关性，也许一时半会说不清楚其中的因果关系，但同样也为我们揭示出了历史事件之间的关联性，也是我们更加全面地认识过去的一种重要手段。可以说，大数据的应用，可以有效地增强历史教学的形象性和说服力，从而提升课堂教学效果和增强学生对历史学科科学性的认知。

钱乘旦曾说："史学终究是史学。"[①] 无论采用什么样的史料，采取什么样的研究和教学手段，都无法改变历史学的本质属性。尽管大数据必然会对史学研究和历史教学产生重要影响，甚至引起所谓革命性变革，但它不能改变史学研究和历史教学的本质以及史学的学科属性。从这个意义上说，在对大数据时代的史学研究进行研究时，轻易地甚至盲目地提出一系列新的概念，对于我们更加深刻地理解它并无多少助益。同时，"史无定法"也是史学研究和历史教学的一个重要特征，古今中外的历史学家从未告诉我们有哪些方法不应该是历史学的研究或教学方法，但凡有助于揭示历史真相的方法、手段都应当也必须要成为历史学的研究和教学方法，将某些方法视作其他学科的研究方法而不敢在历史学研究和教学中加以尝试，无疑是作茧自缚。"在大数据时代进行抽样分析就像在汽车时代骑马一样。"[②] 今天，大数据时代已经来临，并且还将加速发展，在这样得天独厚的有利条件下，所有的史学研究者和历史教师都必须尽快转变思维，掌握技术，抢占先机，推动史学研究和历史教学真正加速发展，并不断走向科学化。

[①] 钱乘旦：《史学终究是史学——当代史学趋势漫谈》，《探索与争鸣》2018 年第 5 期。

[②] [英] 维克托·迈尔-舍恩伯格、[英] 肯尼思·库克耶：《大数据时代——生活、工作与思维的大变革》，盛杨燕、周涛译，浙江人民出版社 2013 年版，第 43 页。

以安徽革命文化资源助力我省师范院校中国近现代史教学

安庆师范大学　梁诸英

当前，学术界对安徽革命文化的研究，主要是针对安徽革命文化与旅游开发关系等问题的探讨，对安徽革命文化资源融入中国近现代史教学的问题则缺乏应有的关注。我们认为，革命文化教育不能忽视大学生尤其是师范专业大学生这一重要群体。在中国近现代史教学实践中传播和弘扬革命文化具有多方面价值。对我省师范院校而言，需要把安徽革命文化融入中国近现代史课程教学实践之中。这种融入可以体现在课堂教学活动、课程资源建设、隐性课程建设、探究性自主性学习方式的设计等诸多方面。

一　弘扬革命文化的必要性

党的十九大报告指出："中国特色社会主义文化，源自中华民族五千多年文明历史所孕育的中华优秀传统文化，熔铸于党领导人民在革命、建设、改革中创造的革命文化和社会主义先进文化，植根于中国特色社会主义伟大实践。"这是"革命文化"的提法首次见之于正式的党的报告。十九大刚一结束，中共中央政治局常委就集体到党的一大会址参观，重温入党誓词，并表达了"不忘初心，牢记使命"的政治意愿。同时，向全党、全国人民发出了积极开展红色教育、继承革命文化的政治信号。

革命文化是中国共产党和中国人民在长期的革命斗争实践中形成的，是凝聚着共产党人和革命群众独特思想和精神风貌的文化。革命文化蕴含着丰富的革命精神和厚重的历史文化内涵，系统挖掘优秀革命人物的事迹，开展红色教育，继承革命文化，对于坚持中国特色社会主义文化发展道路，激发全民族文化创新创造活力，建设社会主义文化强国具有特别重要的意义。

弘扬革命文化是新时期对大学生进行爱国主义教育的重要途径。在中华民族的历史上，爱国主义在维护祖国统一和民族团结、抵御外敌入侵和推动社会进步中曾发挥了巨大作用。中国近现代史，既是一部中华民族饱受外来侵略的屈辱史，也是一部中华民族不屈不挠的抗争史。中国近现代史上的爱国主义内容极为丰富，表现形式多种多样，其中革命文化是中国近现代爱国主义精神的重要内容。比如，气势磅礴的太平天国运动和义和团运动表现了农民的爱国斗争，给帝国主义和封建势力以沉重的打击；辛亥革命反映了资产阶级的爱国探索精神，使民主共和的观念从此深入人心。中国共产党以马克思列宁主义、毛泽东思想为指导思想，领导中国人民取得了新民主主义革命的胜利。在近百年的历史长河中，涌现了许多可歌可泣的革命人物和革命事件。如何在平时的教学中，把握这一线索进行爱国主义教育，就显得十分重要和必要。

革命文化是对大学生进行艰苦奋斗精神教育的重要载体。艰苦奋斗精神在中国革命历史上表现得十分突出。面对装备精良的敌人，面对缺吃少衣的条件，中国人没有畏惧，没有屈服，而是以艰苦奋斗的精神克服了重重困难，取得了一个又一个的胜利。正是这种精神的力量，使革命队伍从小到大、由弱变强，不仅荡涤了旧社会的污泥浊水，还创建了一个充满无限光明的新中国。面对当前享乐主义、拜金主义等腐朽思想对大学生侵蚀的状况，通过革命文化教育，反对"四风"中的享乐主义和奢靡之风，传承艰苦奋斗精神，无疑具有重要的现实意义。

二 弘扬安徽革命文化对中国近现代史教学的重要价值

开发地域性革命文化资源是助力师范院校历史学专业中国近现代史课程资源开发、创新中国近现代史教学的一种有效方式。学界对此已有一些探索,并取得了一些成果。但对如何开发安徽革命文化资源并将其运用在历史专业课程教学中的问题,据管见所及,相关研究尚付之阙如。目前,学界对安徽革命文化的研究大多局限在旅游开发方面,没有将安徽革命文化与师范院校历史专业课程资源开发结合起来。

众所周知,安徽大江南北革命文化资源十分丰富,极富感染力,一处处革命旧址、一件件红色文物、一个个英雄人物,都折射出崇高理想、坚定信念、爱国情操的光芒,凝聚着共产党人和革命群众的独特思想和精神风貌。安徽革命文化资源分布广泛,据调查,安徽革命文化资源有87处,在皖南、皖北、皖中均有分布,基本上覆盖了全省范围。作为安徽的师范院校,在挖掘利用安徽革命文化资源方面具有地利之便,安徽革命文化对高师院校的中国近现代史教学具有独特价值。

新时代中国特色社会主义思想明确要求我们要继承革命文化,发展社会主义先进文化。对安徽的师范院校来说,如何做到中国近现代史教学与挖掘利用安徽革命文化资源的有机结合,对更好地实现历史教学的功能具有重要意义。历史学专业作为基础学科和重要的人文学科,理应做好继承革命文化工作,为建设中国特色社会主义文化贡献力量。历史学专业教学,不仅仅是历史知识传授的问题,更重要的是通过课程教学使当代大学生重塑信仰、坚定信念,树立正确的历史观、民族观、国家观、文化观。现在的大学生是国家未来的栋梁,又是处于人生观、世界观形成的重要时期,敢为人先、百折不挠、忠诚为民等诸多安徽革命文化可以补大学生精神之钙,能引导广大学生在纷繁复杂的各种情境下保持清醒的头脑,做出正确的判断。

弘扬安徽革命文化是帮助大学生树立社会主义核心价值观的重要途

径。我国正处于一个改革发展的关键时期，社会价值观日益多元化，拜金主义、享乐主义等思想还有很大市场，冲击和影响着当代大学生的主流思想。社会的和谐稳定，国家的长治久安，最终落实到全体社会成员共同的理想信念和良好的社会道德素质上。这种素质的养成，离不开把优秀革命文化融入大学课堂的教学之中，安徽革命文化无疑会在这个过程中发挥积极的作用。

安徽革命文化是加强大学生理想信念教育不可或缺的重要资源。大学生理想信念教育的重要性是不言而喻的，问题是怎么才能让理想信念教育真正深入大学生的心灵，使之内化为大学生的人生信仰。充分挖掘理想信念教育的各种资源，用中国共产党革命历史上生动的事例和故事来演绎革命信念，对加强大学生理想信念教育具有不可或缺的重要作用。安徽革命文化正是安徽师范院校中国近现代史教学实践中可以用来演绎革命理念的一种宝贵的教学资源。将安徽革命文化融入中国近现代史教学之中，有助于激发当代大学生爱党爱国的热情，帮助大学生树立实现中华民族伟大复兴的信心和斗志。

安徽革命文化对打造和谐大学校园文化也具有不可或缺的价值。在纷繁复杂的多元文化中，各种封建的、西方的腐朽落后的意识形态会浸染大学的校园文化，对大学生产生一些消极作用。安徽师范院校历史专业的教师对本省的革命文化资源比较熟悉，在进行中国近现代史教学过程中，传播和弘扬安徽革命文化不仅有益于大学生个人的发展和成才，对打造大学良好的校园文化也具有重要意义。

挖掘利用安徽革命文化资源也是创新我省师范院校中国近现代史教学的重要途径。中国近现代史教学不能仅仅局限于一本教材照本宣科，而应该充分挖掘多种课程资源，尤其是可以通过社会调查等渠道开发课程资源，以增强历史学课程教学的吸引力与感染力。挖掘利用地方性革命文化资源创新课程教学，是增强历史专业中国近现代史教学吸引力与感染力的重要途径之一。

三 将安徽革命文化融入中国近现代史教学的策略

中国特色社会主义最本质的特征是坚持中国共产党的领导。年轻一代作为未来中国特色社会主义事业的接班人和建设者，对他们进行道路自信、理想信念教育显得尤为重要。安徽革命文化，正是进行此类教育的重要资源之一。历史课程发挥着塑造学生正确人生观、价值观和世界观的重要功能，对安徽省师范院校来说，把安徽革命文化融入中国近现代史课程教学之中很有必要。其具体的实施策略可以包括以下几个方面。

其一，将安徽革命文化融入中国近现代史课堂教学。历史课程教学改革无论怎么改，最终落脚点是向课堂要效益，因而照本宣科和死记硬背的教学方式是行不通的。帮助大学生树立正确的历史观也要落实到历史课堂教学之中，尤其是要落实到中国近现代史课程教学之中。从事中国近现代史课程教学的教师需要具备教材研发和知识拓展的能力，可以把安徽革命文化融入课堂教学实践，深入挖掘能体现安徽革命文化的生动案例，贯通融入革命理论、革命道路、革命精神、革命历史等革命文化教育内容，增强中国近现代史课程教学的生动性、实效性和吸引力。要通过案例教学，使革命文化进入大学生的头脑中，进入大学生的心灵深处。

其二，将安徽革命文化融入中国近现代史课程资源建设。历史课程的教学，不仅仅是历史知识的传授，更重要的是通过课程教学使学生塑造信仰，坚定信仰，引导他们树立正确的历史观、民族观、国家观、文化观，努力坚持道路自信、理论自信制度自制如文化自信。安徽革命文化内容丰富，我们需要深入挖掘和开发中国共产党革命历史文化资源，并将其转换为课程资源，运用到教学实践中，以增强中国近现代史课程教学的吸引力与感染力。为此，可以对安徽省革命文化资源进行调研，并将调研所得文本、音频、视频材料开发成课程资源，建设安徽革命文化课程资源库。也可以制作安徽革命文化课程资源网站，进行成果交流与资源共享，促进课程资源向教学实践的转化，大力传播与弘扬安徽革命文化。此外，还可以探讨安徽革命文化资源在中国近现代史教学中的功能，以求在理论层面深化认识安徽革命文化资源与中国近现代史教学之间的关系。

其三，将安徽革命文化融入校园文化建设等隐性课程之中。课程包括显性课程和隐性课程。其中隐形课程包括除列入教学计划的显性课程之外的一切有利于学生成长的资源、环境、学校的文化建设等。布卢姆（B. Bloom）在《教育学的无知》（*Innocence in Education*）（1972）一书中指出，隐性课程与显性课程同样重要，隐性课程能很好地达到某些教学目标（特别是在品质、习惯、态度方面），并比显性课程的明确目标能保持得更久。当前，有部分大学生片面追求自我价值和利益的实现，艰苦奋斗、理想信念和社会责任感淡化，拜金主义、个人主义在少数学生中有所表现。在中国近现代史课程教学中，除了在课堂教学这一显性课程中融入安徽革命文化外，还要注重发挥校园文化等隐性课程的教化功能，将安徽革命文化融入校园文化建设等隐性课程之中，实现润物细无声的教育效果。

可以将安徽革命文化融入中国近现代史课程的探究性、自主性教学之中。未来社会需要的人才是学会学习、学会创新的人才，培养学生学会自主学习、探究学习、合作学习的能力是教育教学改革的重要任务。中国近现代史课程教学也要注意对大学生探究学习、自主学习等能力的培养。这不仅完全符合教育教学改革的宗旨，有助于学生的成长和成才，而且能加深学生对安徽革命文化的认知和信仰。

可以采取多种措施。比如，组织开展红色寻访等实践调查活动，对革命老同志或他们的亲属进行走访；参观革命安徽红色文化博物馆等各类革命文化基地；组织学生收集中国共产党的相关史实，对各种革命文化资源予以记录、拍照、录音、摄像，进行成果展示；开展安徽革命文化主题征文大赛；开展与安徽革命文化有关的说故事大赛、党史知识竞赛；安排学生对中国革命史上的重要人物进行角色模拟；中国近现代史课程教学中，安排一两节课邀请健在的革命前辈来校作革命文化报告，借此对学生进行革命传统教育和现身说法。

    此类自主性、合作式、探究性的教学活动是创新中国近现代史课程教学的有效方式。学生通过亲身参与收集、探究与安徽革命文化有关的文化资源，可以深刻感受到中国共产党人和革命群众的独特思想与精神风貌，其意义自不待言。

课程体系建设

西方文化通识课程的教学特点与经验探讨

——以安徽师范大学通识课程《西方文化要义》为例

安徽师范大学 杜英

21世纪以来,国内很多高校相继在通识教育方面有所探索和创新,开设"西方文化"或"西方文明史"通识课是其内容之一。笔者任教的以师范专业为主的安徽师范大学,也在全校开设了《西方文化要义》等通识课程。这些课程开设的目的是拓宽学生的知识面,训练学生的独立思考能力,培育学生的人文素养,塑造学生健全的人格。就《西方文化要义》通识课程而言,笔者领衔的课程组充分利用多媒体和网络信息资源开展课堂教学,激发大学生学习兴趣,培养大学生人文素养,几年下来取得了显著效果。

一 国内外高校西方文化通识课程开设情况概述

欧美国家的高校在重视播迁西方文化价值观的同时,也注重其他非西方文化的通识教育。如布朗大学、哈佛大学等著名高校就相继开设了世界文明和文化方面的人文类通识课,说明西方教育界已形成世界各地文化是人类文明共同成果的共识。

国内高校也适时跟进。如复旦大学开设了古希腊罗马文明、伊斯兰文明和东亚文明等课程单元，着眼于培养学生的方法论能力和思维判断力。武汉大学于2008年推出的国家精品课程《西方文化概论》和《西方哲学史》独具特色，但距今已近10年，学界有关西方文化研究的新成果和近年来西方社会出现的新现象难以囊括其中。

国内高校开设西方文化普及课程的主要受众是大学英语专业的本科生，以对西方文化知识的简单介绍为主，以服务于英语专业的语言学习为目标，而且教材单一，知识陈旧；课堂教学沉闷，是"翻译课""照念课"。这类课程虽以提高英文专业学生人文素养为目标，但该类课程是作为专业课的知识补充或拓展为主要诉求的。

此外，一些理工类院校和高职院校也开设了西方文化方面的课程，但存在师资力量薄弱等问题，直接影响了课程教学效果。

就安徽师范大学通识课程而言，也经历了逐步调整、不断完善的过程。以《西方文化要义》课程为例，该课程是在2004年安徽师范大学学科类基础课《西方文化概论》基础上发展而来。《西方文化概论》课程是面向全校本科生开设的选修课程，2个学分，上课时长1学期。

2012年，基于安徽师范大学培养方案的修订，该课程更名为《西方文化要义》，缩减为1个学分，课时缩短为半学期，17个学时，属于校选通识课程，面向全校二年级及以上所有本科学生开设由本人领衔的课程组成员承担讲授任务。依据安徽师范大学《2016年版本科专业人才培养方案修订指导性意见》，我校进行了全校通识课程遴选，《西方文化要义》课程在遴选中胜出，成为全校通识课程，成为历史与社会学院2门校选通识课程之一。

目前，该课程属于安徽师范大学通识课程文史经典与世界文化模块，以多媒体讲授为主，课下阅读与课堂讨论为辅。每学期课程组成员在我校赭山校区和花津校区两个校区开班，面向全校二年级及以上所有本科学生开放，选课人数保持在每学期500人以上。

综上所述，西方文化通识课程在国内外高校通识教育课程中占有重要的地位。除了哈佛、布朗大学等海外高校以外，国内高校也做了有益的探索，该类课程受到大学生的认可，经过多年的发展，国内高校逐渐形成了各自的西方文化通识课程特色。

二 西方文化通识课程教学的特点

大学通识课程教学有其自身的特点。在课程课时安排上，课时少，授课内容多；在授课对象上，面向全校学生，其中既有音、体、美等艺术专业学生，也有文理科学生，学生知识水平参差不齐，讲授知识要难易适中，有所兼顾；在课程评价体系上，以提升学生人文素养为考核目标，难以量化学生的课程成绩，更多以作业和读书报告来体现，成绩评定有很大的弹性空间。西方文化通识课程自然也具有上述特点，而《西方文化要义》课程经过多年的教学实践，逐渐形成了自己的教学特色。

首先，教学内容以专题为纲，点面结合，遵循大学生的认知规律。教学内容在教学工作中居于核心地位，也是取得良好教学效果的前提和基础，因而教学内容的选取尤为重要。在《西方文化要义》课程的课堂教学中，根据17个课时的授课时长，主要讲授希腊罗马文化、欧洲思想解放运动、基督教文化等专题，揭示不同时期西方文化发生、发展过程，成就及文化特点等（见表1）。

表1 《西方文化要义》课程教学内容情况

专题名称	重点讲授知识点	课时
西方文化课程体系构建和名词解读	绪论部分，主要阐释文化、文明之间的异同，解读西方文化的内涵和外延；分析西方文化精神内涵；阐释西方文化要义课程与相关课程的异同，并分析学习西方文化的意义	2
希腊罗马文化	希腊文化、罗马文化、雅典民主政治、罗马法律等	6
欧洲思想解放运动	希腊智者运动、文艺复兴、人文主义、启蒙运动、理性学说等	4
基督教文化	犹太教对基督教的影响、历史上的三次宗教改革、基督教教义和历史演变等、基督教文化对欧洲和世界的影响	5

由表1可知，该课程以哲学和史学为支撑，以传授西方文化基础知

识为目标,以构建批判意识形态的价值体系为追求,导引学生阅读西方文化经典,在博与专的基础上,搭建西方文化背景分析知识框架,帮助大学生形成对西方文化的判断力。同时,以最新的有关西方文化研究的成果和史料为依据,使教学与科学研究有机结合,进一步优化该课程教学体系和教学内容,充分体现本课程的时代性和学术上的前沿性。在课堂实际教学中则践行"坚持弘扬中华优秀传统文化与学习借鉴国外优秀文化成果相结合。既要高度重视培养学生的民族自信心、自豪感,又要注重引导学生树立世界眼光,博采众长"的理念①。

其次,以网络课程平台为媒介,以西方文化经典讲解与阅读为基础,普及西方文化常识,训练学生对西方文化的判断力。该课程充分利用课程网络平台,在每讲课程内容讲授前,上传每讲有关西方文化著作的信息,供学生选择与阅读,并提供相关问题,引导学生阅读,让学生在阅读中思考,以扩大学生的知识范围,让学生接触不同的文化及资料,培养学生通达宽广的视野和丰富的知识结构。

该课程采用多师讲授的教学模式开拓学生的视野,使学生在细致分析和有效综合的基础上,既记住一些西方文化常识,也能提升现代化背景下的大学生个体的人文修养,使他们更好地进行专业学习和将来的专业深造。

最后,考核方式上,注重培养和提升大学生人文素养。《西方文化要义》作为一门基础性通识课程,课程宗旨是普及西方文化领域的基础知识,帮助学生了解西方文化的重要成果、重大事件和杰出人物,以体会西方文化的社会价值与重要作用,感悟文化的精神魅力。

在课程考核方式上,注重培养和提升大学生人文素养。比如,在期中作业和期末考察环节,都是以学生关注西方文化、阅读西方名著经典为导向,期中作业是让学生为自己读过的一部与西方文化有关的著作写一篇推介词。从交上来的作业看,大部分同学都对西方及西方文化有一定了解,写出了符合要求的作业。有一位同学写了篇小仲马《茶花女》

---

① 中华人民共和国教育部:《完善中华传统文化教育指导纲要》,2014年。

的推介词，除了按照作业要求完成以外，还在作业的空白处用铅笔画了幅《茶花女》的素描画，配上文字，堪称完美。当然，也出现一些令人啼笑皆非的花絮，如有同学认为，东欧、拉美都是西方的一部分，还以"百度知道"上的网友解答作为证据。当我从西方的地域、西方文化的内涵等多方面解释一下，这些同学才对西方文化有了正确的认识。

期末考查则是采取写读书报告的形式进行，让学生在指定的书目中选择一本阅读，并撰写一篇二千字以上的读后感或读书笔记。通过读书报告作业，引导学生精读相关书目，在阅读的过程中，体验西方文化的精神，提高学生的人文素养。可以说，通过作业的形式，推动学生阅读西方文化相关书籍，取得了一定的效果。

总之，《西方文化要义》通识课程作为面向全校本科生开设的人文素养类通识课程，在课程组老师们的努力下，克服课时少、内容多、学生程度参差不齐等诸方面困难，逐渐成长为深受学生欢迎的全校公选课，并逐步显现自己的特色。

三　西方文化通识课程教学的几点经验

通过近10年来的西方文化通识课程教学实践，笔者认为，在大学开设西方文化通识课程有着重要的意义，它使学生对西方历史与文化有一个整体的认识，从而提高文化知识素养，适应21世纪中国和世界的需要。同时，能够通过对西方历史与文化的学习与借鉴来培育学生的批判意识和独立人格，使学生学会用独立眼光审视世界，用历史的批判精神反思人生，用宽容的态度对待异国的文化。此外，还能够使大学生理性地面对当今时代的各种感性化、功利化和快餐化的文化潮流。

在教学过程中，笔者及课程组成员经过摸索，积累了一些经验，现与大家分享。

对于如何提升大学生人文素养，尽管仁者见仁智者见智，但也有基本的共识，如鼓励和引导大学生阅读名著经典，这些经典作品不仅是中国的国学作品，也包括世界其他国家和地区的名著经典作品，其中自然包括西方文化的相关名著经典作品。但如何在课堂教学中，培养和提升大学生的人文素养，笔者在《西方文化要义》课上做了有益的尝试，取得了很好的效果。首先，笔者并不拘泥于"满堂灌"，而是经常安排师生互动和课堂讨论，并适时向学生推介相关西方文化经典著作，点评西方社会文化现象。如在讲授古希腊三大哲学家时，从哲学（philosophy）一词源自希腊语 Φιλοσοφία（philo-sophia），意为"智慧之学"，从"哲学博士"（Ph.D）这一名称，介绍了西方历史上哲学与大学里大多数学科的紧密关系，并以此推介了一些新出版的哲学著作，从而加深了学生对希腊哲学乃至西方哲学的认识。又如通过展示《苏格拉底之死》这幅油画，讲述了苏格拉底哲学思想及影响，讲述苏格拉底、柏拉图、亚里士多德的师生关系及哲学思想特征，并通过分析苏格拉底之死，揭示希腊民主制的弊端。通过以上讲解和分析，带领学生深度理解和领悟西方文化的精华，增强学生对各类西方文化作品的理解能力。

其次，提升教师队伍的人文素养，组建高水平的课程团队很重要。通过多年的教学实践，我们依托安徽师范大学世界史教研室和世界史一级学科硕士点，组建了西方文化通识课程教学团队，团队人数维持在三四人，课程组成员通过学习教育部高师网络培训课程《中国文化概论》《欧洲文明史》等课程，提高了课程教学水平。一些成员还利用在美国、英国等高校访学的机会，收集与西方文化通识课程有关的资料，用于课程教学。由于多位老师的投入，我们的课堂教学获得了学生的认可，这从选课学生对课程组的授课评价得到了验证："喜爱老师的授课方式，轻松不压抑，无说教之气，很享受课程。""发散性强，很有思想深度，善于引导学生思考研究。""在讲授知识点的同时，还会介绍一些西方文化方面的书籍，开阔视野。"

再次，西方文化通识课程以培养学生的国际化视野为主要教学目标。目前，通识教育过于注重课程内容的"知识性"，简单地把让学生积累一些自然、人文、社会科学知识当作通识教育的目的。但实际上，让学生通过通识教育理解自己的社会角色，理解自己国家的国际地位和影响，为参与未来的公共生活做好准备，也是通识教育的重要任务之一。在全球化不断发展、社会不断进步的大背景下,通识教育的目的绝对不能仅局限于"向此专业学生教授彼专业知识"这样的"学科交融",而应该把通识教育打造成构建大学学习与学生所要面对的现实社会之间的桥梁,将学生培养成为具有国际视野、知识丰富、思维敏锐、有社会担当的新时代人才。

最后,在西方文化通识课程教学的基础上,尝试推进专业教育与通识教育的融合。把大学生人文素养教育提高到专业教育的高度,推进专业教育与通识教育的融合,大学生人文素养教育才能收到实效。笔者除了面向全校学生开设了西方文化通识课程,还面向历史学专业(现在还包括世界史专业)开设院系选修课《西方文化史》。通识课程和专业选修课在教学内容设置上有差别,后者不仅讲授内容增多,也增加了讲授深度,满足学生专业学习的需要。院系选修课《西方文化史》开设时间不长,作为推进专业教育与通识教育融合的教学尝试,在提高历史专业学生人文素养方面有实际效果。

尽管在西方文化通识课程教学上,进行了一些积极的探索,并取得了一些经验,但笔者在从事西方文化通识课程教学时,也面临一些问题和困惑。经济的高速发展冲淡了大学的学术氛围,专业的建设和课程的设置多是以社会需要和促进就业为目标导向,学校对人文课程本身的授课目标缺乏准确定位,加之高校人才培养目标和人才培养方案在一定程度上出现了某些偏差,最直接的结果就是,一些人文课程课时缩短、内容压缩,乃至一些课程被砍掉,导致很难实现人文素养教育的本真目标,大学生人文精神匮乏。这是高校多数人文课程面临的最大困境。

社会自身的无纸化倾向,微信、微博等自媒体的流行,在校大学生对多元文化的选择、对物质的追逐、对电子文化产品的依赖,都对传统的高校的人文课程教学产生冲击,对西方文化通识课程而言,更是如此。如一些大学生撰写课程论文和读书报告时,更多的是依赖网络资源,不愿花时间和精力去查阅纸质文献,因此在资料引用上存在不规范和错误等问题。甚至一些大学生直接复制网络文章,打印出来,作为作业上交,敷衍了事。这些作为对培养和提高大学生的人文素养不但没有益处,如果听之任之，还会在无形当中助长一些大学生投机取巧、不诚信的坏习气。

四　结　语

众所周知，通识教育的基本理念应当包括三方面的基本内容：一是"通识"，打破学科壁垒，实现知识的融会贯通；二是"博雅"，在专业培养之外更要注重培育学生的性情、兴趣和趣味；三是"全人"，实现人格的健康发展与人的全面发展。我们在从事《西方文化要义》通识课程教学的过程中，根据通识教育的理念，进行了摸索和尝试。我们认为，西方文化通识课程以文、史、哲等学科的西方文化经典讲解与阅读为基础，对于培养学生对西方文史作品的理解能力，培养大学生学会用正确的世界观与方法论分析西方历史文化现象，逐步形成用哲学方法分析问题的能力，从而继承、借鉴和发扬优良的历史文化传统，并且汲取精华、优化素质，努力成长为时代需要的高质量复合型人才，具有重要的意义。

略论《中国历史文献学》课程的有效教学

安庆师范大学　江贻隆

中国历史文献学是历史学的二级学科，其特点是基础性、综合性和实践性强。所谓基础性，是指中国历史文献学在历史学的结构体系中所处的基础地位而言的，既是历史学一个分支学科，也是文献学一个分支学科。研究历史必须依据史料，史料的范围虽然很宽广，传世文献和出土文献无疑都是最重要的组成部分。所谓综合性，是指中国历史文献学研究的对象、领域以及所运用的理论、方法既涉及历史学，也涉及文献学，同时又与文字学、音韵学、训诂学、历史地理学、年代学等有着紧密关联。所谓实践性，是指中国历史文献学是一门强调实践、讲求致用的学问。无论文献整理还是研究历史文献，都是实践性很强的工作，如版本、目录、校勘、辑佚、辨伪等都需要长时期的动手实践和经验积累，方能得其门径而取得成绩，而整个中国历史文献学学科也正是在长期的历史文献工作实践和经验积累的基础上逐步形成的。无疑，在历史学专业教学中，中国历史文献学学科其代表性课程《中国历史文献学》，教学难度偏大，任务较重，地位重要。但实际情况是，《中国历史文献学》课程存在着教学课时有限、教材信息量大和教学方法单一等问题。这里，就如何实现《中国历史文献学》课程有效教学，谈几点肤浅之见，以就教于方家。

一 选用合适的教材与教学参考书

(一) 教材的选用

中国历史文献学作为历史学的一个二级学科,和中国语言文学下的中国古典文献学、图书情报与档案管理学科下的文献学一样,属于大致相同的学科。由于各自的文献学隶属不同的一级学科,也就各有侧重,在教材方面也有一定的差异。即使是中国历史文献学这一学科,因为各高校的教学力量不一致,也存在各个学校自己的教学特点,并无固定的教学模式,也没有统一的教材。还有,大抵撰写教材的老师各有优长,又不能是路路皆通的多面手,因而编写教材就不可避免地各有侧重。

从目前情况来看,《中国历史文献学》课程可供选择的教材较多,大致有20余种,从1982年齐鲁书社出版的吴枫著《中国古典文献学》,到2010年中国人民大学出版黄爱平主编的《中国历史文献学》,大致反映了教材变化过程,教材内容的变化也体现对中国历史文献学的研究不断深入,研究领域不断扩大。在这些教材中,代表性的教材有王余光主编的《中国历史文献学》,张家璠和黄宝权主编的《中国历史文献学》,杨燕起和高国杭主编的《中国历史文献学》,曾贻芬和崔文印编著的《中国历史文献学》,张三夕主编的《中国古典文献学》,杜泽逊撰写的《文献学概要》,以及黄爱平主编的《中国历史文献学》等。

在以上诸多教材中,高校使用较多的是杜泽逊编撰的《文献学概要》(修订本),其主要内容包括文献与文献学、文献的载体、文献的形成与流布、文献的收藏与散佚、文献的目录、文献的版本、文献的校勘、文献的辑佚与辨伪、类书与丛书、地方志与家谱、总集与别集、出土文献概述等。著者深入浅出地介绍了文献形成发展的历史,各种文献的特点与用途,文献的鉴别、分类、编目与检索,文献的收藏,文献的整理方法等。该书既可作为大学文科本科生、研究生文献学课程教材,亦可作为研究者和爱好者的入门书和工具书。

为高校汉语言文学专业和历史学专业学生使用较多的有张三夕的

《中国古典文献学》（第三版）。中国古典文献学是一门实践性很强的学科，该教材力图强调实践性，增强对古典文献整理与研究的感性认识。除了思考题外，著者还设计了练习题。思考题与练习题都用繁体字，以便提高学生对古典文献的认知能力以及对各种问题的处理能力。著者建议授课教师应事先熟悉这些练习题，也可以根据自己的教学需要增加一些相关的练习题。对于那些有兴趣有余力的同学，包括一些硕士研究生还可以按照"进一步阅读文献"所提供的线索进行自学，进而拓展和加深有关方面的知识。自学也是一种实践，大学教育最根本的特性之一，就是要培养学生的自学能力。张三夕的《中国古典文献学》强调实践性，是其重要特色。

黄爱平主编的《中国历史文献学》以凸显中国历史文献学的自身特色，反映历史发展和时代变化，体现新世纪学术水平为宗旨，在全面揭示文献学基本理论及历史面貌的同时，力求有所突破和创新。教材编写注重学术性与实用性并重，并配有生动形象的历史图片，增加了海外及我国港台地区历史文献学的相关内容，以增强开放性和现代性，对于中国历史文献学的教学实践、学生能力培养和学术研究也不无裨益。本教材可供历史学专业本科学生使用，亦可供文史爱好者学习参考。

（二）教学参考书的选用

历史文献学参考书目众多，张三夕教授的《中国古典文献学》书后列举了"主要参考文献"。这些参考文献都用作教学参考书显然不符合实际，参考书太少又不能达到参考的效果，教师可根据《中国历史文献学》课程的特点来选择教学参考书。笔者认为，教学参考书大致可包括如下这些范围：

东汉班固撰、今人顾实著的《汉书艺文志讲疏》，唐魏徵的《隋书·经籍志》，宋郑樵的《通志·二十略》中的艺文略、校雠略、图谱略和金石略相关内容，清纪昀的《四库全书简明目录》部分内容，清章学诚著、王重民通解的《校雠通义通解》，清张之洞著、民国范希增补正的《书目答问补正》，清梁启超的《古书真伪及其年代》，叶德辉的《书林清话 书林余话》、陈垣的《校勘学释例》、余嘉锡的《目录学发微》、张舜徽的《中国文献学》、蒋元卿的《校雠学史》、程千帆、徐有富的《校雠广义》、黄永年的《古文献学四讲》、孙钦善的《中国古文献学史简编》、李致忠的《古书版本学概论》、辛德勇的《中国印刷史研究》等。以上这些著述在版本、目录和校勘方面都有很高的参考价值。

在以上这些参考文献中，《四库全书简明目录》是一部比较全面评介我国古籍内容的书。"辨章学术，考镜源流"，该书对于期望了解我国文化遗产一般情况的学生，能够起到知类通方的作用，而且还能鼓励学生去查找原著阅读，这又能达到"因人求书，即书求学"的效果。

中国历史文献学源远流长，给我们留下了丰富的遗产，通过各种著述文体保存下来。孙钦善选注的《中国古文献学文选》入选的文章与古文献学的各个分支学科有关，都以文字可靠的版本为据，篇章完整，具体内容包括人物、史实、名物、典制、天文与地理等。其作为历史文献学的参考文献之一，旨在用以培养、提高学生专业文献的阅读能力，丰富学生的文献学知识、理论、方法和经验。该书不仅适应古典文献专业学生的需要，也适应历史学专业本科学生学习的需要。

二　教学原则和教学方法改革

毋庸讳言，《中国历史文献学》课程难度大，内容又相对枯燥，要实现有效的课堂教学，必须采取合适的教学原则和教学方法进行教学。

（一）教学原则的选择

1. 整体性教学原则。教师是教学的主体，为实现教学目的，高质量地完成教学任务，必须全面把握《中国历史文献学》教学整个过程，熟练掌控核心教学内容，合理分配教学时间，确定每次课的教学目标，使学生掌握本课程教学重点，理解教学难点，从而将本课程的每次理论课堂教学和整个教学过程紧密结合起来，贯彻整体性教学原则，达到培养高质量实用型人才的目标。

2. 激发学生学习的创造性。寓教于乐，启发学生学习，将传授知识与培养学生创新意识和创造能力结合起来。在《中国历史文献学》课程教学中要注意发现个性，启发创造思维，激发学生的积极性和想象力，培养学生严谨、踏实、细致的求知精神。同时，教师要将《中国历史文献学》的教学与科研结合起来，通过科研工作使学生了解该学科的发展前沿，促进学生思维能力和思维方法的训练，激发学生的创造性。

3. 理论联系实际。引导学生运用《中国历史文献学》的主要观点和方法，去分析和研究中国传统古籍的现代价值，为保存传统文化和对传统文化进行现代转化奠定一定的学业基础。要尽可能设置一些实例、练习与讨论，以检测学生的学习成果。

4. 教书与育人相结合。在《中国历史文献学》教学中，应坚持做到将课程的科学性与学生的学习兴趣结合起来。教师既要对学生传授知识与技能，也要进行教书育人。如讲解"文献的聚散"内容，可将教学目标设定为：了解文献聚散的基本内容，珍惜中国历代典籍，热爱中国古代优秀文化。

5. 因材施教。教学中我们还要考虑到学生的接受能力、个体差异，适时调整教学的深度、难度和进度，针对学生的个性特点，注意扬长补短。

(二) 教学方法和手段的创新

教无定法，《中国历史文献学》课程可以采用以下手段进行教学。

1. 精讲多练，自主学习。对于中国历史文献学中的目录学、版本学、校勘学三大支柱方面，要集中精力对其基础知识、基本概念和重点内容精心组织，精心讲授，讲知识的重难点，讲知识的内在联系，引导学生建立系统的知识结构。精讲必须多练，从能力培养着眼，注重讲练结合，保证练的比重，增加习题课，加强综合训练，培养学生自主学习、分析问题和解决问题的能力。

2. 充分利用现代化教学手段。教师一方面坚持和突出传统教学手段的个性化教学等优点，另一方面又要大力提倡和推广多媒体教学，从而最大限度地利用教学好资源,增强教学效果。对于《中国历史文献学》课程内容,要做好多媒体网络教学资源的建设,增强学生的感性认识,拓展学生的视野,充分运用现代信息技术,改革传统的教学理念、教学方法、教学手段和教学管理,以提高教学效果。

3. 采用灵活多样的教学方法。教学中,有一些常用的教学方法如启发式教学法、讨论试教学法和亲身感知式教学法等,要把这些方法结合起来,灵活运用,实现教学目标,保证教学质量。

4. 注重实践操作,培养科研能力。历史文献学的实践性很强,如有关版本学、目录学、校勘学、辑佚学、注释学等,均要求学生进行实践操作,其实进行这方面的实践,就是培养初步的科研活动,有助于为学生撰写课程论文以及毕业论文的写作打下一定的科研基础。

三 处理好《中国历史文献学》与其他相关课程的关系

中国历史文献学是有关历史文献的积聚、类型、目录、版本、校勘、考证、辨伪、辑佚、标点、注释、今译、典藏、阅读以及检索的理论与方法上升为理论形态的学科。因此,历史文献学不仅介绍历史文献的一般形态,也就是文献载体的演变,而且还要研究历史文献在形成和发展过程中的一些文献学的问题。

(一) 把握好《中国历史文献学》与相关内容的关联

1. 处理好《中国历史文献学》与相关课程的关系。为了提高教学质量,需及时修订《中国历史文献学》以及与该课程相关的《中国历史文选》《史学概论》《训诂学》等课程的教学大纲,并严格要求授课教师按教学大纲进行教学。在课堂教学中,主讲教师必须做到有教学大纲、有教材、有讲稿、有教案、有教学日历、有教学课件。授课时,要运用多媒体等现代化教学手段,以增强课堂教学的形象性、直观性和生动性。在课程成绩考核上,要实施教考分离、集体流水阅卷的办法,建立《中国历史文献学》试卷库,以此检测课程的教学效果。

2. 以培养学生能力为目标,加强国学原典的阅读。要加强对学生古文献阅读训练,包括《汉书·艺文志》《隋书·经籍志》《四库全书总目·总序》和《书目答问》等篇目的阅读。这项工作,一定要一直坚持下来,从而达到"辨章学术,考镜源流"的效果,同时对提高学生的文化素养,也发挥着不可替代的作用。

3. 注重对周边地区地方文化文献资源的发掘。授课教师应充分利用周边地区具有深厚文化底蕴的资源,并在该地区建立稳定的专业实践基地,每年组织学生去这些地方进行专业实践,让学生亲身感受博大精深的中华文化。

(二) 加强《中国历史文献学》实践教学

《中国历史文献学》是一门实践性很强的学科,加强实践性教学是实现教学目标和完成教学任务的重要环节。实践性教学包括与图书馆、博物馆、文化馆等建立较为稳定的教学实践基地,进而参观图书馆的线装书库,让学生实地感受我国历史文献的博大精神和浩如烟海,使学生具有初步的认识和鉴别历史文献古籍的基本能力,并且学会利用传统目录学书籍来寻找古籍,查询资料。条件许可,可聘请有关线装古籍方面的专家、历史文献学领域的专家就历史文献学的一些重要问题进行讲学与交流。

总之,《中国历史文献学》课程要立足于培养学生的历史文献学的理论素养,使学生切实掌握分析和认识历史文献的基本方法,从而具备阅读和研究历史文献的基本能力,这不仅有助于学生深化中国古代史的学习,也为学生进一步深造以及从事中国历史研究打下扎实的历史文献功底。

高校本科历史学专业开设
《生态环境史》课程刍议

安徽师范大学　庄华峰

党的十九大报告指出，建设生态文明是中华民族永续发展的千年大计，功在当代，利在千秋。"绿水青山就是金山银山""生态兴则文明兴，生态衰则文明衰"，自然生态的变迁决定着人类文明的兴衰更替。人与自然是生命共同体。坚持人与自然的和谐共生，就必须尊重自然、顺应自然、保护自然，像对待生命一样对待生态环境。建设美丽中国，是亿万国人憧憬的中国梦，也是世界瞩目的中国创举。

我们党和国家之所以要把生态文明建设摆上如此重要地位，有其历史的必然性。人类自从进入工业革命以来，在创造辉煌的物质文明、精神文明的同时，由于不合理地开发利用自然资源，也造成了全球性的环境污染和生态破坏，对人类的生存和发展构成了现实威胁。人类已经走到十字路口，生态的日益恶化使人们越来越关注自身的生存环境，人们开始重新审视自己的社会经济行为和所走过的历程，从不同学科角度探讨环境与社会进步和谐发展的路径。在学术研究领域，一些学者也从现代生态角度审视研究历史，并取得了一些成果，以此证明社会的发展与生态环境的变迁有着十分密切的关系。这种贴近时代脉搏的学术研究是非常有意义的。然而在全民生态意识普遍加强的今天，高等学校对此没有引起应有的重视，几乎没有本科历史学专业开设《生态环境史》课程，以致学生对生态环境变迁的历史知之甚少。这种状况亟待改进，以适应形势发展的需要。

一

马克思早在130年前就指出："文明如果是自发地发展，而不是自觉地发展，则留给自己的是荒漠。"[①] 这句名言精辟地揭示了人类文明与自然环境之间的关系。

我们知道，在农业革命以前，人口一直是很少的，人类活动的范围也只占地球表面的极小部分；另外，从总体上讲，人类对自然的影响力还很低，还只能依赖自然环境以采集和猎取天然动植物为生。此时，虽然已经出现了环境问题，但并不突出，地球生态系统还有足够的能力自行恢复平衡。所以，在农业革命以前，环境基本上是按照自然规律运动变化的，人在很大程度上依附于自然环境。大约在1万年前，人类进入农业发展阶段以后，由于人口急剧增加，人们开始利用各种生物物种、耕地、草原和水源等自然资源从事生产，随之，大片森林、草原被毁，自然环境因此遭受重创，加上刀耕火种等落后的生产方式，导致水土流失加剧，大片肥沃的土地逐渐变成了不毛之地。水利事业的发展又往往引起土壤盐碱化和沼泽化等。生态环境的不断恶化，不仅直接影响到人们的生活，而且，也在很大程度上影响到人类文明的进程。翻开历史的每一页我们都可以看到，人类在不断创造文明的同时，也在不断地毁灭文明。比如古代两河流域文明灭亡的一个重要原因便是当地的生态环境的变化，尤其是土地的盐碱化导致农业的衰落。埃及文明的衰落是由于尼罗河上游地区的森林不断地遭到砍伐，以及过度放牧、垦荒等，使水土流失日益加剧所致。印度文明的衰落是人们毫无顾忌地开垦，无休止地砍伐森林，使温德亚山和喜马拉雅山南麓的水土大量流失，淤塞了河道，破坏了生态结构和生态平衡，土地出现了沙化。玛雅文明的消亡也是生态环境恶化所致。玛雅族人在中美洲的热带雨林里曾一度兴旺，公

[①] 《马克思恩格斯选集》卷1，人民出版社1972年版，第256页。

元前800年时却突然消亡，究其原因主要是由于该部落的人口急剧增长，玛雅族人不得不砍掉他们村庄周围大面积的森林来发展农业。几十年间，热带大雨就将裸露的土壤冲失殆尽，使人口失去了森林环境的支持，最后导致村庄被毁，玛雅族人消亡，只留下至今考古学家和人类学家感兴趣的玛雅文化。所有这些，不能不说是历史的悲剧，人类之大不幸！

在中国历史上，生态环境的变迁对历史发展的影响也是巨大的。这里以长江流域生态环境的变迁为例。历史事实表明，长江流域水患越到近期越为频繁，其根本原因不在天灾，而在流域生态安全体系的人为破坏。其中区域开发对长江流域生态环境的破坏尤为严重。

长江流域大部分地区属于亚热带季风性湿润气候，历史上曾是生态环境非常好的地区之一。唐代著名诗人李白曾在他的诗歌中多次描述长江流域的生态环境，如"两岸猿声啼不住，轻舟已过万重山"；"月色何悠悠，清猿响啾啾"；"峡里闻猿叫，山头见月时"；"彩鸟惜未名，白猿初相识"等。唐代另一位著名诗人杜甫也曾写道："风急天高猿啸哀，渚清沙白鸟飞回。无边落木萧萧下，不见长江滚滚来。"这些诗句都说明唐代长江流域两岸森林茂盛，猴群很多，动植物生长都非常好。正由于此时期有着优良的生态环境，所以唐代以前的长江流域灾害很少。但是，自唐代以后，随着经济中心的南移，北方人口大量南迁，长江流域人口剧增，其区域开发明显加快。在唐代对山地的开发方式中，有些方式对山林生态破坏较大，如畲田的开垦。畲田是一种刀耕火种的山地林区耕作方式，春初时将树木砍掉，等到播种时，"一夕火之，借期灰以粪"。这种原始的耕作方式盛行于长江流域的许多地方。唐代江南道和剑南道的畲田开发已进军深山老林。畲田烧山对长江流域生态环境的破坏有着重要的影响。这也表明，"人与山争地"的矛盾已凸显出来。

唐宋之际，尤其到了南宋，长江流域的垦殖大为加快，从平地到山地都出现了过度开垦。南宋诗人范成大在其《骖鸾录》中叙述1173年他从苏州经湖南赴桂林途中所见到的景象："湘江……皆土山，略无峰峦秀丽之意，但荒凉相属耳。"其主要原因也是由于畲田耕作方式所造成的，所谓"沅湘间多山"，"每欲布种时，则先伐其林木，纵火焚之，俟其成灰，即布种期间"，"盖史谓刀耕火种也"[①]。

环境的容纳量是有限的。明清时期，人口压力不断增大，长江流域开发更为加剧，使得人们向自然界摄取的资源不断增加，以致超过了自然界稳定的支付能力，这就必然破坏生态平衡。为了弥补粮食的供给和需求之间的缺口，人们只得从事一系列非理性的生态环境取代活动。这些活动包括围湖造田、毁林开荒、掠夺性使用地力等，其结果是破坏了环境功能，导致环境质量恶化，自然灾害接踵而至。据记载，从汉代至清末的2000余年中，长江流域平原地区共发生洪涝灾害214次，平均每10年一次。近代自1911年以来，共发生较大洪灾11次，平均每7年一次。进入20世纪90年代以来，长江流域先后在1991年、1995年、1996年和1998年发生了4次大洪水，洪涝灾害频率明显加快，而且都主要集中在长江中下游地区。洪涝灾害一次比一次严重，给国民经济和人民的生命财产造成重大损失。长江流域洪涝灾害不断加重的态势无疑是与其生态环境的不断恶化紧密相连的。

综上可见，森林覆盖面积减少、水土流失、沙漠化、土地效益递减，这一系列人们今天为之头痛的问题，在中国历史上特别是明清时期都已显露端倪。在西欧，这类问题直到工业化时期才出现。而中国，此类问题在前工业化甚或更早的时候就已困扰人们。前车之覆，后车之鉴。人类文明变迁的历史告诉我们，生态环境变迁直接影响人类社会的发展，对今天也有重要影响。因此，在高校本科历史专业开设《生态环境史》课程不但完全可能，而且十分必要。

二

在高校本科历史学专业开设《生态环境史》课程有着十分重要的意义。一方面，它开辟了史学的新领域，给史学带来了新思维，使历史观

[①] （宋）张淏:《云谷杂记》卷4。

念发生了新变化，历史的图像将因此而被全面重绘，历史叙事也将变得更加整体、综合与宏大。例如以往研究传统节日文化，往往忽视历史环境这一重要因素。而实际上，任何一个传统节日都是在一定时空条件下产生和发展起来的，离不开特定的历史环境的影响。在这里，"环境"既是指社会文化环境，也包括自然生态环境。我们注意到，许多古老节日民俗事象，在产生和发展初期更多地受到生态环境因素的影响。这里以端午风俗为例。一般而言，端午节有三个主题：一是辟邪防病。端午节前后，气候多雨，湿热多病，毒疫易传，所以人们喝雄黄酒，采艾叶、菖蒲悬挂于门窗，或用艾草、菖蒲、大蒜烧水洗澡和喷洒房前屋后进行预防，集中反映了先民对生态环境因素之于人类健康影响的经验感知，以及基于这些经验感知所采取的态度和应对的策略、技术与方法。二是激扬精神。端午时节人们纷纷走出户外，开展各项户外活动，尤其是龙舟竞渡风气在我国南方地区十分盛行，成为端午一道亮丽的风景线。三是眷念家国。千百年来，每逢端午，人们纪念屈原的同时，其爱国精神也得以彰显。这一精神带有极强的社会责任感和历史使命感，它不仅深深打动了古往今来的优秀知识分子，也深深感染了广大普通民众。

我们注意到，端午节的这些主题都与生态环境息息相关，所彰显的是生命意识。从文化源头上说，端午节产生于上古的"恶月"观念。古人之所以对五月深怀畏惧竟以"恶月"称之，是因为在农历五月的气候环境下，人们的生命健康遭遇更多更大的威胁。于是人们采用喝雄黄酒、悬艾草等措施进行预防。端午节习俗所蕴含的丰富的养生文化，反映了人们对健康的强烈渴望，对生命的关爱。端午龙舟竞渡以娱乐和运动为出发点，当代已演变为更具现代体育精神的竞技项目。而数千年来南方地区端午时节盛行龙舟竞渡风习，与当地独特的生态环境密不可分：一为水乡泽国的水文环境，二为江湖水域鳄鱼众多、危机四伏的生物环境。人们利用这样的地理环境，通过龙舟竞赛的运动形式，强健了体魄，提高了抵抗和预防疾病的能力，在展现激情昂扬的精神风貌的同时，也反映了人们对生命的尊重和关爱。而纪念屈原，同样与生命有关。屈原的殉国，不是一种逃避，而是一种抗争，一种振聋发聩的追问。我们今天纪念屈原,"是在追念一个有伟大人格的生命,追崇一种高贵的品格和灵魂"。因此可以说,端午节俗所彰显的生命意识,主要体现在对人的生命本身的尊重、关爱和对屈原伟大品格的呼唤两个层面。从上述端午这些风俗我们可以清楚地看到人类生命活动与生态环境之间非常密切的关系。其实不独端午,我国其他传统节日民俗均有从生态环境史的角度重新加以研究的必要与可能,这将有助于对生态环境之于社会风俗、观念、知识、信仰、态度和生活节律进行新的深度理解①。可见,以生态环境的视角来审视历史现象,往往能获得更为真实的结论。

另一方面,通过《生态环境史》课程的开设,能够使学生对人类发展的文明史有更全面更深刻的了解,同时使学生从年轻时便认识到环境的客观性,认识到人类从诞生之日起,就与自然环境相互作用、相互影响而构成一个相辅相成的整体,认识到人类历史根本不应是无休止、无节制地索取大自然的历史,从生态环境变迁对人类社会的影响中吸取教训,逐步形成符合可持续发展思想的道德观、价值观和行为方式,真正使环境保护成为他们的自觉行为。

三

要在高校本科历史专业开设《生态环境史》课程,首先要编写专门的教材,以人口、资源、环境三者之间关系的变迁为主线,介绍人口与土地相互关系的历史演变、人口与水资源相互关系的历史演变、人口与生物资源相互关系的历史演变、人口与矿产资源相互关系的历史演变、人口与水污染相互关系的历史演变、人口与大气污染相互关系的历史演变、人口城市化与环境污染相互关系的历史演变,以及资源、环境变化对人口再生产、人口素质、人口结构、人口分布与迁移的制约和影响等,揭示人口增长、经济发展、资源开发利用、生态环境平衡之间可持续发

---

① 参见王利华主编《中国历史上的环境与社会》,生活·读书·新知三联书店 2007 年版,第 479 页。

展的规律性，总结中国历史上在此方面（包括理论和实践）的经验教训，使青年学生对人类尤其是我国的文明史有更全面更深刻的了解。

工业化和技术革命的浪潮极大地推动了人类社会的发展，但各类环境问题也接踵而至，更为重要的是，这种问题在短期内并不能得到真正的解决。因此，治理污染、拯救地球、寻求生存与发展之路成为人类的共同呼声。为了提高公众的环保参与意识，环境教育工作也日益引起各国政府和教育界人士的高度重视，特别是西方发达国家的环境教育开展得早，成效也颇为显著。西方发达国家最先开始和完成了现代化进程，其环境问题也就最先凸显出来。一些有识之士首先意识到，环境污染的防治固然重要，但环境教育更要先行。他们认为，只有在提高人们的环境意识的同时，相应地采取积极的防治污染的措施，环境问题才有可能得到根本的解决。因此，从20世纪60年代后期开始，一些发达的西方国家，如美国率先在一些高校开设了美国环境史课程，环境史终于挤进大学的课程目录，进而成为必修课程。其后，俄罗斯、西欧各国、日本等也相继将环境教育列入从幼儿园到大学的教学大纲中，作为正规教育的一部分。在这种情形下，在我国高校本科历史学专业开设《生态环境史》课程以强化学生的生态环境意识更是刻不容缓，应该尽快补上这一课！

《古希腊罗马史》
课程教学与大学生人文素质培养

安徽大学 蒋浙安

素质是一个人的修养。近年来大学生人文素质问题已引起社会关注并日益受到重视，许多高校也开设了相关课程以提高和完善大学生的人文素质。大学生人文素质应包括对本国历史文化的了解与认识，也应该包括对世界其他地区与国家历史文化的认识与了解。这一点，在21世纪的今天，显得更为重要。可以认为，学习古希腊罗马史有助于大学生人文素质的提高与完善。本文拟就此谈些个人的看法，以就教于方家。

一　对人文素质培养的价值

古希腊罗马的历史与文明作为西方文明的源头，内容涉及面广，时间跨度大，上至爱琴文明，下至西罗马帝国灭亡。其中，经济、政治、军事、社会方面的历史事件众多，历史名人辈出，在文学、历史、哲学、建筑、雕塑、数学、医学等方面都取得了极大成就，在许多方面深刻影响了近现代西方社会。古希腊罗马文明近代以来在西方一直受到知识文化界的尊崇。直到20世纪上半期，欧洲的中学和大学教育都十分重视古典文化和语言的学习。西方人认为这是培养个人修养必不可少的重要组成部分，因为古典文明"包含了重要的哲理、真知、智慧"。因此学习古希腊罗马的历史和文化，可以认识与中国古代历史不同的古希腊罗马世界，领悟别样的异域文化，了解和认识古希腊罗马人对人类文明的贡献，开阔眼界，这不仅对认识、理解西方文化与历史有重要意义，通过历史文化比较，也可以加深对本国历史的认识，形成科学理性的历史观和世界观，学会正确认识和看待不同民族和国家的历史，包容和接纳不同国家和地区的社会文化，发现不同地区和民族共同崇尚的品行与美德，进而形成良好的个人人文修养。简而言之，学习古希腊罗马的历史具有以下几方面的意义。

第一，学习古希腊罗马史有助于增长大学生艺术鉴赏能力。

古希腊罗马人在建筑与雕塑方面成就斐然，创造了许多优美典雅的名作，给后世留下了宝贵的文化遗产。古希腊大型建筑主要是神庙，殿堂为长方形，环以圆柱柱廊，其中的多利亚式厚重朴实，爱奥尼亚式典雅秀逸，科林斯式华丽精巧。古罗马人在古希腊柱廊建筑和装饰艺术基础上发扬光大，采用石拱结构，建造了众多的神庙、剧场、水道、桥梁、凯旋门，其中著名的"万神殿"至今仍屹立于罗马城，其主体部分的大穹隆顶高达43米，内部宏大空阔。"科罗赛姆竞技场"呈椭圆形，长188米，宽156米，高48.5米，场内可容纳8万人，表现了古罗马人高超的建筑技术。

古希腊雕刻艺术作品"雅典娜神像"，庄严富丽，"持矛者"坚实有力，"掷铁饼者"姿势矫健。古罗马人的雕塑如"奥古斯都立像"人物表情威严、目光深邃，"马可—奥里略骑马像"是古罗马时代流传下来的唯一一尊青铜骑马像，现仍屹立于罗马市政广场。这些艺术作品立体感强，富有表现力，比例适中，形象逼真，对以后西方雕塑艺术的发展产生了很大影响，成为许多作品的蓝本。通过对这些内容的学习，不仅可以理解古希腊罗马文明丰富的内涵，也可以陶冶性情，增长艺术修养。

第二，学习古希腊罗马史有助于培养大学生的勇气与意志。

古罗马帝国经历了长期艰难的对外战争，其间，罗马人多次身处绝境，但他们凭着顽强的意志，一次次地渡过难关，战胜了强敌。比如，公元前321年萨莫奈战争中罗马军队在考狄昂峡谷大败，被迫接受耻辱的协议，但罗马人忍辱负重，卧薪尝胆，最终打败了萨莫奈人，征服了意大利半岛中部地区。再比如，第二次布匿战争时期，罗马人接连在特列比亚河战役、特拉西美诺湖战役、坎尼会战中惨败，但罗马人表现出了坚强的民族个性，绝不屈服，采取多种非常措施，如征召 17 岁未成年青年入伍、破格提拔年轻将领，重新采用"费边战术"，避开汉尼拔军队攻打西班牙和迦太基本土，并于公元前 202 年扎玛会战中最终击败汉尼拔，取得第二次布匿战争的胜利，成为地中海世界的统治者。

古希腊人在希波战争中也彰显了不怕牺牲、勇敢顽强的英雄主义精神。公元前 490 年马拉松战役中，雅典军队不畏强敌，英勇作战，取得了著名的马拉松战役的胜利。公元前 480 年温泉关战役，斯巴达国王李奥尼达率领 300 名斯巴达战士坚守关口，死战不退，全部阵亡，表现出高尚的英雄主义精神。

对这些历史事件和历史人物的学习，可以使大学生认识到在遇到困难和失败时，要有顽强的意志和坚定的信念；在民族、国家面临危亡的紧要关头，要不怕牺牲，发扬爱国主义和英雄主义精神。

第三，学习古希腊罗马史有助于大学生形成良好的道德品行和言行举止。

古希腊罗马时代涌现出了许多著名的人物，他们人品高尚，英勇无畏，廉洁奉公，堪称楷模。例如，古希腊雅典著名政治家伯里克利（前 495—前 429），根据普鲁塔克《希腊罗马名人传·伯里克利传》记述，伯里克利"举止庄重文雅，衣着整齐，从不因为说话激动而扰乱全身的宁静，他说话声调柔和，从不大嚷大叫"。伯里克利平日注重言行。"事实上，伯里克利发言是很谨慎的，他每次走上讲台，总要先向众神祈祷，希望不要漏出和正在讨论的事情不相宜的话来"。与他人交往，也注意分寸。"至于人家设宴邀请，朋友聚会交往，他都一概谢绝"，"因为，宴饮会使人把尊严抛诸脑后，亲密的聚会会使外表上的庄严不易保持"。难能可贵的是，伯里克利在连年当选首席将军，大权在握，长期执政的情况下，仍能廉洁自律，不贪不腐，不仅个人如此，而且对家人要求也十分严格，"虽然他对钱财并非毫不经意，但在这些年间他从来没有贪污行为"，"他把家务安排得尽量简单省事，但又井然有序"，"他的成年的儿子们，对这点很不满意，媳妇们也认为他不大方，都埋怨他给日常开支太苛刻，全不像个富裕的大户人家用钱大进大出，而是一应收入支出，处处都要精打细算"①。通过对这些历史人物的认识了解，有助于学生树立行为楷模，形成良好的品行和言行举止。

第四，学习古希腊罗马史，可以帮助大学生认识不同地区和国家之间交往的意义，加深对改革开放、"一带一路"等国家政策的理解。

古希腊文明实际上学习借鉴了古代东方文明成果。早在爱琴文明时期，爱琴海上一些岛屿的文明通过与埃及、西亚的交往发展起来，比如克里特岛的东部、南部以及后来的北部地区。迈锡尼文明也得益于克里特文明和埃及文明，进而创造了灿烂的文化。

古希腊人在自然科学方面的成就也受到了东方文明的影响，尤其是"希腊化时代"，随着东西方文化交往的深入，自然科学从哲学中分离出来，形成了天文、地理、数学、物理、生物、医学等独立的学科体系，对近代西方科学发展产生了极大影响。

在古罗马社会发展中，对外交往也起了重要作用。当时的意大利南部以及西西里被称为"大希腊"，希腊人在这些地方殖民并建立了许多城邦，古罗马人从希腊人那里学到了许多有用的技术，比如葡萄和橄榄种植技术、重装步兵战术。在与意大利中北部地区伊达拉里亚人的交往中，罗马人学到了工程建筑技术和书写技术，生活习俗也深受其影响。

第五，学习古希腊罗马史，可以加深对西方社会的认识理解。

古罗马帝国在继承古希腊文明的基础上加以发展，形成了灿烂辉煌的古罗马文明，对以后的西方社会产生了广泛而深远的影响。比如，在语言文字方面，今天西方主要国家的语言，如英语、法语、意大利语、西班牙语都直接源自古罗马的拉丁语；在建筑方面，古罗马的建筑风格与样式，影响了今天西方以及世界的许多国家和地区；在法律方面，今天欧洲大陆几乎所有国家的法律体系都是在罗马法的基础上建立起来的。

---

① ［古希腊］普鲁塔克著：《希腊罗马名人传》（上册），陆永庭等译，商务印书馆2009年版，第461—501页。

因此，学习古希腊罗马史，可以了解西方历史的来龙去脉、前因后果，加深对西方社会的认识与理解。

第六，学习古希腊罗马史有助于增长对西方教育传统的认识。

古希腊罗马人都重视教育。雅典人建立了较完整的教育体系，注重智育、美育，目标是培养谈吐高雅的雅典公民。斯巴达人实行严格的军事化教育，崇尚武力，要求公民勇敢、坚强、严守纪律，成为合格的战士。男孩7岁起即要接受初级军事教育，20岁正式成为军人，服兵役直到60岁退伍。斯巴达妇女结婚前，也要参加训练以达到强身健体的目的。古罗马人同样注重教育。共和国早期，家庭教育阶段，通过父母言传身教，学习农业、军事、社会知识和行为规范，还利用课本进行读写和文化知识教育。比如老加图（前234—前149）就教儿子投标枪、格斗、使用武器、驾驭战马、在激流中游泳、忍受严寒酷暑，还教儿子阅读和学习法律。后在希腊文化影响下，罗马人也建起了学校体系，语言、政治演讲和法庭辩论开始受到重视。古罗马传统教育讲究实用，注重实际，崇尚道德、勇敢和国家利益，对近代欧洲教育制度有较大影响。

二 教学中须注意的几个问题

在古希腊罗马史教学中要达到增长和提高大学生人文素质这一教学目的，需注重以下几方面：

一是要重视课堂教学质量。认真上好每节课，做到内容充实，在众多知识点中突出重点，如在讲授第二次布匿战争时，可以对其中的一些重要战役作比较具体的讲解，使学生产生较深刻的印象和感受。

二是要注重教学方法。由于专业和知识储备不同，学生在听课时对相关内容的接受程度有差异，比如相关内容的地理知识。因此，在古希腊罗马史教学中要注重教学方法，要充分运用多媒体教学，在课件制作中对一些学生可能不太熟悉的地理位置、地名、历史人物名称、课程涉及的相关物件比如建筑，尽可能在课件中加以展示，加深学生的直观认识，提高教学效果。

三是要注重激发学生的学习积极性和主动性。可以通过要求学生记课程笔记、课堂提问和讨论、课堂小作业等方式丰富教学形式，调动学生的学习积极性和主动性，及时巩固和消化所学知识，理解和掌握所学内容，加以系统化并融会贯通。

总之，学习古希腊罗马史有助于提高与完善大学生的人文素质，有利于增长大学生的艺术鉴赏能力，形成良好的品行举止与人文修养。也有利于培养大学生的勇气与意志，加深其对西方社会和对西方教育传统的认识。同时也有助于大学生认识不同地区和国家交往的意义，从而加深对改革开放、"一带一路"等国家政策的理解和认识。

试论当代大学生民族精神的培育

——以《中国近现代史纲要》教学为中心

阜阳师范学院 李 强

民族精神是一个民族赖以生存和发展的精神支撑。中华民族具有伟大的民族精神，千百年来，中华民族之所以能够历经磨难而不衰，饱尝艰辛而不屈，靠的就是伟大的民族精神。当代大学生是祖国未来的建设者、各条战线的生力军，培育其民族精神，不仅是中国特色社会主义事业发展的需要，也是时代的要求。《中国近现代史纲要》（以下简称"纲要"）作为一门思想政治理论课，其宗旨是加强对当代大学生近现代国情教育，更好地培养中国特色社会主义事业的合格的建设者和接班人。因此，在"纲要"教学过程中，有针对性地培育大学生的民族精神，不仅能充分发挥该课程的思想政治教育功能，提高教学效果，而且能帮助大学生树立正确的价值观，增强其民族自尊心、自信心和自豪感。

一 从教学内容方面培育大学生的民族精神

"纲要"主要讲述了近代以来中华民族的屈辱史、抗争史以及中国共产党领导中国人民实现民族独立和实现国家民主富强的光辉历程。从1840年英国发动侵略中国的鸦片战争以来，列强先后发动一系列侵华战争，如第二次鸦片战争、中法战争、甲午中日战争、八国联军侵华战争和日本全面侵华战争。每次战败，清政府都被迫签订不平等条约，如

《南京条约》《爱珲条约》《马关条约》《辛丑条约》等，除了丧失大量主权外，还大量赔款，多达14亿两白银。通过这些不平等条约，中国领土被割占的达1/6多，大片国土成为列强的"势力范围"，许多重要港口被租借，许多大城市都设有"国中之国"的租界，开放100多处通商口岸，西方列强不断加强对中国进行经济侵略和掠夺。

中华民族屈辱史的教学，一方面能激发大学生居安思危的忧患意识，使其意识到一个国家丧失独立和主权，当它不能捍卫整个民族的尊严时，人民也不能拥有个体的尊严和自由；另一方面，也能使大学生下定"知耻而后勇"的决心，为了使中华民族的悲剧不再重演而发愤图强，努力学习，为国家富强、民族复兴而奋斗。

列强侵略、压迫中国人民的过程，也是中国人民反抗其侵略的过程。中华民族的抗争史，充分显示了中华民族为了民族生存，不屈不挠、前仆后继的英雄气概和坚强不屈的民族精神。三元里人民抗英斗争、太平天国后期与外国侵略者的洋枪队的战斗、台湾人民和刘永福的黑旗军进行"反割台"斗争、义和团抗击八国联军的斗争以及中国人民伟大的抗日战争，等等，都充分说明正是由于中国人民英勇顽强的斗争，才使我们的国家和民族历经劫难、屡遭侵略而不亡。这一座座爱国主义的丰碑，是民族魂的象征。通过中华民族抗争史的教学，使大学生把对祖国、民族的热爱之情，自觉地转化为立志成才，为国家和民族前途奋斗的豪迈气概。

帝国主义的侵略给中国人民带来了巨大的历史灾难，而列强的侵华战争以及中国人民反侵略的失败，也迫使中国人对民族出路进行思考、探索。地主阶级代表主张引进西方先进技术来维护统治，抵御外辱。林则徐是近代中国睁眼看世界的第一人。魏源提出"师夷长技以制夷"，清朝统治集团中的洋务派举办洋务运动以图振兴；农民阶级进行了一场轰轰烈烈的太平天国起义，要求建立"人间天国"，但在中外反动势力的联合镇压下失败了。中国民族资产阶级改良派要求变法，实行君主立宪，但其"百日维新"如昙花一现，归于失败。资产阶级革命派则主张推翻清朝，建立资产阶级共和国，进行了辛亥革命，虽然推翻了清朝，但革命果实被袁世凯窃取,资产阶级共和国的梦想归于破灭。

由于中国的农民阶级、民族资产阶级的历史局限性,他们不可能取得反帝反封建民主革命的胜利,中国人民需要探索新的革命道路。俄国十月革命给中国送来了马克思主义。1921年中国共产党诞生。这是一个"开天辟地的大事变",给灾难深重的中国人民带来了光明和希望。经过艰苦卓绝的斗争,在总结中国革命经验的基础上,将马克思主义基本原理与中国革命实际相结合,产生了毛泽东思想,在毛泽东思想指导下,解决了中国革命的步骤、道路、纲领等重大问题,取得了新民主主义革命的胜利,推翻了三座大山,建立了新中国。

新中国成立后,由于我党领导社会主义事业的经验不足,加之领导人对中国国情和社会主义本质特征的认识出现了偏差,从而导致了"大跃进"和"人民公社化"运动以及"文化大革命"等严重曲折,但面对严峻的国际国内环境,中国人民奋发图强,自力更生,取得了社会主义建设的伟大成就。十一届三中全会以后,我国走上了一条持续、快速、健康发展的道路,综合国力明显增强,人民生活水平日益提高,在国际事务上发挥的作用更加显著,国家稳定,民族团结,社会主义事业蓬勃发展,成就举世瞩目。

通过学习中华民族不断探索的历史以及中国共产党领导中国人民实现民族独立和国家民主富强的光辉历程,使大学生深切感受到我们的民族是一个伟大的民族。在革命年代形成的伟大民族精神:坚韧不拔的长征精神、艰苦奋斗的延安精神、威武不屈的红岩精神、不怕牺牲的革命精神、艰苦奋斗的创业精神等是激励广大大学生不断进步的精神力量。作为未来建设者和接班人的大学生,一定会牢记历史基本经验,继承发扬伟大的民族精神,自觉地承担起历史赋予的使命,把我国建设成为社会主义现代化强国。

二 从教学手段方面培育大学生的民族精神

"纲要"是一门政治性和理论性很强的学科,传统的黑板加粉笔,以教师为中心、灌输式的教学方式已经很难实现其教学目标。因此，在"纲要"课教学中，要采用多媒体教学手段，通过使用历史图片、视频资料，为学生提供大量知识信息，增大课堂容量，很好地创设历史情境，生动、直观、高效地为大学生接受，产生良好的教学效果。

在"纲要"课的教学中使用多媒体手段，可以增强教学的直观性和生动性。学生在课堂上可以直观地看到与中国近现代史相关的历史人物的照片、历史事件的形势图、历史遗址图、文献资料和思考题目等。比如，讲上编综述部分，可以展示代表中国古代不同历史时期辉煌成就的建筑、雕刻、青铜艺术、绘画、书法、诗词等图片，让大学生对中国古代文明有更加直观的认知，内心产生民族自豪感和对伟大祖国的热爱。再如，讲到北伐战争一节时，可以播放一段北伐军进军的视频片段，当时军队的装束、神态，以及"打倒列强，除军阀"的英雄气概得以充分展现，显示出北伐军的大无畏的革命精神和英勇反对帝国主义的民族精神。

在"纲要"课使用多媒体教学手段，可以增加教学的容量，节省教学时间，加快教学进度。比如，讲授第一章《反对外国侵略斗争》，这一章除了讲述列强对中国的军事侵略、政治控制、经济掠夺、文化渗透外，还讲述了中国人民的抗争和粉碎列强瓜分的图谋，内容繁多，教学任务重。如果仅仅依靠传统教学手段，不仅学生积极性得不到调动，而且教学效果也不理想。通过使用多媒体教学手段，将列强侵华的一系列的图片和视频资料，结合教学内容展示给学生，这有利于提高学生的学习兴趣，调动学生的学习积极性，使学生对列强侵华史有了更深刻的认知，教学效果明显提高。

在"纲要"课使用多媒体教学手段，可以更好地对大学生进行爱国主义教育，培育其民族精神。比如讲授《中华民族的抗日战争》一章，首先以课件的形式列举日本自19世纪末至20世纪20年代先后制造的一系列侵华史实和事件：甲午战争、参加八国联军侵华、在中国东北进行的日俄战争、出兵占领青岛、济南惨案等，进而展示日本为扩大侵华，发动局部战争罪证：九一八事变、一·二八事变、建立伪"满洲国"、华北事变等。七七事变标志着中华民族的抗日战争全面开始。在讲到日军在沦陷区残暴统治和侵华严重罪行时，恰当地采用图片和音像资料，把日军在侵华期间制造的惨绝人寰的大屠杀、对中国资源和财富疯狂掠夺及给中国人民带来的深重灾难全面展示出来，给学生留下深刻印象，激发学生的爱国热情，从而产生为中华崛起而读书的强烈民族意识。

在"纲要"课使用多媒体教学手段，可以激发学生爱国热情，振奋民族精神。"纲要"课下编讲述了中国共产党领导中国人民探索社会主义道路，实现国家富强、人民富裕的历程。在这一历程中，要正视探索中的曲折，理性分析其不利影响。在讲课时，通过多媒体课件播放"大跃进""人民公社化"运动以及"文化大革命"时的相关纪录片，以及当时报纸和图片资料，形象地再现当年历史情景，使学生对社会主义道路探索中出现的失误有了更为深刻的认识，也让学生认识到今天走中国特色社会主义道路来之不易。在讲授改革开放取得辉煌成就时，可以从这一时期丰富的图片、影像资料中选取合适的内容制成课件，通过展示，让学生领会改革开放以来取得的辉煌成就的伟大，同时结合时事政治，如我国于 2010 年第二季度国民生产总值已超过日本，成为世界第二大经济大国，对比 100 年前的历史，更能激发学生的爱国热情，振奋其民族精神。

三　从理论层面培育大学生的民族精神

"纲要"课要求大学生认识近代中国社会发展和革命发展的历史进程及其内在规律性，了解国史、国情，掌握基本史学理论和方法，做到"两个了解"，懂得"三个选择"的必要性和正确性。这就要解决好如下几个理论方面的问题。

首先，理解掌握近代中国的两大历史任务及其相互关系。争取民族独立、人民解放和实现国家富强、人民富裕是近代中国两大历史任务。在讲授时，让学生弄清两大任务之间的关系，即必须推翻半殖民地半封建的社会制度，争取民族独立、人民解放，才能为实现国家富强和人民富裕创造前提，开辟道路。为什么要实现民族独立、人民解放，才能实现国家富强和人民富裕呢？让学生充分思考、讨论，得出结论：因为帝国主义在中国的反动统治不会自动倒台，只有通过革命，才能改变他们控制中国经济命脉，利用特权向中国大量倾销商品和输出资本，压迫中国民族工商业发展的局面；才能解放农村生产力，改善农民生活，扩大民族工商业的国内市场；才能实现民族团结，社会稳定，从而集中力量进行现代化建设，以实现国家繁荣富强和人民富裕幸福。通过教学，使学生认识到中国革命的必要性、正义性和进步性，从而自觉地继承和发扬近代以来中国人民的爱国主义传统和革命传统，进一步增强民族的自尊心、自信心和自豪感。

其次，理解领会历史和人民怎样选择马克思主义、中国共产党和社会主义道路。在中国沦为半殖民地半封建社会的过程中，不同的阶级从各自的立场出发，提出了救国方案，即农民阶级进行的太平天国运动、地主阶级举办的洋务运动、民族资产阶级改良派进行维新变法以及革命派领导的辛亥革命。这些救亡图存的方案相继失败，充分说明旧民主主义革命不可能完成反帝反封建的革命任务。革命要继续前进，必须探索新的革命道路。资产阶级共和国让位给人民共和国也是使大学生感到困惑的一个理论问题。在教学中，要让学生认识到帝国主义不容许中国成为一个独立的发达的资本主义国家，中国已经丧失了通过发展资本主义使自己走向独立、富强的历史机遇；半殖民地中国的民族资产阶级力量很弱，而且对外国垄断资本有相当的依赖，同本国封建土地所有制关系密切。同时结合第三章讲辛亥革命的流产、第七章讲第三条道路的幻灭等，对这个问题作出了有说服力的阐述和论证，最终使同学们认识到历史和人民必然选择马克思主义、中国共产党和社会主义道路，从而进一步增强学生拥护中国共产党领导和接受马克思主义指导的自觉性；同时也使其认识到中华民族是一个伟大民族，通过努力，她必定能够跻身于世界民族之林。

最后，树立"只有社会主义才能救中国，只有社会主义才能发展中国"的信念。在教学中，教师结合当时的国内外的政治环境，讲述中国人民在中国共产党的领导下,在社会主义革命和建设时期,确立了社会主义基本制度,在一穷二白的基础上建立了独立的比较完整的工业体系和国民经济体系,使古老的中国以崭新的姿态屹立在世界的东方;在改革开放和社会主义现代化建设时期,中国共产党开创了中国特色社会主义道路,坚持以经济建设为中心、坚持四项基本原则、坚持改革开放,初步建立了社会主义市场经济体制,大幅度提高了我国综合国力和人民生活水平,为全面建设小康社会、基本实现社会主义现代化开辟了广阔前景。再通过学习改革开放以来我国取得的辉煌成就,结合学生自己今天的幸福生活,就会使他们认识到只有中国共产党才能领导和团结中国各族人民不断取得中华民族伟大复兴的新胜利,只有中国特色社会主义道路才是实现中华民族伟大复兴的康庄大道,从而牢固树立起"只有社会主义才能救中国,只有社会主义才能发展中国"的信念。

四 结语

中国的近现代史是中国一代又一代的仁人志士和人民群众为救亡图存和实现中华民族的伟大复兴而英勇奋斗、艰苦探索的历史,是民族精神的象征。培育当代大学生的民族精神,"纲要"课的教学有着独特的优势。在教学中,可以从"纲要"课的教学内容、教学手段、理论层面对大学生进行民族精神的培育,使其牢记中国近现代的历史及其基本经验,继承先辈们的优良传统,自觉承担起时代赋予的历史使命,成为中国特色社会主义事业合格的建设者和接班人。

建立课程链，将历史学专业课程教学冶于一炉

——以《史学概论》课程为切入点

安徽大学　蒲　霞

随着高等教育模式的改革，历史学专业必修课程的数量和教学总时数进一步减少，如何将有限的专业必修课的教学效果最大化，以提升历史学专业教学质量，这是值得深思的问题。将历史学专业必修课程打造成一个课程链，使之相辅相成、相互补充、融会贯通，将各门课程的教学冶于一炉，在一定程度上可以提升历史学专业必修课程的教学效果，从而帮助学生建立起较为扎实的专业基础知识体系，为学生今后从事与专业有关的工作建立起一个良好的平台。本文以《史学概论》课程为切入点，以期说明将历史学专业必修课程建立成一个课程链，使各门课程相辅相成、融会贯通，从而提高历史学专业教学效果的实际意义。

《史学概论》是一门从理论上概括介绍历史学的内部结构和外部联系，以马克思主义唯物史观为指导，从历史认识论、方法论的角度帮助并引导学生用正确的方法学习和研究历史的学科。通过这门课程的讲授，帮助学生提高学习和研究历史的志趣和能力，帮助学生联系历史研究的实际，逐步学会以唯物史观为指导研究历史的理论和方法，同时也相应地使学生掌握一些研究历史所必备的知识和技能。简单地说，这门课程是历史学专业学生跨入研究领域的入门或向导，它既注重理论知识的讲

授,也注重史学方法的介绍,强调理论和实践相结合。学生在高中阶段的学习主要是通过记忆和背诵了解整个人类历史发展的基本过程,很少涉及历史学专业理论和方法的学习,而大学阶段的历史学专业必修课程有的与中学阶段的学习可以相衔接,如中国通史和世界通史两门课程。有的则差别很大,如《史学概论》《中国史学史》《西方史学史》《历史文选》《文献检索》等。如何让学生尽快适应大学的专业学习,较为轻松地学习《史学概论》这种类型的专业必修课程,可以从教学内容组织、教学环节设计等方面入手,协调好《史学概论》课与其他专业必修课之间的关系,使之与其他课程相辅相成、融会贯通。

一 教学内容的组织

《史学概论》讲授的内容较为繁杂,其中有不少内容是与历史学其他专业必修课程相关联的,不同课程的教学侧重点不同但又息息相关、互有交叉,如何将《史学概论》与其他相关课程的关系协调好,教学内容既不重复、雷同,又能发挥各自的优势,互相补充,则将直接关系到《史学概论》课程的教学效果。

《史学概论》会涉及史学发展、史学思想和史学流派等方面的内容,而因教学时数的限制,只能简单提及却不能展开来充分介绍。而这些内容则是《中国史学史》和《西方史学史》两门课程重点要介绍的内容,所以《史学概论》讲述到这些内容时,可以引导学生在学习两门史学课程时多加注意,重点学习,使两类课程讲授的内容互相补充,帮助学生建立起相应的较为完整的知识体系。

收集资料是历史研究的必要基础,如何收集资料也是《史学概论》课程要介绍的内容。《文献检索》则是教会学生根据研究需要获取文献的一门课程,讲授内容大多涉及查找文献、收集资料等方面。《史学概论》在讲授这一内容时也要提醒学生,让学生在学习《文献检索》课时更为深入地了解,积累相关知识。两门通史课则可以以具体历史事件或人物为例,详细说明收集研究资料的具体方法,让学生有一个更为直观的认识。

　　历史文献存在版本问题，不同版本的内容和价值都会有所不同，所以在教会学生如何利用历史文献收集研究资料的同时，也要告诉学生这个情况，让学生在收集资料时尽可能利用最好的版本。《历史文献学》在讲授历史文献版本这一问题时往往通过适当地举例，向学生介绍不同版本的基本情况。通过学习，学生能够知道历史文献可以分为许多不同的版本，同一部文献的不同版本所记载的内容也会有所不同，不同版本的文献有不同的特点和价值等理论性的基本问题，但他们无法通过直观的材料来感知不同版本的具体差异是什么样的，学生也无法深刻地感受到不同版本在历史研究中有着怎样的不同价值。《历史文选》课可以很好地解决这一问题，它可以通过选择同一历史文献的不同版本来说明有关的问题。比如，《二十四史》现在常用的版本主要有两种：百衲本和中华书局点校本，可以将某一文献的不同版本中关于同一问题的不同记载选入《历史文选》课的教学内容中，通过对这些有差异的内容进行介绍和评析，让学生明白版本的真正含义和价值。学生因此可以培养起在选择史料、进行历史研究时考虑文献版本优劣的意识。只要协调好不同课程的教学内容，每门课程都可以取得很好的教学效果。

　　中国历史上保存下来的文献典籍体裁极其丰富，如纪传体、编年体、纪事本末体、实录、地方志、档案、典制体、文集、类书、文征体、史评史论体等，且每一个时代都有一些创新、变化和发展。《史学概论》会在讲授史学研究成果表述方法时粗略地介绍一些史书体裁的优缺点，让学生有个初步认识和了解。《历史文献学》在讲授"历史文献的编纂"这部分内容时，也能够对各种史书体裁的基本情况和特点做进一步概括性的说明。通过学习，学生可以获得一个较为抽象、笼统的认识，对各种文献体裁有一个初步的了解。但《史学概论》和《历史文献学》在授课时只能适当举例来说明相关问题，所以学生无法进一步获得更为具体、深入的认识。而《历史文选》课则可以选取不同体裁文献的内容，通过对这些内容的介绍，使学生获得更为直观和感性的认识，不仅能够了解到不同史书体裁表述方式的具体情况，还能够进一步加深对每一种史书体裁优缺点的认识,了解它们各自的作用,同时也能够认识到史书体裁不是僵死不变的,而是在不断变化、发展和完善的。几门课程在这一教学内容的组织上应各有所取,互为补充。

史学研究在注重其学术价值的同时,也极力提倡用准确优美的语言来表述史学研究成果,以此来增强史学研究的生命力。事实证明,历史上许多优秀的文献典籍正是借助于准确优美的语言表述才得以流传至今的。在拒绝人为捏造史实、塑造人物的前提下,史学成果的表达也讲究其形式的优美和通俗,要求语言具有准确、简练、生动、朴实、严密等特点。而如何才能做到这一点,如何才能掌握文学表达和史学表达的区别呢?《史学概论》会借用一些史学大家的总结来说明史学研究成果表述的技巧,如向学生介绍梁启超先生总结的史学叙事的四种方法(侧重法、类概法、鸟瞰法和移进法),帮助学生掌握一些基本的技巧。《历史文选》选择文献资料时,可以考虑选用一些表达形式优美、贴切的内容,比如,描写战争、描绘人物形象、描写某些场面等方面的具体内容,向学生展示史学作品的优美性和表述的技巧,引导学生建立这方面的意识。两门通史课程也可以利用自身教学内容的特点,选择一些这方面的内容,进一步强化学生建立史学研究成果表述技巧的意识。

从长期的教学情况来看,学生最薄弱的学习环节就是如何利用已知的研究方法对相应的历史问题进行研究,从而获得史学认识。《史学概论》课在讲述每一种史学研究方法时都会既阐释其理论内涵,也用实例说明研究方法使用的具体情况,以求将理论和实践相结合,实现教学效果的最大化。在教学过程中,两门通史课程也可以选择具体的事例,向学生介绍如何利用合适的方法来研究相应的历史问题,从而强化学生在《史学概论》课程中学到的理论和史学研究方法,进一步提升教学效果,培养学生认识问题、分析问题和解决问题的能力。

历史学专业必修课程在教学内容上有很多相通之处,可以充分利用这一有利条件,选择和组织好教学内容,互相补充,发挥每一门课的教学优势,从而达到事半功倍的效果,提高教学质量。

鉴于以上这些思考,历史学专业必修课教材的编写也应该做出相应的调整。教材是一门课程教学活动的基础，一部好教材则是教学质量得以保证的重要前提，既然在教学内容的组织上历史学专业必修课程需要相互协调、互为补充、融会贯通，那么在编写教材时就应充分考虑这一点，各门课程的教材也应该配套编写。

二 教学过程的设计

既然《史学概论》和其他历史学专业必修课的教学内容可以互相协调，有机组合，以最大限度地增强教学效果，那么这些课程的授课时间也应该作出合理的安排，这样才能使得各门课程在教学内容上互相衔接。《史学概论》课最好是大二下学期或者大三上学期开设，这样两门通史课、《历史文选》《中国史学史》等课程已经学了一段时间，学生已经积累了一些前期的基础知识，学习《史学概论》时就可以将在不同课程中掌握的知识联系起来，学习会更为轻松，教学效果也会更明显。

《史学概论》课注重理论和实践的结合，目的在于教会学生用合适的方法去研究问题，获得史学认识。既然要强调和发挥《史学概论》课实践性的作用，其教学方法也应该进行相应的调整和变化。教师在讲授基本知识和理论的基础上，可以有针对性地选择一些史学专业研究论文，布置学生课外阅读，对论文中所使用的研究方法和研究主题有个初步的认识，并在之后的课堂教学中再详细介绍，或者通过学生陈述、讨论等途径，说明某种史学研究方法的使用范围和价值，这样可以让学生对某一种史学研究方法建立起更为全面的认识，更为清楚地知道研究什么类型的问题可以使用什么样的研究方法。从另一个层面来说，教师也可以就某一种史学研究方法，让学生自己去思考，举出实例，说明这种史学研究方法可以解决什么方面的问题、应该如何使用，从而加深学生的理性认识。教师讲授、学生阅读专业研究论文、学生讨论、陈述和举例分析等方式的结合，可以进一步强化学生学习、吸收和消化知识的效果。

历史学专业教学的目的就是要让学生在建立起基本知识、基本理论和基本方法的前提下，进一步掌握认识问题、分析问题和解决问题的能力，从而完成史学研究活动，获得史学研究认识。历史学专业必修课就是紧紧围绕这一主题来设置的，而每一门专业必修课的教学也必须以此为核心。两门通史课也可以采取相同的方法，或由教师以史学专业研究论文为切入点，介绍某个问题可以用某些研究方法来研究和解决，或可以提出一个研究主题，由学生自己思考用什么样的方法来研究可以获得相应的结果。这样，两门通史课既可以完成基本知识的讲解，也可以在一定程度上帮助学生进一步了解和掌握史学研究方法，并解决相应的史学问题，获得史学认识。

《史学概论》课在教学内容上可以和其他历史学专业必修课相贯通，教学环节上也可以互为补充。在具体的教学方法上可以采取两种基本的方式：其一，对于难度较大的内容可以作重点讲解和评述，在讲解的过程中将有关课程的基本知识贯通于其中，让学生一边学习，一边复习，从而加深对已学知识的理解和掌握。其二，对于难度适中的内容，教师可以从总体上进行引导，可以向学生简单介绍本单元所涉及的基本知识点，然后由学生自主学习。学生自主学习也可以分为两种形式：第一种，教师提出问题，用思考题的方式引导学生发现并抓住学习的重点和难点，调动学生思维的积极性，让学生自己思考、讨论，并以回答问题的方式做出总结，教师只需在学生回答问题之后作一补充和总结，从而使学生对该单元所涉及的学习内容有一个完整的认识。第二种，教师不需要提出任何问题，而以学生自主学习为主，让学生通过自己的思考，发现问题，找到学习的重点和难点，通过学生讨论或叙述的方式，让学生加深对有关问题的认识。对于学生的论述，教师只需进行点评和补充，肯定其成绩，指出其缺点。学生会在教师的点评中发现自己的优势，找到自己的不足，这是有利于学生提高自己的认识的。让学生自主学习和讨论最大的优点在于，它可以激发学生的学习积极性，形成对历史学习的热情，并通过自己的思考将历史知识融会贯通，会学会用。

让学生参与思考、参与讨论、进行论述还有一个好处，那就是可以让学生尝试并学会用口头语言的形式将自己所掌握和了解的知识表达出来。目前，有许多学生虽然擅长书面表达，但口头表达的能力很差，一旦参加口试，则大失水准，即使心里有想法也无法用较为妥当和流畅的语言表达出来。因此，学生口头表达能力的培养和提高应当是今后历史教学中的一项重要任务，历史学专业必修课程在这一方面应当发挥它的作用。

另外，历史学专业必修课程在布置课外思考题或作业时也可以相互联系，互为补充，用具体的历史问题带动学生对历史理论和史学理论的学习和理解，进一步加深基础知识、基础理论和基本方法的学习。

综上所述，鉴于历史学专业教学的目的和要求，以及历史学专业必修课程各自的教学内容和承担具体任务既有共性也有个性，因而可以在教学过程中协调好各门课程的关系，将之建立成一个课程链，相辅相成，互为补充，融会贯通，最大限度地发挥各门课程在历史专业教学中的作用，从而提升历史专业教学的整体水平。

高校历史学专业课程改革刍议

南京师范大学　齐春风

一　高校历史学专业教学的现状

历史学是传统的基础性的人文社会科学学科，历史学专业主要按照社会发展的需要，培养德、智、体全面发展的、具有扎实的历史学知识、能在学术研究机构、大中小学等单位从事历史学研究、历史教学和其他工作的高级专门人才。

长期以来，高校历史学课程体系是在照搬苏联经验与模式的基础上发展起来的，具有浓厚的计划经济的色彩。该课程体系存在一些明显的弊端，如过于强调专业特性，对相关学科的课程与知识关注不够。对知识的传授给予了足够的重视，但对综合素质及能力的培养则较为欠缺。与此相关联的是，在教学模式上，大多数师范院校的历史学本科教育大多采取传统的课堂教学模式，以教师讲授、学生听讲为主，教学方式单一、枯燥，难以调动、提高学生的学习兴趣，教学效果不佳。

20世纪50年代院系调整以后，高校历史课程的设置模式基本固定下来，历史学科的独立性和完整性得到了强调，中国通史、世界通史两门主干课占据了课程的主导地位，课时过多，相对而言其他课程则处于从属乃至可有可无的地位，使学生的专业素质受到了极大的局限。改革开放以来，许多高校的历史学专业已经意识到了这一问题，在培养方案的修订过程中力图改变这一现状，但力度有限，取得的成效也有限。

选修课开设得太少，因人设课的现象突出。一般来说，开设选修课是为了深化学生在通史中学到的知识，使学生具备全面、深入的专业素养，同时，激发学生的兴趣，使其发现、巩固和发展自己的专业特长。然而，就目前的实际情况来看，选修课的开设不尽如人意，主要表现在选修课不成体系，与主干课不配套，选修课实际上成了因人而设的课程，只考虑教师能开出什么课程，不考虑学生需要学什么课程。由此造成选修课设置零散，开出的门数太少，学生在很多时候别无选择，只能在有限的选修课中找几门课上。加之选修课的考核基本上是学生在期中、期末各交一篇小论文了事，由此造成学生平时的学习态度不认真，选修课非但不能起到培养学生专业研究方向的作用，反而使学生抄袭、拼凑一两篇作业对付了事，使开设选修课的初衷在很大程度上落空。

与此相联系的是，教师的授课方法陈旧，"照本宣科""满堂灌"的现象比比皆是，学生成了被动的受体。

实践教学是深化课堂教学的有效途径，是学生巩固课堂所学知识的重要手段。教育部在 2012 年明确规定人文社会科学类本科专业实践教学所占学分不少于总学分的 15%。一些学校虽然设置了实践学分，但仍然主要局限于课堂，课外实践基地中的教学实践不足。即使有课外教学实践，但是也存在次数少、时间短的问题。

在我校 2016 年修订的培养方案中，总学分定为 155 学分，通识教育课程 47 学分，内含 2 个实践学分；学科基础课程 36 学分，内含中国古代史上下、中国近代史上下实践课程各 8 学时；专业主干课程 44 学分，内含考古学通论、中国历史地理实践课程各 8 学时，史学论文写作实践课程 0.5 学分，专业实习与实践 6 学分，毕业设计（论文）4 学分，专业考察与实践 1 学分。基本上达到了教育部的规定要求，但也存在实践教学仍局限于课堂的老问题，实际上是换汤不换药。其实无论从南京本地、江苏本省及全国范围来看，历史学的实践资源都极为丰富，目前还没有开发、利用好。即使是走出课堂的专业考察与实践，也存在走马观花，甚至成为变相旅游的问题。

二　课程体系的调整

鉴于历史学专业授课的现状，调整课程安排就成为必要的了。首先，要转变观念，摒弃陈旧的苏联教育模式。苏联教育模式在中国推行了几十年，其观念已根深蒂固，尽管有些人已意识到这种模式存在问题，但更多的人已习以为常，成为惯性，要改变它许多人不适应，会有意无意地予以抵制。因此要使广大教师明了这种模式的问题，下决心压缩两个通史的授课课时，改变通史讲授多、散、慢的状况。其实，通史主要讲历史发展的脉络、线索和规律，讲授重大的历史事件、制度、人物、经济发展、思想变化、中外关系等，将其他的内容和次要的内容坚决略去，留给选修课来讲，不必面面俱到，要有所侧重，与选修课分进合击，达到最大的教学效果。

其次，要将选修课体系建设好。选修课包括专门史、断代史与国别史等。专门史包括政治（制度）史、经济史、思想史、文化史、中外关系史、社会生活史等。选修课是对特定历史领域的精深讲述，有人认为选修课安排不必成体系，这其实也是对开设选修课的一种误解，选修课当然要有比较广泛的涵盖面，既要开专门史，也要开断代史和国别史，专门史、断代史、国别史都要将主要的历史层面、历史阶段、主要国家的发展历史涵盖到，不能有缺腿。当然，在讲述时不必按照通史的方式来讲，可按照专题式的讲解方式来讲解，内容要专门化，不要涉及其他内容。讲解的内容还要能反映学术界最新的研究成果，将选修课作为本科生和研究生之间学习过渡的"桥梁"。

再次，要开设导论课，在目前各高校纷纷推出转专业举措的形势下，有不少历史专业的学生思想动摇，要转到比较"热门"的专业去，历史专业成了学生净流出的专业，在一定程度上危及历史专业的稳定和发展。要通过开设专业导论课，培养学生的学习兴趣，讲明专业的发展前景，稳定学生的专业思想。要开设历史学前沿课程，改变历史教材纳入史学最新研究成果严重滞后的弊端，通过对前沿成果的讲授，更新学生的知识体系，增强学生的学习兴趣，吸引更多的学生深造，考取研究生，并为下一阶段的学习打下良好的基础。要引导学生利用现代网络技术，在互联网上汲取知识，学会检索资料，学会利用数据库，达到事半功倍的效果。

复次，改变历史教学基本上在课堂进行的传统模式，将本地和全国丰富的历史资源利用起来，将实践教学真正抓起来。

最后，抓好论文写作，培养学生具备初步的科研能力。

三 切实抓好实践教学

重课堂、轻实践是长久以来形成的观念，必须予以纠正和扭转。教育实习要贯穿整个培养过程，要立足保证人才的培养质量上。学生实践学习的时间虽然无法与课堂教学相比，但也应事先充分准备，结束后要做好总结工作，这样才能突出实践的作用。高校教育工作者应切实纠正传统教学观念中忽视实践教学的倾向。此外还要积极将教育与其他资源优化整合，形成社会实践与课堂实践齐头并进的态势，合理增加实践教学的比重，扭转实践教学课时不足的状况。

在实践教学过程中，应以学生为主体。传统教学模式长期以教师为主体，以机械的灌输式授课为主要方式。从当今信息化时代与教学手段多元化的背景来看，传统教学模式与理念亟待改革。实践教学当与传统课堂教学相互补充，取长补短。作为历史学科的实践教学，更要结合学校所在区域的历史文化资源优势展开。以南京为例，作为承载中国古代、近代丰厚历史积淀的区域，要将实践教学与历史文化资源紧密结合。对于不同历史时期的遗迹、文物，要采取不同的实践教学手段，有针对性地安排优秀师资进行指导与讲解。通过对历史文化资源的参观，将历史知识生动形象化，从而激发学生的科研积极性和历史使命感。

实践教学方法的创新，应体现在注重学生能力的培养方面。要以新的教学模式促使学生将学到的知识再度运用于实践，再将实践中所获进一步去粗取精，最终实现学生认知的深化。在实践教学的过程中，要重视教学环境的营造,既要与传统的教师一言堂有所区别,也要合理地开发学生的自主学习能力。此外,应让学生在实践学习的过程中学会团队合作,既能增强学生的合作意识,还能营造和谐自由的学习氛围。在实践学习过程中,学生通过对问题的提出与讨论,自我思忖的同时还能集思广益,这对学生的知识储备来说是有益的升华。

在当今多元教育模式背景下,教育平台的整合至关重要。一方面,传统图书文献所传达的历史知识依旧重要。另一方面,大数据浪潮给学生带来的实践认知更加丰富、立体。作为高校历史教学的重中之重,是让学生立足书本,多接触第一手史料,形成扎实的历史学基本功底;还要使学生学会利用科学技术手段,通过网络、大数据及众多的媒体平台获取实践知识。新时代背景下的历史教学,早已不拘泥于课堂与书本,历史本身也不只是学者与课堂的专利。无论是历史学专业背景下的实践学习,还是求知于民间和网络,都是获取新知的良好渠道,这二者要做到融会贯通并非一时能够做到。作为历史学专业教师本身,也要做好获取新技术、新知识的准备,只有这样才能与时俱进。

大学历史教学与中学历史教学区别较大,尤其体现在史料学习与历史现场考察的无缝衔接方面。大学历史教学以书本知识传授为主,辅以历史现场实践学习,二者相得益彰。正确历史观的培养及史料文献的阅读解析能力,是高校历史学专业学生的看家本领。从历史文化场景中获得认知,能激发学生对历史实践学习的热情,还可以消除单一书本文献学习的枯燥。值得注意的是,并不是每座城市及每一所高校都能坐拥大量历史文化遗迹,这就需要高校在实践教学中倾注更多的心血。历史专业学生在学习期间,历史文化调研已经成为必修科目,随着有关部门的重视与投入,大量的古代历史遗迹与近代历史文物得到较好的保护,但由于投资建设与其他原因的干扰,很多重建的历史文化场景难以做到还原其真相,这就容易引发学生在现场实践中产生认知的偏差。鉴于历史文化场域构建质量的良莠不齐,作为高校的历史教师,要严格把关,仔细甄别,在历史实践考察的过程中教会学生去伪存真,从而获得真实的历史知识。

高校教学与社会教学的边际，已经在新时代中逐渐融合。作为课堂知识理论学习的延展和深化，社会实践学习的作用愈加重要。为了能够强化学生的综合素质，培养历史专业学生的学习及科研能力，我们要做到尽可能利用一切校园与社会资源，建设历史教学实践平台。例如，以北京、西安、南京、天津、上海等拥有丰富历史文化资源的城市为依托，建立有效的历史文化实践考察机制。还要杜绝"旅游休闲"式的历史实践考察，培养学生的问题意识，让学生能够在实践考察前带着问题去，考察后利用所见所闻及专业知识撰写高质量的调研报告。

四　培养学生的史学论文写作能力

培养历史学本科学生具有较好的论文写作能力，仍然是目前培养学生综合能力的重要方面。高校历史学科一般都开设专业论文写作课程，但这门课程多开设于第三学年，这对于论文写作学习而言时间上有点晚。事实上，历史专业学生的课程论文写作，从学生入学伊始就应开始学习。与专项写作课程所不同的是，这是教师在授课时对学生默然的影响。历史论文的常态标准与写作范式，较之于其他学科更加严谨，这要求学生逐步训练论文写作中的各项技能，才能胜任今后的科研与教学任务。

随着各种科研论文和历史学专项文献数据库的涌现，为历史专业学生提供了学习的便利，但随之而来的困扰也非常明显，例如学生对于课程论文作业应付了事，通过检索与复制一抄了之，这对于教学成效及学生能力的培养是无益的。大量的论文呈现于网络，一方面给予学生丰富的参考文献，另一方面，参差不齐的论文质量容易使学生进入误区，形成为了完成作业而写或为了课程分数而写的观念。面对数字科研资源日趋丰富的"双刃剑"情境，高校教师的指引作用也很重要。首先，要在日常教学中将科研热点问题及时告知学生，引导学生就感兴趣的问题拓展阅读，并积累论文素材。其次，教师在教学过程中要传授学生科学合理的论文写作规范，例如怎样使用参考文献，如何甄别史料真伪，等等。

高校历史课程内容虽有定式，对于课程及毕业论文的写作却要避免重复与同质化。在历史教学过程中，要积极引导学生探索新的问题与发掘新的史料，尽量避免出现论文选题反复"耕作"。教师在授课过程中，既要将史学基本功传授牢靠，又要鼓励学生敢于创新突破。当今历史学本科毕业生，可以选择就业从教或读研深造等不同的发展路径，这也要求毕业生在毕业论文的选题与写作中体现不同的侧重与延展性。无论是从事教学工作还是攻读硕士学位，本科毕业论文都是四年学习成果的重要体现，提升论文的写作质量，有利于学生今后的事业发展。

各课程教师的协作努力，加之论文写作规范课程的设置，才能使学生获得全面的论文写作能力。由于学生科研兴趣点的不同，他们的论文选题也应呈现多元化的趋势。学生从课程论文到毕业论文的写作，是递进拓展研究的过程。要根据学生选题的特点安排指导教师，从课程论文开始训练学生，鼓励学生做到以下几点：第一，敏锐捕捉学术热点讯息；第二，获得检索科研成果及收集第一手史料的能力；第三，撰写学术综述及论文可行性分析；第四，合理架构论文章节并列出提纲；第五，有计划按部就班撰写论文，并不断完善修改论文。对于毕业论文的要求，应比课程论文更加严谨。从开题答辩开始，指导教师要定期组织学生汇报论文进度，对撰写中遇到的困难应及时给予帮助和指导。毕业答辩是检验论文的关键环节，从指导教师到答辩委员会都应严格把关，杜绝学术不端并督促学生答辩后修改论文，从研究内容到文本格式都应做到精益求精。

历史学本科生的课程论文及毕业论文写作，应受到教师及学科的更多关注与重视。可定期组织本科生学术论坛，将优秀论文展示宣读并采取奖励措施。此外，要积极利用学术资源，邀请专家为学生开展学术讲座，以学界名家之言行鼓励学生认真学习积极探索。学习榜样的作用也不可忽视，历届毕业生中的佼佼者，应邀请他们返回母校，向学弟学妹传授论文写作与科研经验，经验的传授可以避免学生闭门造车，从而事半功倍。

总之，高校历史学专业教学已到了非改不可的地步，应加大课程体系调整的力度，将实践教学认真抓好，史学论文写作能力的培养不放松，这样常抓不懈，才能有效提高历史学专业教学的水平，培养出大批合格的人才。

传统民俗在中国近现代史教学中的应用

安徽师范大学 王彦章

文化是民族的血脉，是人民的精神家园。文化自信是更基本、更深层、更持久的力量。中华文化独一无二的理念、智慧、气度、神韵，增添了中国人民和中华民族内心深处的自信和自豪。为此，2017年年初中共中央办公厅、国务院办公厅印发了《关于实施中华优秀传统文化传承发展工程的意见》，对加强弘扬与传承传统文化做出了部署。

一 民俗文化的内涵与意义

俗话说："十里不同风，百里不同俗。"不同的地域、民族、时代，其取信方式、审美标准、相处之道都表现出极大的差异："故胡人弹骨，越人契臂，中国歃血也，所由各异，其于信，一也。三苗髽首，羌人括领，中国冠笄，越人劗鬋，其于服，一也。帝颛顼之法，妇人不辟男子于路者，拂于四达之衢；今之国都，男女切踦，肩摩于道，其于俗，一也。"[1] 为什么不同的地方会出现差异较大的风俗？有学者指出："风者，气也；俗者，习也。土地水泉，气有缓急，声有高下，谓之风焉；人居

---

[1] 刘安：《淮南子·齐俗训》。

此地，习以成性，谓之俗焉。"① 简而言之，"风"是指自然条件的不同而造成的行为规范的差异，"俗"则为社会文化差异造成的行为规范的差异。风俗是人们日常生活中反复出现、相沿成习，被一个地区或民族共同遵守的生活方式和思考方式。对这些现象和方式进行研究，找出根源，分清优劣，并引导人们走向更高的文明，这就是民俗学。

（一）民俗的内涵

民俗作为一种无处不在的社会事象，是人民群众在社会生活中世代传承、相沿成习的生活模式，是一个社会群体在语言、行为和心理上的集体习惯。民俗与日常生活紧密地融合在一起，成为人们生活习惯的重要组成部分，表现为生活化的模式和模式化的生活；反过来，民俗也影响、约束着人们的生活，培养、塑造一代代人按照某种模式而生活，从而起到文化保存的重要作用。现代生活的许多方面与传统社会的思维方式、道德准则、行为方式等密切相关，其中民俗对中国人产生的影响可谓至深且巨。民俗在社会生活中几乎无处不在，包括衣食住行等生活习俗、游牧农耕等生产习俗、婚丧嫁娶等人生仪礼。以婚嫁习俗为例，中国古代汉族婚姻讲究"六礼古习"，每一程序包含着丰富的内涵。少数民族婚俗异彩纷呈，云南石屏县彝族"成婚三年，落居夫家"的"花腰新娘"、川滇交界处泸沽湖畔纳西族的"阿注婚"等，别具民族风情与地方特色。

民俗即民间风俗，是一个国家或民族的广大民众中传承的社会文化传统，是被民众所创造、享用和传承的生活文化。民俗起源于人类社会群体生活的需要，在特定的民族、时代和地域中不断形成、扩布和演变，为民众的日常生活服务。民俗一旦形成，就成为规范人们的行为、语言和心理的一种基本力量，同时也是民众习得、传承和积累文化创造成果的一种重要方式。

---

① 刘昼：《新论·风俗》。

（二）民俗的作用

民俗在日常工作、学习和生活中发挥着不可替代的重要作用。

1. 心理娱乐。许多民俗事象如故事、游戏、谜语、绕口令、民间舞蹈、民间竞技等，给人的最初印象往往是它们的娱乐性。没有人把讲故事、做游戏、扭秧歌和听笑话当作一种工作或沉重的负担。相反，它们是人们工作和劳动之余的一种放松和休息。民间故事的讲述时间常常在晚饭以后，或者夏天在室外乘凉的时候，或者在孩子睡觉以前。有些故事是在一些特殊的时间和场合讲述的，例如在茶馆、亲戚朋友的聚会和农闲时节的炕头上等。因此，从某种角度来看，故事是人们闲暇时的一种娱乐活动，是人们紧张、繁忙劳动生活之余的一种精神上的放松。尤其是对那些居住在农村及偏远地区没有其他娱乐活动的人们来说，讲故事、听故事是人们的一种重要的娱乐活动。还有那热闹的庙会，野外的戏台，节日的食物乃至走亲戚等形式的交往，都有娱乐功能的存在。

2. 社会调控。民俗的社会调节与控制功能，指的是民俗通过自身所具有的不成文程式化规矩属性，对其流行范围内的群体成员的行为和意识所起的约束作用，通过对社会各种关系和行为及意识进行规范，以维护这种民俗所流行区域内民众群体的利益。在社会规范中，参与社会调节和控制的文化事象大体有法律、纪律、道德和民俗四种，可以在社会的四个不同控制层面上发挥各自的作用。其中，民俗是起源最早的一种社会调节与控制规范。而且，民俗作为一种社会规范，是存在最为广泛的、约束面最宽的调节与规范。在社会生活中，法律和纪律等成文规范虽然是强制执行的一种行为准则，但是在全部社会调节和控制规范中这仅是一部分。在一些地区，尤其是对那些没有文字和缺乏各种教育设施的民族和人们来说，一些民俗事象，例如谚语、寓言、故事、童话、英雄传说及历史故事等便成为一种教育工具。另外，以捕鱼为生的渔民非常忌讳说与"船翻"有关的词汇，也是民俗具有社会调控功能的具体事件。民俗中的说教倾向对于一个社会来说是非常重要的，它不是告诉人们怎样去创造，而是告诉人们怎样去认识生活和处理事情。

3. 文化保存。民俗事象是文化传统的镜子，准确而又真实地反映了一种文化的特征，例如神话、仪式、各种祭祀活动、风俗、节日等。神话往往是在特定的仪式活动中讲述的，通过周期性的仪式表演，加深下一代人对自己文化传统的认同和理解，同时还提醒他们作为民族的一员，在保持和延续自己文化传统上的责任和义务。英国人类学家马林诺夫斯基认为："神话在原始文化中有不可必少的功用，那就是将信仰表现出来，提高了而加以制定；给道德以保障而加以执行：证明仪式底功效而有实用的规律以指导人群，所以神话乃是人类文明中一项重要的成分；不是闲话，而是吃苦的积极力量；不是理智的解说或艺术的想象，而是原始信仰与道德智慧上实用的特许证书。"① 各种祭祀、风俗活动不仅保存了文化，而且强化了人们的民族意识。例如在现代都市生活中，民族与民族之间的差异似乎在迅速缩小，只有在节日活动中，人们穿上民族服装，吃着民族食品，参与各种民族游艺活动，才能产生一种强烈的民族感。尤其对那些即将被周围文化淹没的民族来说，这一功能尤为突出。海外异文化包围中的华人，从春节的饺子、端午的粽子、中秋的月饼这几种食品中，便可以找到自己的同胞，从中体会出一种浓浓的乡情和亲情。

二 民俗文化在近现代史教学中应用举例

在中国近现代史教学过程中，民俗发挥着相当重要的作用，搞不懂、挖不深、讲不透有时候会影响教学的深入推进，进而影响历史教学效果。下面举几个传统民俗的例子进行论证。

(一) 服饰民俗
例如服饰在中国传统民俗中占据十分重要的地位。

---

① ［英］马林诺夫斯基：《巫术科学宗教与神话》，李安宅译，中国民间文艺出版社1986年版，第86页。

中国自古便有"华夏"之称,"华夏"一词源于《春秋左传正义》孔颖达疏:"中国有礼仪之大,故称夏;有服章之美,谓之华。""华"是指精美绝伦的服饰,"夏"则是恰到好处的礼仪。"服"是穿着的衣装,"饰"是佩戴的饰物。服饰是人类为适应精神和物质需求而创造出来的,是人类社会进入文明时代的重要标志,最能体现出一个时代的生活风貌。在中国古代的宗法文化背景下,服饰不仅是生活必需品,也有"昭名分、辨等威、别贵贱"的作用,服饰是区别穿者身份与地位的重要标志。

中国古代少数民族与汉族发式迥异。汉族男子满头留发,在顶部将其挽起来,称为"束发"。儒家认为身体是父母赐予的,是其精华所在,自己没有权利伤害。《孝经》有言:"身体发肤,受之父母,不敢毁伤也。""髡发"是汉族人的一种刑罚,只有此时才会被剃掉头发。而少数民族则以髡发作为一种时尚。满洲男子头发剃去前额和四周,后半部分唯剃去底部之发,留存头发编成辫子垂之脑后,这种发型被称为"金钱小顶"。

明清易代之际,剃不剃发被视为是否归顺清朝统治的重要标志,并引发了"江阴屠城""嘉定三屠"等惨烈事件。清入关后,强令降清汉人及其他各族人民剃发,以示归顺。民谚有言:"留头不留发,留发不留头。"无论如何,剃发令最终使汉人男子发式,从束发向结辫转变。但是围绕辫发而引起的矛盾与斗争,则远没有结束。

有清一代,剃发和蓄发始终是一个尖锐的政治问题,发展到近代时期以太平天国为顶峰。与清入关相似,太平天国将剪辫视作归顺其统治的标志。太平军每攻占一地,发布的第一道公告往往就是"蓄发令"。对拒绝蓄发者,太平军予以严惩。其推行过程可以说是"留辫不留头,留头不留辫",这场蓄发运动最后以太平天国的败亡而告终。

鸦片战争之后,最早与西方接触的某些中国人开始意识到剃发蓄辫是一种陋习。19世纪50年代起,随着华工出国高潮的出现,定居于海外的华人开始剪除发辫,但均属个别人的行为。1898年,新加坡华人在报上公开提议剪辫,引起国内舆论的关注。两年后,新加坡华人将剪辫倡议付诸行动。"新加坡一处,已有华人八十人割去发辫,改换西装,其余割辫者尚多，约亦即在目前矣。"此间，孙中山等人所在的同盟会组织于1895年开始剪辫。1898年康有为向光绪提出剪辫易服的建议，未被光绪接受。辛亥革命爆发后，独立各省把标志汉人臣服于清朝的辫子作为革命目标，剪除辫子已经成为去旧从新的标志。为进一步根除辫子陋俗，中华民国临时大总统孙中山颁布剪辫令："凡未去辫者，于令到之日限二十日，一律剪除净尽，有不遵者以违法论。"临时政府通令，对于剪辫有一定的推动作用，但各地抵制剪辫事件时有发生。

（二）建筑民俗

再比如说被称为"凝固的音乐"的建筑。中国古代建筑在世界上独树一帜，与欧洲建筑、伊斯兰建筑并称为"世界三大建筑体系"。中国建筑有着悠久的历史和辉煌的成就，博大精深的中国建筑文化，在古代以中国为中心，以汉式建筑为主，传播至日本、朝鲜、蒙古、越南等国，形成了别具一格的"泛东亚建筑风格"，在人类的文明史上写下了光辉的篇章。"栋梁之材""钩心斗角""债台高筑"等成语均与建筑有着直接关系。

与西方建筑相比，中国传统建筑具有如下几个明显特点。

1. 中国古代建筑以木材为主要建筑材料，以木构架为主要结构方式。与西方古代建筑以石头作为主要建筑材料相比，中国传统建筑以木材作为主要建筑材料。至于中国建筑对于木材情有独钟的原因，著名建筑学家梁思成主要从观念的角度进行分析："盖中国自始即未有如古埃及刻意求永久不灭之工程，欲以人工与自然物体竞久存之实，且既安于新陈代谢之理，以自然生灭为定律；视建筑且如被服舆马，时得而更换之；未尝患原物之久暂，无使其永不残破之野心。"[①]

中国古代木构架主要有抬梁、穿斗、井干三种方式。抬梁式是在立柱上架梁，梁上又抬梁，所以称为"抬梁式"，宫殿、坛庙、寺院等大型建筑物经常采用这种结构方式。穿斗式是用穿枋把一排柱子穿连起来成

---

① 梁思成：《中国建筑史》，百花文艺出版社1998年版，第18页。

为排架，然后用枋、檩斗接而成，故称作"穿斗式"，多用于民居和小型建筑物。井干式是用木材交叉堆叠而成的，因其围成的空间似井而得名。这种结构比较原始简单，除在少数森林地区外已很少使用。

2. 中国古代建筑的平面布局具有简明的组织规律。中国传统建筑以"间"为单位构成单座建筑，再以单座建筑组成庭院，进而以庭院为单元，组成各种形式的组群。就单体建筑而言，以长方形平面最为普遍。此外，还有圆形、正方形、十字形等几何形状平面。就整体而言，重要建筑大多采用均衡对称的方式，以庭院为单元，沿着纵轴线与横轴线进行设计，借助建筑群体的有机组合和烘托，使主体建筑显得格外宏伟壮丽。明清时期的紫禁城，从天安门开始，经过端门、午门、太和门、乾清门北至神武门，这是它的中轴线，两侧建筑均围绕对称轴而展开。梁思成曾经评论道："北京独有的壮美秩序就由这条中轴的建立而产生。"①民居及风景园林则采用了"因天时，就地利"的灵活布局方式。

3. 中国古代建筑的造型非常优美。中国古代建筑的造型以屋顶造型最为突出，主要有庑殿、歇山、悬山、硬山、攒尖、卷棚等形式。庑殿顶也好，歇山顶也好，都是大屋顶，显得稳重协调。屋顶中直线和曲线巧妙组合，形成向上微翘的飞檐，不但扩大了采光面、有利于排泄雨水，而且增添了建筑物飞动轻快的美感。

4. 中国古代建筑的装饰丰富多彩。中国古代的建筑装饰包括彩绘和雕饰。彩绘具有装饰、标志、保护、象征等多方面的作用。彩画多出现于内外檐的梁枋、斗拱及室内天花、藻井和柱头上，绘制精巧，色彩丰富。彩画分为三个等级：和玺彩画、旋子彩画和苏式彩画。和玺彩画是等级最高的彩画，其主要特点是：中间的画面由各种不同的龙或凤的图案组成，间补以花卉图案，画面两边用类似书名号图案框住，并且沥粉贴金，金碧辉煌，十分壮丽。旋子彩画等级次于和玺彩画，画面用简化形式的涡卷瓣旋花，有时也可画龙凤，两边用类似书名号图案框起，可

---

① 梁思成：《北京——都市计划的无比杰作》，《梁思成文集》（四），中国建筑工业出版社1986年版，第58页。

以贴金粉，也可以不贴金粉，一般用次要宫殿或寺庙中。苏式彩画等级低于前两种，画面为山水、人物故事、花鸟鱼虫等，两边用类似于书名号或小括号图案框起。

雕饰是中国古建筑艺术的重要组成部分，包括墙壁上的砖雕、台基石栏杆上的石雕、金银铜铁等建筑饰物。雕饰的题材内容十分丰富，有动植物花纹、人物形象、戏剧场面及历史传说故事等。

5. 中国古代建筑特别注意与周围自然环境的协调。建筑本身就是一个供人们居住、工作、娱乐、社交等活动的环境，因此不仅内部各组成部分要考虑配合与协调，而且特别注意与周围大自然环境的协调。中国的设计师们在进行设计时十分注意四周环境，对周围的山川形势、地理特点、气候条件、林木植被等，都要认真地调查研究，务必使建筑布局、形式、色调等和周围的环境相适应，从而构成为一个大的环境空间。清代乾隆年间曾在圆明园内作画的法国传教士韩国英引征一位中国建筑大师关于园林选址意向时说："他们首先追求的是空气新鲜，朝向良好，土地肥沃；浅冈长阜，平板深壑，澄湖急湍，都要搭配得好；他们希望北面有一座山可以挡风，夏季招来凉意，有泉脉下注，天际远景有个悦目的收束，一年四季都可以返照第一道和末一道光线。"[①]

另外，风水在传统社会特别兴盛。在中国传统社会，风水观念十分浓厚，村落住宅、皇宫大殿、寺观庙宇、墓地陵寝，无不附会着风水的传说，从选择基址、格定方位、营造时间等，都在风水理论指导下进行。在古代人的思想中，风水有一种超人的神秘力量，冥冥之中主宰着人们的吉凶祸福、富贵贫贱、子孙繁衍、家族兴衰等。风水中的迷信成分自不必说，这也是我们必须坚决反对的。说到底，风水是处理人与环境之间关系的学问，尤其体现在中国传统建筑中。

当然风水里面有很多迷信成分，但是风水中科学的因素也很突出，风水的功用具体地体现在居址选择上，它是传统居宅营造和使用习俗中的重要内容。居处占断这个事实说明了传统观念对居宅的重视，这种重

[①] 转引自王其亨主编《风水理论研究》，天津大学出版社1992年版，第7页。

视与居宅的物质使用功能有着不可分离的关系。无论是从风水的起源还是从风水的文化功能上说，居宅的物质使用功能都是起因。但是，所有对居址占断的内容在风水中又无不归结于对居者前程命运的预测，也就是论风水并不是就居处占断居处。居宅不仅因其物质使用功能而受到重视，而且作为一系列人生信仰的寄托物而具有占断的价值，这就是居住观。在风水中，住宅、都邑乃至陵墓的传统型制、营造技术规范、使用制度习俗、建筑及环境形象的审美意识等无不是占断的依据。于是风水的选择成了传统居住文化的综合表现。无论是对居址还是对人生的吉凶，都是要按一定的价值观来评价的。所以，风水研究至少应该涉及传统居住文化的背景。

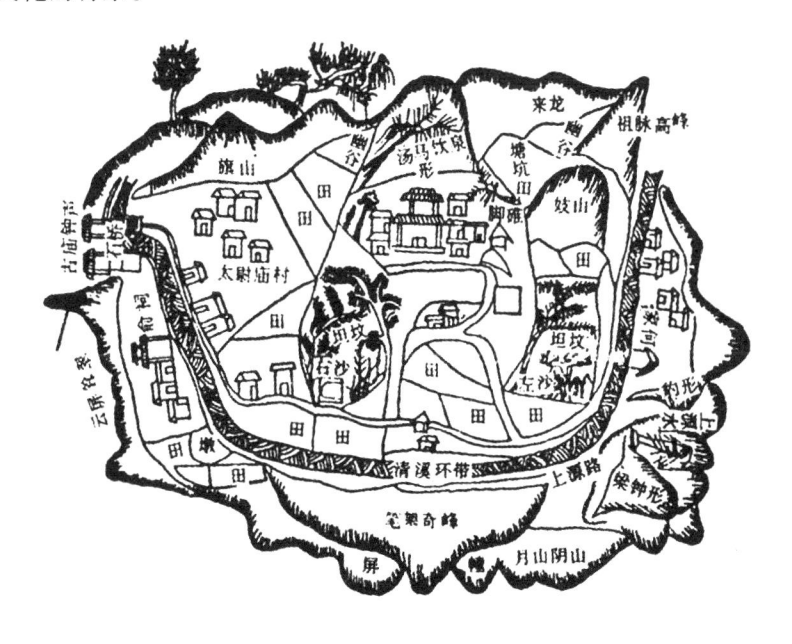

图1 安徽黟县宏村风水示意

俗话说："生在扬州、长在苏州、玩在杭州、食在广州、死在柳州、葬在徽州。"龙川为胡姓聚族而局的古村落，是先人根据风水理论选择的结果。龙川村依山傍水，水绕村东流，汇入登源河。村东龙须山耸立，村西凤山对峙，北有登源河蜿蜒而至，南有天马山奔腾而止，整个村貌呈船形，颇具龙舟出海之势，堪称风水宝地。再比如说被列入世界文化遗产名录的黟县宏村建筑特别有趣（见图1）。宏村始建于南宋时期，明永乐年间勘查后，认为地理风水形势乃一卧牛：九曲十弯的水圳是"牛肠"，傍泉眼挖掘的月沼是"牛胃"，南湖是"牛肚"，"牛肠"两旁民居为"牛身"，村西虞山溪上架四座木桥作为"牛脚"，从而形成"山为牛头，树为角，屋为牛身，桥为脚"的牛形村落。不仅解决了居民用水，还调节了气温，创造了"浣汲未妨溪路连，家家门前有清泉"的环境。

当然，中国近现代史教学中涉及太多太多的内容与信息，民俗只是其中一个重要组成部分而已，但是只有充分认识到作为传统文化之一的民俗，在课堂教学及教书育人中的重要作用，才会更加自觉地传承与弘扬中国传统文化，更好地发挥历史学科作为基础性人文学科的独特优势与特殊作用。

高师院校世界史课程教学现状分析与思考

阜阳师范学院　吴修申

世界史课程作为地方高师院校历史专业课程的半壁江山,对学生系统掌握历史专业知识完整体系、培养学生开放眼界和开放意识,养成世界公民意识等重要意义不言而喻。反观现实中地方高师院校,尤其是师范类历史专业的课程设置、教学队伍和考核等方面,距离理想的培养目标还有一定的差距。本文仅以安徽省F学院历史专业世界史课程为例,对这一问题作一浅析。

一　世界史课程现状分析

(一) 课程设置

安徽省F学院历史专业的世界史课程分为专业基础课和专业核心课,两门课程均为必修课。

专业基础课包括世界古代史、世界近代史、世界现代史、世界当代史组成的世界通史,构成一个完整的世界史知识体系,使学生能够较为系统掌握世界史发展的主要脉络、主要线索和重大事件、重要人物等。专业核心课包括近现代国际关系史、当代国际关系史、世界经济史、世界文化史、西方史学史、西方历史要籍介绍及选读、西方政治制度史等课程。专业基础课和核心课共 11 门。[①] 专业基础课在大学前两年完成，专业核心课在大三和大四上学期一年半内完成。

(二) 教学方法

世界史课堂教学一般是传统上的讲授法，主要帮助学生梳理本课程的知识点，建构知识体系，介绍学界研究动态，开阔学生视野。讲授法一般借助多媒体手段辅助教学，将讲授提纲、重要的知识点、参考书目和相关的图片和视频材料融汇在课件中，有助于学生记笔记和调动学生的学习和听课的积极性。讲授法有其缺陷，如不注意方式方法的话，有可能变成满堂灌和填鸭式教学，不利于培养学生的独立思考和质疑能力。

多媒体教学有其优越性一面，因为历史课程的一个特点就是在讲课中需要引用史料进行说明和论证。而传统的在黑板上书写史料，耗时过多之课堂时间有限，不利于课程的进度和史料教学的顺利进行，而多媒体教学则可以避免这些传统授课的不足。

教师在讲课中也注意到了传统讲授法的不足，尝试进行改革，如讲授法和启发式教学相结合，引导学生跟着老师的思路思考问题，收到了良好效果。

(三) 考核方式

专业基础课全部为考试，专业核心课二分之一为考试，二分之一为考查。

考试方式一般为闭卷，考试时间 100 分钟，题型一般包括选择、填空、名词解释、简答、论述、材料分析等，大部分课程试卷题型是填空、名词解释、简答、论述。

考查课一般为开卷或课程小论文。开卷题型一般是问答题，有简答和论述两种形式，试题数量 3—5 个。[②]

[①] 安徽省 F 师范学院历史学专业 2016 年版本科人才培养方案。
[②] 参见该历史专业教学档案。

二 存在的问题及其原因分析

(一) 存在的问题

1. 课程设置数量不足

在专业核心课方面，一些重要国家和重要专门史课程没有开出来，如美国史、日本史、俄国史、英国史、法国史、德国史、意大利史等就没有开设；一些重要的专门史，如宗教史、军事史、环境史、贸易史、外交史等，以及地区史，如东南亚史、欧洲史、非洲史、中东史等，也没有开设。这就限制了学生的知识面和求知欲，会挫伤那些对历史感兴趣，希望进一步学习和提高的同学的积极性，致使学生的历史素养有所不足，视野不够开阔。

2. 核心课开设的标准界限不清晰

就课程设置现状而言，似乎专题史就是核心课，而国别史全部排除在核心课之外。例如西方政治制度史与美国史而言，哪一个更应该成为核心课程，还有再思考的空间。如果从美国在当今世界的影响和中美关系的重要性而言，美国史作为核心课也无可非议。因此，哪些课程进入核心课程，还是一个比较重要的，值得继续讨论的问题。恐怕核心课程的进入条件或标准问题，在目前中国大学历史系课程设置中，尤其地方师范院校应该是一个比较普遍性的问题，很多学校的专业课程设置，不仅仅是历史专业，其他专业课程都或多或少存在类似的问题。

3. 考核方式不尽科学

科学设置考核方式对于学生历史知识的掌握、学科能力的培养都具有重要意义。专业基础课大都设置为考试课有它的必要性，因为中国通史和世界通史作为历史专业本科生必须系统掌握的知识体系，必须把重要的知识点、历史发展线索和脉络、重要事件和任务等掌握，构成一个人类历史发展的框架和逻辑体系，将其设置为闭卷考试是合理的。不过目前的闭卷考试的题型以考知识点为主，缺少材料分析题和知识迁移型的题型，不利于培养独立思考的精神和史料分析能力。

核心课考试课和考查课程的划分比较随意，标准不清晰。这门课定为考试课，那门课定为考查课的标准是什么？之所以定为考试课是因为本课程在整个课程体系中的地位高于其他课程，还是其他原因，应该有一个比较清晰的、比较站得住脚的理由。

考核方式一般就是考试和考查两种。考试类型又分为闭卷和开卷两种，其中又以闭卷为最多。开卷考试一般成为比较"水"的考试类型，失去了开卷考试的本来意义。①

（二）形成原因分析

世界史课程数量少的主要原因是师资力量不够，缺少专门研究某一专业方向的师资。② 目前学院的专业老师15人，平均每位老师要带两门课。③ 一些课程并非该任课老师的专业研究方向，主要是为了满足课时工作量，出于绩效考核的需要而设。

世界史师资不足也是不少大学历史专业普遍存在的问题。原因很多，如世界史专业的起步比中国史落后很多，研究世界史需要掌握至少一门外国语，需要过语言关；20世纪90年代后，受国家学科专业目录调整影响，世界史变成了二级学科，世界史方向研究生培养的规模被人为压缩，导致近20年世界史教学需要的高层次人才严重缺乏，直接影响到了大学历史专业世界史师资的匮乏，进而影响到了开出的课程数量不能满足人才培养的需要。

世界史师资不足还有一个表现，就是近现代史的师资相对充裕，古代中世纪方向的师资非常匮乏。目前该历史专业只有1位教师担任古代中世纪史的教学。古代中世纪史师资匮乏的原因之一是和本方向对于语

---

① 与闭卷考试相比，开卷考试的试题更具开放性，更加灵活，试题的综合性高，能力考查指向明显，试卷难度明显大一些。开卷考试对平常学习认真，知识面既广又深，善于思考的同学比较有利，对那些擅长死记硬背而视野狭窄的同学不利。总体而言，开卷考试有利于考生充分发表自己的见解，展现自己的学科能力，发挥自己的应有水平。

② 目前世界史师资只有5位教师，专业研究方向与所任教的课程也不尽一致。

③ 实际上每位专业老师平均带3门课程，因为文中涉及的是世界史和中国史课程，不包括教师教育类课程。如果加上教师教育类课程，平均带3门课程。

言的要求高直接相关，使得不少人视为畏途，不乐意读本方向的研究生。

历史专业的核心课程应该是居于专业课程体系中核心位置的，非常重要的课程。根据这一定义，其实基础课也应该算是核心课，是核心课中的核心。就该专业的世界史核心课而言，核心课可以理解为课程体系中比较重要的课程，至于哪些课程比较重要，判断和标准就不太确定了。如核心课开设了世界文化史，而没有开设世界哲学史，原因可能是哲学可以看作文化的一部分，或者是因为专业师资缺乏导致无法开设。

目前考核方面偏重知识点而不是能力的考查，其原因不一而足，有的是惯性使然，大部分课程试卷都是如此，随大流；有的是创新精神不够，习惯于循规蹈矩，一时出新，还担心学生接受不了，因为平时对学生的独立思考能力和创新能力训练不够，学生这方面的能力较为缺乏，即使出了一些考能力的题，由于学生的不适应，反而达不到检验学生能力的初衷；有的是教师的理论学习不够，对考试理论没有深入研究，致使试题的科学性出现偏差。

三 解决问题对策

（一）大力引进师资

随着世界史学科升级为一级学科，世界史研究生招生规模会扩大，这样一来世界史专业培养的研究生数量就会越来越多，各专业方向的毕业研究生数量都会相应增加，因此世界史专业师资的匮乏情形就会大为缓解。设有历史学专业的高校应该抓住这一有利时机，多多引进研究生，注意引进师资的专业方向均衡性，有了足够的师资，就可以开设更多的课程，供学生选择，就可以使得培养的人才更好地达到人才培养目标的要求，更好地满足社会需要，更好地满足中国进一步扩大、深化改革开放的需要。

在世界一流大学，如美国的哈佛大学、英国的剑桥大学，历史专业的世界史课程都接近或超过60%的比例，本国史课程占到40%左右。①这是因为随着世界各地交往越来越密切，经济文化等全球化越来越深，各国人民越来越需要了解其他国家的情况，这就使得世界史课程的重要性日益凸显。我国一般高校历史专业课程要达到这一目标，目前还不现实，但是我们应该了解历史学课程的发展趋势。逐渐向这一方向靠拢。一些名牌大学的历史系，如进入双一流建设的大学历史专业，应该朝着这一目标积极努力，否则争创世界一流大学的目标就难以落实。

除了课程上世界史课程占优势外，在世界一流大学，其历史专业的世界史师资数量比重一般都超过本国史，有些高校世界史师资占到了三分之二。②

（二）科学制订核心课和选修课的标准

认真学习教育学有关理论，弄清楚核心课程的概念，再结合历史学学科体系的实际情形，梳理清楚不同课程在学科体系中的位置和地位，从学理上界定历史专业核心课程的标准，为更好培养合格和高素质的毕业生打下坚实的基础。

（三）从考知识向考能力转变

从欧美发达国家一些名牌大学历史专业的课程考试来看，历史课程考试大都是闭卷考试，考试时间为两个小时，题型比较单一，一般是论述题，如英国布里斯托尔大学历史系法国大革命课程的考题要求考生从八个问题中，选择两个问题作答：（1）"旧制度的灭亡是因为不再对人对其怀有信心。"请讨论这种说法。（2）请评估法国大革命对于法国经济的影响。（3）路易十六在1789—1792年可以重新掌握主动吗？……③这些试题题目相对比较宽泛，留给学生的思考和发挥的空间比较多。出题角度比较新颖，如"法王"路易十六还可以重新掌握主动权吗这一题，带

---

① 向荣主编：《西方国家历史学本科教学调研》，北京大学出版社2012年版，第50页。
② 《西方国家历史学本科教学调研》，北京大学出版社2012年版，第188页。
③ 同上书，第54页。

有历史假设,是一个比较开放的题目,涉及历史基本史实和观点的评价,既考学生对法国大革命初期历史的掌握,又给学生留有较大的发挥余地。可以看出,这样的试题既注重考查学生的专业知识掌握程度,又注意测试学生的独立思考能力和对学术观点的了解。国内大学历史课程考试也应该这样,考题应把检测学生的基础知识和能力结合起来,以能力考核为出发点。

"《美国史》本科教学中试用外文原版教材的效果研究"研究报告

安徽大学　尹建龙

安徽大学校级能力提升计划一般教研项目"《美国史》本科教学中试用外文原版教材的效果研究"于2014年申报并立项，原计划于2016年完成，但由于项目主持人承担国家社科基金项目的研究工作而申请推迟一年。项目立项后，项目主持人及课题组成员立刻按照项目计划，开展美国史教学改革工作，先后于2015年、2016年、2017年的春夏学期为安徽大学历史系本科生开设了《美国史》专业选修课程，选课的学生包括来自安徽大学各个院系，三次选课的学生总计超过240人，取得了良好效果。我们在这三次课程的开设中，先后尝试了采用外文原版教材、中文教材与外文教材并用、中文教材与英文自编教材互相补充三个阶段的尝试，取得了一些经验教训。有些教训，既打破了我们对外国教材的迷信，也让我们认识到在外国史教学中必须坚持马克思历史唯物主义和马克思辩证唯物主义的指导，并以此为指导编纂符合马克思主义导向的美国史英语自编教材。

一　项目缘起

本项目申请立项的2014年，正好是安徽大学历史系为本科生开设《美国史》课程30周年。1984年从复旦大学历史系毕业来安徽大学工作的周乾老师，征得当时历史系党总支的同意，开设了《美国史》课程，从此这门课程一直由周乾老师主讲，直到2009年项目主持人尹建龙从南京大学历史系取得博士学位后，来安徽大学历史系工作，周乾老师将这门课程转交给尹建龙主讲，并从2010年春夏学期开始上课。一门本科生课程能够在同一个院系开设时间超过30年，让一届又一届的安大历史系学生都选修过，本身就是一件非常有意义、非常有价值的事情，体现了安徽大学历史系教学的严肃性、持续性、传承性。

当然，在开设《美国史》课程的30多年里，具体的授课方式也随着时代的变化而有所侧重。周乾教授长期从事中外关系史、第二次世界大战史的研究，他对美国史的教学偏重国际关系方面。尹建龙老师主要从事西方经济史、社会史研究，在授课中偏重美国经济发展、社会发展方面。都有自己的特色，也都获得了学生的认可和接受。今天随着互联网的发展和本科生英语使用水平的日益提高，在美国史这样的世界历史教学中，广泛引进和使用外文语言教材，其迫切性日益增长，其可行性不断增加。著名美国史研究专家资中筠教授在《美国十讲》里曾经指出最新美国教学要尽量使用以研究国的母语写成的资料、著作。受此启发，我们在《美国史》教学中决定尝试采用引进美国原版教材的做法，以此让本科生接受到原汁原味的美国本土历史教育，同时也提高本科生的英语阅读理解和能力。这就是本项目的缘起，当然，这是我们在项目申报之初非常肤浅的想法，在项目的进行中所面临的严峻的现实，让我们很快认识到了美国原版教材与我国本科生历史教育之间存在巨大的水土不服现象，这也迫使我们改变原有的研究计划和研究设想。

二　项目的目标、实施计划和完成情况

"《美国史》本科教学中试用外文原版教材的效果研究"教学改革项目在申报之初是希望达到三个基本目的：一是帮助学生了解和熟悉美国历史发展的主要脉络、重大历史转折、主要历史人物和思想流派；二是帮助学生认识美国历史发展的多样性与复杂性，以及其与世界历史之间

的密切联系；三是启发和鼓励学生探讨分析美国发展过程中经济、思想、体制、社会结构、文化等不同力量所起的作用。在为本科生开设的专业选修课，通过本教研项目的建设，从单一使用中文教材，逐步过渡到中、英文两套教材参照使用，并以英文教材为主。

在项目申报过程中，我们综合以前历届选修《美国史》课程的学生的反馈，当前美国史教学中主要存在的问题在于教师推荐阅读的英文材料太少，且学校图书馆中没有相关的外文资料可以查阅。为解决这个问题，拟采取由任课教师从海外购买或从中国国家图书馆等地复制一批与美国历史相关的外文专著、教材、教学辅助资料等，并选择其中比较重要的内容编辑打印后分发给学生的方式解决。通过本教研项目的建设，力图将《美国史》课程建设成为课题气氛活跃、交互使用英语和汉语两种教学语言的双语课程。

项目自 2014 年年底立项以来，项目主持人及项目组成员严格执行项目任务书的计划。首先解决教材来源的问题，由于美国原版教材的价格很高，如果通过从美国直接购买教材发给学生使用，耗费过大，学生负担也重，因此我们采取了变通的办法，通过使用项目经费购买一套原版教材，教师根据授课的需要，选取其中部分章节，进行复印，分发给学生使用。我们选择并购买的美国原版教材是 2001 年出版的 *Making America – A History of the United States*（Brief second edition），其作者都是美国本土著名的历史学家，包括纽约大学的 Carol Berkin、得克萨斯大学的 Christopher L. Miller、圣佛朗西斯科州立大学的 Robert W. Cherny、美国华盛顿和杰弗逊学院的 James L. Gormly、W. Thomas Mainwaring 五位作者，出版社是 Houghton Mifflin Company，这套书被美国国会图书馆收藏（Library of Congress Catalog Card Number：00 – 103016），此书的国际通行编号 ISBN：0 – 618 – 04427 – 2。这本书是美国各高校历史系普遍采用或推荐学生购买使用的专业教材，很受学生的好评，我国有一些到美国留学的学生如果想了解美国历史，也普遍选择此书作为通用读物。

我们购买此书后，将此书扫描做成 pdf 版本免费发给选课的学生使用，便于学生打印或在电脑上阅读此书。但在使用这本教材授课的过程中，发现许多学生并不能按时完成我们所布置的阅读任务，在课堂提问和讨论环节，要求学生将所阅读的章节内主要内容加以介绍并发表评论的时候，有些学生直接回答没有阅读，有些学生则支支吾吾，无法做出全面的回答。经过我们的无记名问卷调查，发现有超过60%的学生普遍认为自己的英语阅读水平还无法达到通读此书指定章节的水平，在阅读中往往遇到大量的生词，遇到难以理解的复杂句式句法，根本无法理解其含义，同时在书中大量出现了英语的专有人名、地名、机构名称，都无法与汉语中相对应的翻译对照起来，导致往往读完之后一头雾水，不知所云。当然，在被调查的学生中，有部分来自外语学院英语专业的学生，英语水平较高，他们的反映普遍比较正面；来自历史系的学生则普遍反映英语水平不够，而来自一些跨系选修的学生，特别是一些理工科院系的学生，由于缺乏基本的美国史、世界史知识，加之英语水平不高，在"误"选了此门课程后更是叫苦连天，普遍向任课教师提出更改教学方式方法、改变教材使用范围的强烈建议，甚至有学生多次向历史系分管教学的领导反映，这也给任课教师带来了巨大的压力。

另外，在我们对这本教材的阅读和使用中，发现这本教材毕竟是在美国特殊的政治制度、社会文化环境中写成，非常符合美国的"政治正确"，但是与马克思主义的历史唯物主义、辩证唯物主义历史观有极大的差异。这份教材中充斥着对美国民主价值理念的精心包装和大肆宣扬，而对美国在早期殖民过程中针对印第安人所进行的种族灭绝行为，则轻描淡写，甚至丑化印第安人的野蛮与落后，为早期殖民者大肆屠杀印第安人提供借口、掩盖历史罪行，对于美国建国后长期存在的黑人奴隶制特别是黑人奴隶在南方种植园中所遭受的非人的待遇，也很少提及，更不要提，美国在第一次世界大战和第二次世界大战中，以邻为壑，借助战争大发军火财的历史事实。这本教材中对于1949年以后中美关系的介绍和描述也非常不客观公正，对于新中国领导人做了一些违背事实的负面评价和介绍。虽然在我们使用教材的过程中尽量避免指定学生去阅读这些章节，但也不免有一些负面影响。

为了解决美国原版教材与教育目标、课堂授课要求水土不服的问题，美国原版教材中存在大量宣扬美国自由主义价值观、宣扬普世价值、歪曲历史事实的部分，与马克思主义的历史唯物主义、辩证唯物主义有很大的差距，为此我们必须对教材进行重新编纂，这也是我们在项目进展和具体教学中发现的新问题，项目主持人在借鉴原版教材资料的基础上，重新着手编订了新的教材，复印给学生使用。

在进行课堂教学改革和英文自编教材的编纂过程中，项目主持人与课题组成员多次召开研讨会、观摩会。项目成员中的周乾教授长期从事《美国史》教学，具有丰富的教学科研经验，项目中的其他两位成员曹曦和陈雅君的教学经验相对不足。为了提高教学团队的总体教学水平，我们举行了两次去课堂教学观摩活动，第一次由周乾教授主讲，第二次由项目主持人尹建龙副教授主讲，团队其他成员全部参加，并邀请历史系教学副主任和部分资深教师观摩，为进一步提高《美国史》教学水平提出改进意见，取得了良好效果。

为了达到更好的教学改革效果，提高课堂教学的接受度、认可度，我们积极与学生进行沟通，先后在2015年春夏学期和2016年的春夏学期，进行了两次无记名问卷调查（问卷调查的模板附后），对学生使用英文教材可能遇到的各种问题以及解决办法进行调查。这两次调查帮助我们了解到学生的真实想法，以及学生对于是否应当使用英文教材的真实看法，我们据此进行了教学改革方式的调整。

三 教学改革的效果及经验总结

"《美国史》本科教学中试用外文原版教材的效果研究"教学改革项目的主持人及项目成员本着严肃认真负责的态度，严格按照项目申报书的各项计划完成教改任务。我们通过与学生的面对面交流、无记名问卷调查等方式，了解到选修这门课程的学生对于采用英语原版教材的真实想法，经项目组成员的集体研讨，认为我们必须要改弦更张，在项目申报书原有的计划之外，根据现实的情况，做出灵活的调整。特别是周乾教授非常直率地指出了项目主持人和项目组其他两位年轻教师对于美国原版教材所存在的盲目信任的心理，要求并建议我们在已经出版的各种《美国史》中文研究著作或通用教材中，选择一种到两种作为参考，同时广泛遴选美国历史重大问题方面的英语原始材料，汇编成册，在课堂授课中，作为学生的补充参考读物。

项目组在周乾教授的建议下采取了切实可行的做法，我们遴选了北京大学何顺果教授编纂的《美国历史十五讲》（北京大学出版社 2007 年版）作为主要推荐教材，选取了著名美国史研究专家刘绪贻、杨生茂主编的六卷本《美国通史》作为补充阅读教材，同时以项目主持人尹建龙副教授为首的项目组三位成员集中全力，编纂英文的资料汇编。根据教学过程中学生的反馈和根据学生的英语阅读理解能力，我们在借鉴美国原版教材优点的基础之上，经过长达一年的艰苦劳动，我们最终自主编纂了有一定价值的《美国史》自编教材英语版。当然由于时间的关系，这份英语自编教材还没有投入实际使用，还没有收到学生的反馈意见，我们将在 2018 年的春夏学期，将这份教材分发给选修《美国史》课程的学生使用，并通过问卷调查的形式让学生反馈意见，在此基础之上，进一步修改修订，争取到 2019 年能够通过出版社将其正式出版。

当然我们在教学改革的过程中，在使用美国原版教材的两年多的时间里，课堂授课遭遇了一些挫折，也积累了许多经验，这些经验不仅对改进美国史教学有价值，对于改进全校基础文科的教学也都有价值。

我们认为，尝试采用英文版的国外原版教材对本科学生进行美国史的教学，虽然在实验中遭遇到学生的抵触较多、对授课教师的备课挑战较大，但这种尝试积累了很多经验教训，也让项目的参与者和历史系其他教师充分认识到在教学中必须把握自主权，不能盲目地崇拜接受美国的教材，特别是在历史学这种对于塑造学生的思想观念、国家观念非常重要的人文类学科中，慎之又慎。

通过使用教师的自编外文教材，结合高等教育出版社出版的有关《美国史》的教材，形成了中英文对照、补充，相互参考的良好效果，即能通过中文教材帮助学生快速了解美国历史知识、形成有关美国发展历程的总体印象，通过外文教材的阅读和学习，能够帮助学生在提高英语实际使用能力的基础上，更为全面地了解美国史的一些细节和美国历史人物直接的历史观点与看法，帮助塑造历史学习的"语境"。

我们在开展"《美国史》本科教学中试用外文原版教材的效果研究"教学改革项目的过程中，再一次认识到在历史教学中，一定要坚持马克思历史唯物主义和辩证唯物主义的指导，坚持新时代的中国特色社会主义理论的指导，打破对西方，特别是美国话语霸权的盲目迷信和崇拜，自觉加强马克思主义史学修养，树立正确的历史观，这样才不会被西方话语霸权所迷惑，也不会迷失在历史虚无主义的黑洞里，才能够真真正正地站得稳讲台，实现传道授业解惑的目标，发挥历史学在塑造学生的人生观、价值观、世界观中所具有的独特作用和独特魅力！

世界史史料教学浅谈

淮北师范大学　祝凯歌　陈素娟

史料是历史研究的基础。史料学作为历史学的辅助学科，是研究史料概念、史料源流、史料分类、史料价值和史料应用方法的一门学科。其中，史料概念和史料分类是基础，也是史料学研究的基本前提。只有掌握了这个前提，才能为史料应用打下良好的基础。在当前世界史学科史料意识亟待加强的背景下，作为世界史工作者，应当借鉴中国史学科史料学研究成果，构建世界史史料学体系，在世界史史料学课程中通过史料来源讲述、史料可靠性分析、史料价值分析、史料思想性分析、史料利用方法传授等层面践行世界史史料学的基本任务，从而为世界史学科建设和人才培养添砖加瓦。本文拟就世界史史料分类问题谈一些浅显的看法，并对世界史史料学课程的构建提出建议，个中不足之处，敬请批评指正。

一　世界史学科史料意识亟待加强

民国时期，随着西方学术传播，中国世界史研究开始兴起。但真正的学科建设是在新中国成立后。具体体现在研究队伍的发展与壮大、世界史研究机构的建立、世界史学科规范的建立等方面。虽然成果丰硕，但是，在史料学建设方面却一直滞后于其他学科，其主要原因在于世界史学科属于新兴学科。正如有的学者所言："就史料而言，世界史学科存在以下问题：第一，原始档案与基本文献的严重不足，在国别史（尤其是非大国）、专题史研究中表现得更加突出；第二，对史料认识不足、重视不够，不注意收集和利用史料；第三，因受外语水平或语言表达能力的限制，对史料解读能力差，或者缺乏基本的判断、甄别与选择；第四，基本史料尚未掌握便贸然得出一些结论，尤其是一些猜测性的、夸大性的结论。"① 概括来说，因原始文献积累不足、史料学意识不强造成中国世界史史料学建设严重滞后于整体的学术研究。

研究领域如此，在高校世界史教学中也存在忽视史料教学的问题。主要体现在：

其一，本科阶段世界史史料学教研和科研成果较少。② 国内中国史学科已有大量史料学专著出版，如翦伯赞《史料与史学》、陈高华和陈智超《中国古代史史料学》、张宪文《中国现代史史料学》、冯尔康《清史史料学初稿》、荣孟源《史料与历史学科》、张注洪《中国现代革命史史料学》、黄永年《唐史史料学》、冯尔康《清史史料学》、何忠礼《中国古代史史料学》、严昌洪《中国近代史史料学》等。以上著作涵盖了中国史研究的主要领域，大多是日常教学实践的产物。何忠礼著作即受徐规教授委托而为历史系学生开设的课程讲义③，《唐史史料学》和《清史史料学》则分别是黄永年、冯尔康先生的上课讲义。而就笔者所见，还没有相关的世界史史料学著作出版。可以说，世界史史料学在学科著作出版方面明显滞后。

其二，世界史学科教学中，缺乏相应课程作为支撑。国内高校普遍开设专业英语、外国历史要籍介绍与选读等课程，或偏重于选文翻译，或注重于史学名著介绍，与史料学的专业要求相差甚远。以前者为例，由于关注选文翻译，甚至将专业英语课上成了英语翻译课，或者将之与

---

① 张倩红：《世界史学科的史料建设与文献研究工作亟待加强》，《世界历史》2011 年第 2 期，第 13 页。

② 盛菊、刘佰合《史料教学浅议》［载于《淮北煤炭师范学院学报》（哲学社会科学版）2009 年第 4 期，第 163—166 页］对历史学专业史料教学现状进行分析，并提出了有益于高校历史学专业史料教学的建议。限于专业研究方向，对于世界史并未有过多的涉及。

③ 何忠礼：《中国古代史史料学》，上海古籍出版社 2004 年版，"绪论"。

"双语教学"混为一谈①，很明显，这与学生史料学意识的培养目标大相迥异。

在史学名著介绍教学中常选择如西方古典作家作品、近现代西方史学流派（如年鉴学派等）的史学作品，诚然，对于西方史学史研究来说，属于重要史料。但对世界史其他研究来说，则另当别论。因为这种做法混淆了史料与史著的概念，或者说对于"文献资料"和"文学史料"概念混淆。正如郭小凌所说："在我国史学话语中，没有英文中的'文献史料'（Documentary sources）和'文学史料'（Literary sources）的区别。我国现代世界古代史和中国古代史著作中常常提到的'文献史料'（literature），实为非文献史料（Non-documentary sources）和文献史料的混称，其中主要是指古代史家的著述……这种模糊的提法使得不少古史工作者误以为主要以文学史料为内容的各种古代典籍便等同于第一手史料（First hand or primary sources）或原始资料（Original sources），只要自己的论著依托于古代典籍，做到无一句无出处，便自可达到信史的高度。所以，我们在许多史学工作者的学术著作、授课讲稿和成果鉴定中常可看到、听到这样的表述：某书或本书依据可靠的第一手资料提出自己的看法……全书原始史料丰富扎实等。但翻开有关史著却发现，所谓'第一手史料'或'原始资料'大多并非第一手或原始性的，而基本上是非同代史家的描述。"②

其三，受师资力量、图书条件限制，国内世界史学科涉及的"第二语言"仍以英语为主，只是在北京、上海、武汉、长春等重点院校中才有条件开设诸如古希腊文、拉丁文、法文、德文等语言类课程。语言是阅读史料的基本工具，离开了语言教学环节，史料学意识的培养根本无从谈起。

---

① 如刘海英、高磊《强化专业英语 推动双语教学——绥化师专历史专业外语教学实践》，（载于《绥化师专学报》2003年第9期，第135—136页）和李大维、刘志《世界史双语教学原版文献资料选用》（载于《白城师范学院学报》2007年第10期，第90—92页）等，文章仍局限在"双语教学"模式下。

② 郭小凌：《古代的史料和世界古代史》，《史学理论研究》2001年第2期，第86页。

二 中国史史料学研究成果与世界史史料分类设想

鉴于上述问题，在构建中国世界史史料学学科体系时，应借鉴中国史史料学已有研究成果。

关于史料和史料分类，民国以来就有着相当多的界定。梁启超说："史料者何？过去人类思想所留之痕迹，有证据传留至今日者也。"① 依据这一观点，梁启超在倡言"新史学"的同时，也明确表达了自己对史料的分类：（1）在文字记录以外的史料，包括现实之遗迹、传述之口碑、遗下之古物；（2）有文字记录的史料，大体包括旧史、关系史迹之文件、史部以外之群籍、类书及古佚书辑本、古佚书及古文件之再现、金石及其他镂文、外国人著述等。②

傅斯年受西方兰克学派影响，提出"史学即史料学"。傅斯年认为史料是历史学研究的主干，"只要把史料整理好，则事实自然显明了。一分材料出一分货，十分材料出十分货，没有材料便不出货"③。关于史料分类，傅斯年将之分为直接史料（如明代档案）和间接史料（如明史）两大类。

马克思主义史学家也对史料及其分类提出了看法，如郭沫若。郭沫若重视史料在史学研究中的重要性，"在历史研究中，只有历史唯物主义的一般原理而没有史料，那是空洞无物的。……没有史料是不能研究历史的"④。郭沫若在肯定文字史料的同时，对考古学资料尤其重视，"史料不仅限于书本上的东西，还有物质上的文物和民间保留的传说。有时候，后两者比书本上的史料还重要。在阶级社会里所流传下来的书史之类，可靠性是要打折扣的"⑤。"地下发掘出的材料每每是决定问题的关键。"⑥

---

① 梁启超：《中国历史研究法》，上海古籍出版社1998年版，第40页。
② 同上。
③ 傅斯年：《史学方法导论》，中国人民大学出版社2004年版，第2页。
④ 郭沫若：《郭沫若全集》（历史编），第三册，人民出版社1984年版，第486页。
⑤ 郭沫若：《郭沫若全集》（历史编），第一册，人民出版社1982年版，第4页。
⑥ 同上。

以上论述代表了近代学者对史料及其重要性的认识，其史料学思想完全可以为世界史史料学建设所借鉴。基于此，世界史史料学的基本框架可以归纳如下：

（1）文字史料。大体可分为档案文书、官方史书、传记、学术著作、文学作品、日常生活中的文字留存、口述史著作、报纸杂志、谱系图等。这是世界史研究中最主要的部分。

（2）非文字史料：如绘画、壁画等图像类史料、考古发掘的包括古代建筑、家具、衣物、器物、饰品、钱币、墓葬等实物类史料，以及借由对于当今流传风俗文化的观察，作为讨论历史现象依据的大量的风俗类史料等。

世界史史料分类也应注意原始史料（直接史料）与衍生史料（间接史料）之别。原始史料"应指某种特定历史现象的目击者和当事人留下的实物、文字和口头的陈述……它是已逝过去的原生态的一种体现，为历史工作者寻找并确认历史事实提供了原始的资料和信息"。[①] 因此，史前人类化石及其遗下的石器、骨器、绘画、雕刻、居住遗址等实物，文明时代人类遗留下来的与客观历史同时代的各种著述、法律文书、档案文献、公私信件、声像作品、口述历史等均可视为一手史料。例如，汉谟拉比的书信、赫梯法典、梭伦、萨福、提尔泰的残诗、恺撒《高卢战记》、美国官方档案文件、国际组织会议公告条约等均为原始史料。

所谓衍生史料，是指在原始史料基础上衍生出来的某种描述、解释和判断，甚至想象而形成的史料。如普鲁塔克《希腊罗马名人传》、狄奥多洛斯《历史集成》、阿庇安《罗马史》等便属于衍生史料。

原始史料和衍生史料间并非对立关系，应具体问题具体分析。例如《伯罗奔尼撒战争史》中的许多内容因作者亲历战争而属于一手史料，但演说词部分，如叙拉古公民大会关于如何应对雅典远征军的辩论词便属于二手史料。甚至在不同研究者对象那里，原始史料与衍生史料的角色也在发生变化。比如希罗多德《历史》为研究古希腊史学的原始史料，

[①] 郭小凌：《古代的史料与世界古代史》，《史学理论研究》2001年第2期，第87页。

在古希腊政治社会史领域，则属于衍生史料。公元前4世纪问世的亚里士多德《政治学》虽是研究同时代古希腊政治思想的原始史料，但却不能说是研究公元前5世纪希腊政治制度史的原始史料。

三　世界史史料学课程内容的构建

正如清史学者冯尔康先生所论："史料学的任务是阐明史料的来源、价值和利用方法。"① 世界史史料学的任务也是如此。

在目前高校历史学专业课程设置中，历史学专业英语（Special English）和"世界历史英文文献选读"等课程离世界史史料学的任务相差甚远。有鉴于此，笔者结合教学实际，认为世界史史料学课程应包含以下内容:②

（1）史料来源讲述。即搞清楚史料基本内容、材料依据和作者写作情况。比如希罗多德《历史》详细讲述了西亚、北非以及希腊等地区的地理、民族、经济生活、政治制度、历史往事、风俗、宗教信仰等，为我们展示了古代近20个国家和地区的生活图景。材料依据是史诗、官府档案、口述史资料、石刻碑铭和当时多种著作中获取的资料，以及作者亲身游历和实地调查所获得的大量资料。只有明白了史料来源，学生才能对《历史》中的原始资料和衍生资料有清晰认识。

（2）史料可靠性分析。史料撰写，难免存在大量曲笔、误记等人为痕迹，尽信书则不如无书，需加以鉴别、分析。这就需要在了解史料来源基础上，从作者写作目的、态度、资料依据等方面进行分析，以确定史料可靠性。正如修昔底德《伯罗奔尼撒战争史》开篇所说："我列举的事件，无论是我亲自参与的还是我从其他与此有关的人那里得到的消息，

---

① 冯尔康:《清史史料学》，沈阳出版社2004年版，第19页。
② 此处借鉴了冯尔康《清史史料学》关于清史史料学研究任务的分析术语，见该书第19—22页。

都经过了对每一细微末节精心备至的审核。"① 为什么要对史料可靠性进行分析,修昔底德解释说:"因为一些事件的目击者对同一事件并没有提供同样的报道,而且他们的报道依他们拥护一方或另一方或他们的记忆而有所不同。"② 显然,在作者看来,史料具有主观性和片面性,当事人和目击者会因个人偏好、利害关系、个人立场等主观因素而有意歪曲历史。

(3) 史料价值分析。在确立史料可靠性的基础上,根据相关研究领域,大体确定史料对于研究的基本价值。值得注意的是,史料价值常有当时价值和后来者使用价值的区别。如乔治·凯南的"八千字电报",就当时而言,只是一份外交情报,而对于冷战史研究来说,是极为重要的原始史料。

(4) 史料思想性分析。这包含两方面问题,一个是作者世界观、政治观等思想倾向的分析,另一个是对史料在面对史学题材的选择时,史事取舍如何在史料中体现。可以说,"史料分析批评,是史料学的灵魂,是它的根本任务"。③

(5) 史料利用方法。包括很多方面,如史料阅读、史料搜集与收藏、史料整理、史料工具书和数据库的检索与利用、史料引用规范等。

总之,构建世界史史料学体系,应借鉴中国史史料学研究成果,在世界史史料学课程中通过史料来源讲述、史料可靠性分析、史料价值分析、史料思想性分析、史料利用方法等层面践行世界史史料学的基本任务,从而构建真正的具有中国内涵的世界史史料学。

---

① [古希腊]修昔底德:《伯罗奔尼撒战争史》,谢德风译,商务印书馆1960年版,第18页。

② 同上。

③ 冯尔康:《清史史料学》,沈阳出版社2004年版,第21页。

教学改革探索

高校历史专业教学实践课的探索与实践

安徽师范大学　裘士京

"教学实践"顾名思义就是与课堂教学有关或作为重要补充的实践环节，不同学科、不同专业的教学实践有不同的形式、内容与要求。长期以来，历史学科的绝大部分课程都是在课堂上完成的（师范专业在高年级开设了必不可缺的实践环节——中学教学实习，但由于多方面原因，每生授课时数、担任班主任天数有不同程度下降）。相比较于其他专业，各校理科各专业都有专业实验室，训练与培养学生的动手能力，如数学、物理、化学的实验室（含计算机操作室），生物的标本室与野外采集考察课，地理专业不仅有矿物标本室，还有每届一次（十天左右）的野外考察。文科如政治专业有专门的社会调查（社会实践），中文专业有写作等实践环节……唯独各校的历史专业缺乏有关实践的考虑与安排，笔者以为这是教学改革中需要注意和改变的问题。

一　高校历史专业实践课改革势在必行

众所周知，历史学是以人类社会发展及其规律的探讨为宗旨的一门科学，是内容极其丰富、内涵极为广泛的一门科学，仅仅从课堂上，在书本里是很难学好历史的，更不可能培养出真正的史学家。古人云：读万卷书，行万里路，这是对一个学者最基本的要求，见多才能识广。未来的史学工作者尤其应该是一位知识渊博、见识卓绝的学者。《太史公自序》载司马迁"年十岁则诵古文。二十而南游江淮，上会稽，探禹穴，窥九疑，浮于沅湘；北涉汶泗，讲业齐、鲁之都，观孔子之遗风，乡射邹峄；厄困鄱、薛、彭城，过梁、楚以归"。(《史记》一百三十卷) 20岁成年以后，司马迁足迹遍及长江、淮河、黄河流域的广袤城乡，既有汉王朝统治的核心地区，文化发达的孔孟之乡，也有当时还比较荒凉落后的江南地区。其后，司马迁又以天子的近臣"郎中"奉使巴蜀以南（今四川、云南一带）。还随汉武帝巡视各地，游览名山大川，考察风俗，访问古迹，采集传说。《屈原贾生列传》中，太史公曾说："余读离骚、天问、招魂、哀郢，悲其志。适长沙，观屈原所自沈渊，未尝不垂涕，想见其为人。及见贾生吊之，又怪屈原以彼其材，游诸侯，何国不容，而自令若是。"(《史记》八十四卷) 他曾到韩信母亲的墓地考察，以为"韩信虽为布衣时，其志与众异。其母死，贫无以葬，然乃行营高敞地，令其旁可治万家。吾视其母冢，良然"（《史记》九十二卷《淮阴侯列传》）。有了这些来自实地观察的第一手资料，司马迁才能有感而发，言而有物，令人信服。表明一代史学大师对游历考察的重视，作为一个史学工作者，不仅仅要具备博学、善思、辨析、秉公等优异的品德，同时要练就一副"铁脚板"，在可能的条件下考察民情、探访古迹古物，注重实地考察和调查研究。司马迁的这一优良传统为历代史家所欣赏和继承。

历史专业很长时间在我国是一个一级学科，近年才更正为中国史、世界史与考古文博三个一级学科。其中考古与文博专业随着社会的发展而迅速崛起，考古发掘、文物鉴定、博物馆为代表的文博事业、世界自然与文化遗产事业的兴起而带动更多的产业兴起。这与中国的迅速发展，文化消费市场的兴旺，旅游行业的发展等息息相关。随着社会经济的发展和社会文明程度的提升，考古文博专业的知识日益普及化，不仅仅历史专业的人必须具备相当的考古文博知识，学会在研究中，在教学中掌握必不可少的相关知识，即使作为一个社会人，一个具有健全智力的公民也应力所能及地学习一些文物考古知识。而考古与文博的知识除了课堂上讲授外，主要通过实践，即到现场亲眼看，甚至亲手去摸去感知，才能获得相关的知识并加以巩固。

我国高校历史专业有条件的近年大都开设了《文物考古知识》《文物鉴赏》等必修或选修课程，但这些知识仍然停留在课本上。我接触到一些高校历史老师（无论中国史还是世界史）或中学历史老师，有许多对文博方面的知识有兴趣，但一接触到实物就一脸茫然，他们平时很少参观博物馆，对考古现场、文物鉴赏、遗址遗物等大都局限于书本，这不能不说是一种专业知识的缺漏，尽管目前中学历史教材中有关考古文物的知识和图片不少，近现代内容中有关名人或遗址的图片不少，但仍然停留在文字与图片两张皮的阶段，这是一种缺憾。

二　近年来我校历史专业实践课的探索

鉴于以上的分析，我们认为历史学专业的教学改革中，要帮助同学们巩固专业知识、强化专业技能、开阔眼界、增强能力，增加与专业密切相关的文博知识的学习，重视专业实践课的建设，加强教学实践课的研究，这是提高教学质量、深化教育改革的重要方面。

20世纪70年代后期开始，安徽师大历史系（现历史与社会学院）尝试并坚持教学实践课的开设，在本科高年级开设《中国考古学概论》的基础上，坚持在非常艰苦的条件下带学生到南京或三孔进行为期四五天的考察，并坚持了二十多年；我们坚持鼓励中国古代史的研究生们按专业方向自行结合到西安、洛阳、敦煌、北京、南京、开封等历史名城寻访考察古迹，参观各地博物馆，并拜访名师，有几届研究生还到考古工地参观考察学习，收到了很好的效果，在历届学生的脑海中留下了深刻印象。可惜，2001年以后主要因经费紧缺而中断。

2015年开始，安师大历史与社会学院克服种种困难，建立并初步完善历史本科生的教学实践课，我们的做法是，一年级由古代史老师组织参观本校博物馆，在学生中选拔博物馆的讲解员，在研究生中选拔义务服务员，鼓励同学多次单独或结伴参观；二年级组织全体同学就近参观校外实践基地，目前我们已经建立的校外实践基地有繁昌县博物馆、含山县博物馆和铜陵市、芜湖市博物馆，考察时间一天，分别参观当地博物馆、人字洞遗址、繁昌窑遗址、凌家滩遗址等；三年级精心组织到南京考察。历史学专业考察课程实际上延续三年，在中国通史、中国文化史、中国考古概论、文物鉴赏等相关课程讲授过程中或讲授结束后进行，加深了同学们对专业的理解，提高了兴趣，增强了能力。至今年，我们已经严格执行了四年，受到同学欢迎并收到良好效果。

以南京考察为例，我们在考察前由学院领导作动员，反复强调注意事项，并邀请熟悉南京历史的裴士京教授讲授 2 小时的"江南佳丽地，金陵帝王州——南京古今概要"的专题讲座，图文并茂地系统介绍即将考察的 20 多个古今景点：第一天：南京大屠杀遇难同胞纪念馆、南京明城墙、中华门城堡、鸡鸣寺（台城、胭脂井、六朝城墙）、解放门、玄武湖、夫子庙（秦淮河）、乌衣巷、江南贡院；第二天：总统府、六朝石刻博物馆、梅园新村、南京博物院、明故宫遗址；第三天：灵谷寺、无梁殿、中山陵、明孝陵（四方城、石像路、梅花山、孙权墓）、石头城；第四天：栖霞山、明大慈恩寺。学院通过招标，选择有资质的旅行社负责 100 多位同学的吃住行安排，学院派 3—4 位老师（或研究生）随队指导。考察结束，学生撰写 2000 字左右的考察随笔上交专业老师批阅存档。

从南京考察来看，我们要求贯通所学历史知识。具体到历史专业，考察的内容既有近现代重要的遗迹、遗址、名人故居，也有古代遗址、考古现场（明大慈恩寺遗址发掘现场保留）；参观南京博物院有各类专业展馆（如珍宝、石刻、书画、服饰、陶瓷器等）；内容丰富。极大地增加了同学们对历史的感性认识，实地调查、考察、参观是一种很好的学习方法，可以强化印象，形成直观的感觉，有利于专业学习和今后兴趣的培养。

专业考察不是一般意义上的旅游，而是用专业的眼光，从专业的角度，通过现场观察、参观增强感官效果，最大的不同是通过考察深化专业知识，用历史的眼光审视不同时期的墓葬、遗址、文化艺术和大量的历史遗物，从多方面加强专业知识，领略历史的深度、广度。

三 几点体会

如何做到书本知识与实践知识的结合，强化学习的效果，一直是教学改革的重要内容。近年来，我们坚持恢复历史本科、研究生阶段野外或外地参观考察，受到历届学生的欢迎。我们的体会是：

第一，高校历史专业的学习需要增加实践环节，增加考古文博成果的吸收和认知，课堂上难以培育出广识博学的优秀历史学者。多参观博物馆、到现场考察相关的遗址、遗物有利于专业知识的感性化。在校期间的考察培养学生基本的专业考察方法，鼓励学生利用寒暑假或其他便利条件，参观自己家乡或重点城市地区的博物馆，以开阔视野，增长才干。两千年前的司马迁在那样落后的条件下，尚且能巡游黄河上下，大江南北，现在的条件我们躲在深闺，坐在课堂就能学好这门科学吗？网络、微信等现代手段也不能代替现场考察。

第二，选择考察的点很重要，也是是否能坚持下去的重要方面。我们选择繁昌县、含山县、铜陵市等短期考察地点，不仅是距离学校近，更重要的是他们有多个国家级重点文物保护单位，有重大考古发现值得考察。人字洞、繁昌窑、土墩墓、凌家滩、大工山——凤凰山铜冶遗址等，具有一定的代表性，这些博物馆也非常有特色，值得我们去学习考察，能够给学生留下深刻的印象。高年级本科生到南京考察，不仅因为南京离芜湖近，费用相对节省，主要因为历史上南京是"十朝古都"，是四大古都之一，参观的古代至现当代许多遗址、遗迹具有代表性，比如新石器时代的北阴阳营；六朝石头城、乌衣巷、鸡鸣寺、六朝陵墓、石刻、栖霞寺；明清夫子庙、秦淮河、明故宫遗址、保存最好的明砖城、明孝陵；近现代瞻园、太平天国纪念馆、总统府、中山陵、梅园新村、南京大屠杀纪念馆等，还有全国第二大的南京博物院，南京市博物馆（朝天宫）等，内容丰富，时间跨度大。在条件允许的情况下，我们也打算到三孔、西安、开封考察。

第三，专业实践考察要在老师的指导下进行，不可流于形式。我们在本科三个年级逐渐引导学生对文博有感性知识,在到繁昌、含山凌家滩遗址考察前,邀请地方博物馆的负责人介绍相关情况,在到南京考察前由裘士京教授详细介绍南京古今概况,使学生对考察对象有初步的了解,这也是保重考察获取较大成效的重要一环。

第四,要有检查,有思考,扩大考察的成果。考察期间,学院领导到巡视检查,防止意外事故。考察前布置小论文题,字数 2000—2500 为限,以读史笔记、杂记、随笔、散文、小论文等形式完成,选题和题材不限(除诗歌外),内容不限,但要围绕本次专业考察。有议论,有感想、有史实,文笔流畅。限时上交,因违反纪律被送回校的同学,成绩以零分计。

第五,领导重视,专业老师积极参与,专业考察贵在坚持。专业考察需要领导的重视和支持,它不是立竿见影的事,考察一次就如何如何见效,而是将考察的理念、考察的方法、有关文博的知识成为教学的一部分,增长学生的实践才干,使之受益于无形之中,达到提高教学质量的效果。

史料研读与高校历史学《专业英语》课程教学改革

淮北师范大学　陈素娟

作为高校普遍开设的历史学专业课程之一,《专业英语》课程一般在大学三四年级开设,有的学校称为"世界历史英文文献选读",虽然课程名称存在差异,但是实质相似。该课程旨在通过指导学生研读英文历史文献,培养学生的史料分析能力,帮助学生掌握基本的史料,为将来的学术研究打下良好的基础。可以说,培养和提升学生的史料学素养是这一课程的基本教学目标。

一　当前高校历史专业《专业英语》课程教学存在的问题

就当前高校《专业英语》课程教学现状来看,距离这一基本教学目标尚存在一定距离,原因在于未能将史料研读与《专业英语》课堂教学结合起来。大致表现在:

其一,教材使用随意,课程教材改革严重滞后。目前,国内缺少一本既具权威性,又能普遍适合普通高校历史专业本科生水平的《专业英语》课程教材。国内现行常用的该课程教材有《历史学专业英语教程》[①]

---

① 沙露、马紫:《历史专业英语教程》,北京大学出版社2005年版。

《历史专业英语》① 和《西方历史学经典名著选读》② 等。这些教材虽各有所长，但是鉴于各学校学生素质和师资水平存在差异，不具备普遍适用性。因此，很多高校本科历史专业《专业英语》课程的教材都为授课教师自行编制。

其二，教学方法陈旧，教学模式单一。现下，很多高校历史学《专业英语》课程授课教师将课程简单地上成大学英语课，授课内容主要是解释生词和翻译文章，学生处于一种完全被动的状态，大量专业术语和生词让学生感到无比吃力，只能埋头记笔记，无法积极思考、投入课堂教学，导致课堂教学气氛沉闷。传统的"填鸭式"教学主要培养学生的翻译能力，缺乏对于基本史料的研读、分析，无法让学生吃透史料、充分掌握文献的史料价值，而史料研读恰恰是历史学《专业英语》课程的主要目的和关键问题。

其三，课程的教研成果较少，缺乏对课程长期建设的基本学术指导。学术界少数的探讨性文章多是专注于对课程性质的简单定位，或者将之与"双语教学"混为一谈。比较有代表性的，前者如许芳《高校历史专业英语教学改革之思考》一文，认为专业英语就是为了"引导学生通过大量实践，掌握专业英语的翻译技巧与翻译标准，在熟悉和掌握历史专业词汇和专业术语的基础上，培养学生具有较强的历史专业文献阅读能力和一定的翻译能力，并具有撰写专业英语文摘的能力，能听懂历史学专业英文学术报告的大意，能简单清楚地表达自己对相关专业问题的认识和观点，能用英语检索国外历史学的相关网站，并对门户类网站、原始资料网站、在线图书网站、专题网站加以分辨，快速、及时地获取数字化的相关历史文献资料与相关研究信息，了解国内外史学界最重要的学术前沿和研究动态，为今后运用英语进行专业教学和科研打下基础"。③ 这种观点虽然全面概括了专业英语教学技能的培养，但对于《专业英语》

---

① 张德明：《历史专业英语》，武汉大学出版社2007年版。
② 王明宪选编：《西方历史学经典名著导读》，中国人民大学出版社2008年版。
③ 许芳：《高校历史专业英语教学改革之思考》，《凯里学院学报》2012年第4期，第162页。

课程最基本的构成——史料的处理则显得有理论而无具体的实践操作性。后者如刘海英、高磊《强化专业英语 推动双语教学——绥化师专历史专业外语教学实践》① 和李大维、刘志《世界史双语教学原版文献资料选用》②，论文从双语教学的角度对于《专业英语》课程建设进行了积极的探讨，但是将专业英语与双语教学混淆，容易造成认识上的误区。

上述问题反映出高校历史学《专业英语》教学中教师对于学生能力的培养，特别是史料解读能力培养的重视不足，以致未能把握《专业英语》课程最基本的教学目标。

二 应对高校历史专业《专业英语》课程教学存在问题的对策

针对普通高校历史学《专业英语》课程的现状和存在的问题，可以提出以下解决方案，以期合理解决历史学《专业英语》课程的专业性同英语教学之间无法连接的矛盾。

首先，选择合适的教材。在明确《专业英语》课程与大学英语差异的前提下，根据课程特点和目的选择合适的教材。鉴于多数学校在本科三年级开设本课程，学生已经具备一定的英语水平，但是专业性英语释读水平仍然不高，授课教师对于教学内容的选择必须把握合适的"度"，不能太易，也不宜太难，在教学内容编排上最好遵循先易后难、由浅入深的原则。先选择一些学生较为熟悉的史料，学生能够根据自己的知识背景，更好地理解授课内容，不至于在接触本课程的初期，就因为看不懂、听不懂而打退堂鼓，进而影响学生上课积极性。同时需要注意，教材中也需要包括相当分量的、专业内涵较深、学生不太熟悉的内容，一方面可以满足学有余力的学生的需求，另一方面是对课程效果的更高

---

① 刘海英、高磊：《强化专业英语推动双语教学——绥化师专历史专业外语教学实践》，《绥化师专学报》2003 年第 9 期，第 135—136 页。
② 李大维、刘志：《世界史双语教学原版文献资料选用》，《白城师范学院学报》2007 年第 5 期，第 90—92 页。

要求。

笔者在实际教学中，结合本校学生专业和英语水平，按照历史发展进程编写教材，各章均有对本时段历史的总体回顾，结合当前学术界的学术观点，对其历史总体发展特点进行描述，帮助学生从时代背景上进行把握，对相关的重要术语如人名、地名等有大概了解。正文中选取此时段中具有代表性的、难度和长度较为适当、原汁原味的英文原始文献，作为授课内容。选文以世界通史为主线，搭配以专题性历史问题，注重点、线、面的结合。每篇选文之前都附加上百余字的导读，结合背景知识进行讲解，既能充分利用课堂上的教学实践，又能在有限的时间内训练学生的阅读能力。如讲授古罗马历史时，考虑到通史课程中格拉古兄弟改革和罗马法在罗马史的重要地位，节选普鲁塔克的《希腊罗马名人传》中关于格拉古兄弟改革的记载，以及乌尔比安的《法学阶梯》中有关罗马法的论述，针对表述过长、结构复杂的长句，教师做重点讲解，讲明白、讲透彻，指导学生更好地掌握处理复杂句型，并结合古罗马时代背景进行讲解。

其次，指导学生研读史料。教师在授课过程中，应尽量从史料来源、可靠性、价值和内涵等方面对所选择内容进行深度分析，使学生通过该课程掌握史料研读的方法。

（1）追溯史料来源。讲授过程中，让学生了解史料来源，即要搞清楚历史文献的基本内容、材料依据和作者写作背景，从而对原始资料和衍生资料有更加清晰的认识。例如讲述希罗多德的《历史》，教师需要交代，这是希罗多德根据史诗、官府档案文献、口述史资料、石刻碑铭和多种著作，并结合自己游历和实地调查写成。内容涉及北非、西亚以及希腊等地区，包括地理、民族分布、经济生产状况、政治、历史、风俗、宗教等，展示了古代近20个国家和地区的民族生活图景。

（2）考证史料可靠性。史料是作者构建的产物，其文本本身并不等于信史，可能带有作者的政治立场和"偏见"，具有个人情感，也有作者为显示其意图而采取的特殊的修辞手法，因而解读文本的时候，需要着力分析，因为尽信书则不如无书，必须加以鉴别、分析。这需要在从史料来源出发，分析作者的写作目的、态度、情感等，进行分析，以确定史料的可靠性。在修昔底德眼里，史料也有主观性和片面性，即便作者是当事人和目击者者，也有个人偏好、利害关系、个人立场等主客观因素，这些因素会影响到史料的可靠性。他曾在《伯罗奔尼撒战争史》的开篇说："我的责任是不相信任何一个偶然的消息提供者的话，也不相信在我看来很有可能是真实的事。我列举的事件，无论是我亲自参与的还是我从其他与此有关的人那里得到的消息，都经过了对每一细微末节精心备至的审核。"① 在他看来，必须分析史料可靠性，其原因在于，"因为一些事件的目击者对同一事件并没有提供同样的报道，而且他们的报道依他们拥护一方或另一方、或他们的记忆而有所不同。"② 例如，在讲解尼特哈德的《历史》(*Histories*)③ 时，教师必须说明，尼特哈德是查理大帝的外孙，属于秃头查理阵营。《历史》一书是尼特哈德在主人秃头查理授意之下而写的，目的是站在查理的角度记录历史，为查理提供一种辩解，所以其《历史》明显存在对于洛塔尔的偏见，学生研读这则史料时，必须结合当时的历史背景和其他史料中的记述，对其可靠性进行考证分析。

（3）探寻史料价值。在确立史料可靠性的基础上，根据相关的研究领域，大体确定史料对于世界史研究的基本价值。如上文提到的尼特哈德的《历史》尽管存在诸多偏见，体现了作者的政治立场和个人情感因素，但仍是后人研究这一段历史的重要史料，尤其是对于840—843年之前虔诚者路易的三位儿子彼此间的争斗来说几乎是唯一史料。另外，需要区分史料的当时价值和后世使用价值，例如乔治·凯南的"八千字电报"在当时只是一份外交文件，但是对后世的冷战研究者来说，是极其重要的原始史料。

---

① ［古希腊］修昔底德：《伯罗奔尼撒战争史》，谢德风译，商务印书馆1960年版，第18页。
② 同上。
③ Carolingian Chronicles: Royal Frankish Annalsand Nithard's Histories, Translated by Bernhard Wlater Schlolzwith Barbara Rogers, The University of Michigan, 1970.

(4) 解析史料内涵。从分析作者世界观、政治观和史料如何选择、取舍史实两个方面来把握史料内涵。正如冯尔康所言，"史料分析批评，是史料学的灵魂，是它的根本任务"。[①] 历史学《专业英语》课程对于史料文本的分析不能停留在文本翻译、只局限于史料的表面意思、专业术语和概念，对学生的要求也不仅仅只是看懂文本，而是要求学生真正掌握史料的内涵，即在研究文本的时候，不仅需要关注文本本身和文本背后的内容，还需要关注文本所依赖的预设和文本存在表示的内容。引导学生尽量使用英文进行思维，对文本中所涉及的历史人物、历史事件、历史现象进行思考、总结和分析。例如，教皇格里高利七世在1075年发布的《教皇敕令》（27条），篇幅较小，句子结构简单，字面意思不难理解，但背景却涉及11世纪的教会改革，牵涉欧洲中世纪教权和皇权的关系问题，因此教师授课时，必须结合时代背景进行，使学生探究教皇格里高利七世颁发《教皇敕令》的背景，以及颁发此敕令的目的、每一条敕令的内涵、敕令在皇权与教权关系中的意义等。只有做到这些，才算是把握了史料的思想性，才能够体现出节选此文的意义。

最后，指导学生利用史料。为历史学本科生开始《专业英语》课程的目的之一是培养学生解读英文史料的能力，更重要的是提升学生对于史料的利用能力，最终为史学研究服务。因为《专业英语》课程的课时有限，教师需在提高学生理解、把握所选史料能力的同时，向学生介绍其他英文文献和基本的检索方法，尤其是督促学生掌握一些专业术语的英文表达，文摘常用词及人名、地名、杂志名的缩写规则等，借此提高学生根据给定的课题，检索英文资料的能力。因而，教师在授课过程中，需要向学生介绍目前相关学术动态，例如讲授德国宗教改革历史时，介绍目前这一领域在如"城市运动与宗教改革之间的关系""各教派之间的关系""经院哲学、人文主义同宗教改革之间的关系""认信化"等方面都取得了丰硕的成果。这些研究成果的介绍既能加深学生对"宗教改革"的理解，又能开阔学生的视界，打开学生的思路。当然，在网络资源发

---

① 冯尔康：《清史史料学》，沈阳出版社2004年版，第21页。

达的今天，教师在授课过程中可以结合自身经验，向学生传授一些本专业常用的网络资源的搜索方法。就世界史的学习而言，常用的数据库可以作为日常学习和研究的工具，为学生日后的学习和科研打下坚实的基础。

三 高校历史专业《专业英语》课程重视史料研读的意义

重视史料研读是历史学《专业英语》课程教学改革的必然要求，也是世界史教学和研究的必然趋势，集中体现了中国高等教育同国际接轨的趋势。处理好历史学《专业英语》课程的教学同史料研读的关系，有助于解决好英语语言学习和历史学专业之间的关系，使英语语言知识和历史专业学习相互促进，相得益彰。还可以通过史料研读帮助学生正确地组织和运用原始资料，将已有专业知识向深度和广度推进，开阔其视野，丰富其知识，使其能够通观世界历史全局，了解东西方文化的差异，又可以对重点难点的具体问题深刻了解，为日后的独立研究打下基础、做好准备。

从历史教师教育角度看高师院校通史课程的教学改革

安徽师范大学　王德民

高师院校通史课程的教学目标，定位于面向未来的基础教育中学历史教师。从历史教师教育角度来看，当前高师院校历史教育专业本科生的通史素养缺失，在教育实习、相关课程的课堂教学行为中主要体现为：基本史实把握不准；缺乏证据意识；历史视野狭窄，思维僵化。历史教师教育视角下通史课程的教学改革策略至少包括：讲清中学历史课程所涉及的基本史实；有效渗透史学方法与史学理论层面的专业训练；合理配置通史课程的教学资源。

高师院校通史课程与一般性大学通史课程的不同在于，其面向未来的基础教育中学历史教师的课程定位。由此，由历史教师教育所肇启的、对高师院校通史课程的教育诉求，不能不引发对当前高师院校通史课程的教学检视与反思。

一　历史教师教育中学生的通史素养缺失

历史教师教育的课程谱系中，通史课程占有相当的比重。通史课程的教学很大程度上奠基了学生的史学基础，影响着未来历史教师的教学行为。从当前学生的教育实习、相关课程的课堂教学行为来看，学生的通史素养缺失，主要体现于以下几方面：

（一）基本史实把握不准

史实是建构历史认知的前提，更是塑造历史观念的基石，但学生对基本史实的把握并不准确。比如，叙述"太平天国运动"一课的《天朝田亩制度》时，常将教科书列举的"有田同耕，有饭同食，有衣同穿，有钱同使，无处不均匀，无人不饱暖"的太平天国理想及其"以户为单位，不论男女，按人口和年龄平分土地"的思想主张，当作太平天国已普遍实行的土地政策，有的甚至还用铺陈、"包装"过的情节加以课堂渲染；叙述"辛亥革命"一课的"中华民国成立"时，为论证袁世凯"篡权"，只强调袁世凯的奸诈，忽略革命党人当时的实力、态度及客观现状等。

（二）缺乏证据意识

证据是求证历史知识、培育"求真"意识的必要凭借，对学生而言，证据意识指向于"讲历史"能否用证据说话，能否"一分证据说一分话"，其主要表现在于学生对史实的确证、对史料的辨伪，但学生缺乏此方面的意识。比如，学生引入教学中的史料通常不标明出处，史料真伪不分，有些甚至引用"百度""搜狐"等网络资料去"戏说"历史。还有，对于如禹"三过家门而不入"这样的故事，学生亦不加辨析，有的甚至还要补充细节、栩栩如生地加以描述。

（三）历史视野狭窄，思维僵化

当前，高师院校历史教育专业本科生的历史视野狭窄，思维僵化。其主要表现是分析历史问题的理论视角单一，观点陈旧。还以"太平天国"一课为例，评价太平天国运动时，将《天朝田亩制度》说成是"几千年来农民反封建斗争的思想结晶"，将整个太平天国运动说成是"中国农民战争的最高峰，亚洲反殖民侵略的革命风暴中重要组成部分，打破了西方侵略者把中国迅速殖民化的企图"等，如此评价不仅脱离史实，且观点陈旧，理论视角仅限于"革命史观"一隅，忽视了"现代化史观"

的理论观点。

二 历史教师教育视角下通史课程的教学改革策略

　　自近代学校历史教育专业确立以来，通史课程无论在教材编纂上还是在教学定位上，较多地与中学历史教育有着密切关联。比如，20世纪初期夏曾佑、吕思勉、钱穆等学者编纂的通史教材，大多取材或定位于中学历史教育。通史课程与中学历史教育的学术渊源，铺垫了中学历史教育与通史课程的联系性基础。而当前高师院校通史课程的目标定位，更进一步强化了其与历史教师教育的关联性根基。鉴于上述历史教师教育中学生的通史素养缺失，通史课程的教学改革至少需采取以下策略：

（一）讲清中学历史课程所涉及的基本史实

　　通史课程主要解决"教什么"的问题，它涉及学生对基本史实以及中外历史发展基本线索的理解与把握。通史课程不仅应精要、简约，而且贵在"通"。范文澜先生曾提出好的中国通史要做到"第一要直通，第二要旁通，最后要会通"。[1] 也就是说，通史课程旨在揭示古今纵向历时性之通、某一时代横向的共时性之通，以及二者在此基础上的会通。

　　然而，当前高校通史课程并没解决好"通"的问题，这不仅体现于通史课程没能阐释好其所内含的基本史实（主要指中学历史课程所涉及的基本史实），亦体现于通史课程没能将基本史实贯通起来，后者的问题更为突出。比如，现行中国通史课程的一般性做法，是将中国历史分为"中国古代史""中国近现代史"加以讲述，鉴于师资、专业所限，上述分期又通常划分为"先秦史""秦汉魏晋南北朝史""隋唐五代宋辽金史""元明清史""中国近代史""中国现代史"等。且不说如此的划分难免有着割裂、横阻历史之嫌，即使将其视作上下通连的真实历史，不

---

[1] 范文澜：《中国通史简编》，人民出版社1955年版，第71页。

同的教师各讲授一段,彼此学识、观点各异,通史课程亦很难"贯通"。针对数人讲授中国通史的类似情况,钱穆先生亦曾对学生指出:"我们的通史一课实大不通。我今天在此讲,不知前一堂何人在此讲些什么,又不知下一堂又来何人在此讲些什么。不论所讲谁是谁非,但彼此实无一条线贯通而下。诸位听此一年课,将感头绪纷繁,摸不到要领。故通史一课,实增诸位之不通,恐无其他可得。"①

应该承认,通史课程作"分期"、断代之分,以及数人讲授的做法,既有史学分段研究(专门史)带来的"无奈",亦有考虑学生对不同段落历史感兴趣并进而培养更高深史学专门人才之初衷。不过,倘若从培养未来中学历史教师角度来考量,通史课程至少需要讲清中学历史课程所涉及的基本史实,同时亦需要讲清基于这些基本史实的纵横向"贯通"。

(二)有效渗透史学方法与史学理论层面的专业训练

尽管史学方法与史学理论有专门的课程设置,但通史课程的教学显然不能仅限于讲授史实。且就更深层的意义上,史实亦有客观存在的史实、史料记载的史实、史学著作中重建的史实等诸多划分。史实划分的背后,恰恰是史学方法、史学理论乃至历史观的深层折射。

通史课程强调对史学方法与史学理论层面的专业训练,当然不是就方法论方法,抑或就理论论理论。专业的史学方法或史学理论的剖析与讲授,是诸如史学概论、史学史等课程的授业范围。通史课程对史学方法与史学理论的关注,不是专业性的系统讲解,而是渗透于史实的构建与讲授之中。比如,对于中国古代史的构建,钱穆的《国史大纲》与范文澜的《中国通史》就有着历史观的根本差异,通史课程涉及此类名著介绍时,就应该渗透相关史学理论与方法的解读。

史学理论与史学方法的内容比较抽象,对处于史学入门、并未熟谙史学研究的高校历史师范生而言,接受起来也有很大难度。尽管如此,通史课程亦需要针对特定的历史时段与历史事实,化繁为简,有效渗透

---

① 钱穆:《八十忆双亲·师友杂忆》,生活·读书·新知三联书店1998年版,第171页。

史学理论与史学方法的专业训练，以此提升高师院校历史师范生的通史素养。比如，可以结合特定史实介绍史料搜集与鉴别的基本方法；亦可有针对性地结合具体实例，介绍诸如"全球化史观""现代化史观"等史学理论观点。

（三）合理配置通史课程的教学资源

通史课程所占内容范围广，课时量大，由此涉及的教学资源也较多。这里的教学资源主要涉及学术资源与人力资源。就学术资源而言，鉴于通史课程内容需要以通史教材为依托，通史教材要做到"会通"，不仅需要具备宽宏、敏锐的学术视野，更加需要专门史、断代史等领域的有机融合。"没有断代史、专门史、地区史、民族史等各种局部性的深入研究作为基础，浮光掠影而过，通史总难脱浅薄之讥。如若没有综合性的提高，水乳交融的会通，灵光闪现的评述，神散形枯，那更算不得具有时代气息的'完形'通史。"[①] 通史教材如此，通史课程的教学实施更需如此。通史课程不仅要讲授中外历史发展的基本线索，反映历史发展的总趋势，还要讲授重大历史事件、重要历史人物；不仅需要讲授政治、经济、文化、军事，还要讲授社会状况如人口、婚姻、民俗等；不仅需要讲授大的趋势、群体、事件和制度，还要讲授小的历史细节，诸如传统时代的士人情怀、工业化时代的工人生活等，如此才能使通史课程的教学内容丰富、圆满。就人力资源而言，鉴于通史课程的内容与时限，通史课堂通常由数名不同专业方向的专门史教师讲授，且很多情况下由资历尚浅、学识未精的年轻教师充任，建议此门课程的教学，前期应做好不同专业方向教师之间的研讨、交流与集体备课，以积聚、达成一定的共识，同时，尽可能选任学识广博的专业教师主讲通史课程，最大限度地提升通史课程的教学质量。

---

① 王家范：《中国通史编纂百年回顾》，《史林》2003 年第 6 期。

高师历史学专业教学与中学历史教学衔接问题探析

——以安徽省高师院校和基础教育为例

安庆师范大学　董根明

安徽省安庆市第二中学　何　凌

2018年3月，教育部高等学校教学指导委员会制定颁布了《普通高等学校本科专业类教学质量国家标准》，其中，对历史学类专业培养目标的定位是这样表述的："历史系类专业教育教学应坚持马克思主义为指导，培养学生具有坚定正确的政治方向、扎实的理论基础，广博的历史知识、深厚的人文素养、敏锐的问题意识与思辨能力，掌握历史信息搜集、考证与分析的基本方法，能在历史过程和现实处境中考察特定的历史现象，记录、搜集和处理相关信息，形成合理的见解，以开放和包容的眼光理解人类社会生活及其价值观念的复杂性和多样性，能在高等和中等学校及其相关科研部门从事历史学教育与研究，适应国家社会经济文化发展的需要。"[①]就具体目标而言，历史学专业人才培养的目标定位主要有两个方面：一是为高等学校或科研院所输送具有初步研究能力的历史学专业人才；二是为基础教育或中等学校培养合格的历史教师。随着基础教育课程改革、中高考改革的深化和教师队伍自身的发展，在中

---

① 教育部高等学校教学指导委员会编：《普通高等学校本科专业类教学质量国家标准》（上），高等教育出版社2018年版，第102页。

学教学一线，历史教师的学历层次达到本科或硕士研究生水平的比例日益增大，这在一定程度上提高了中学历史教学的专业化水平，也有利于中学历史学科建设的良性发展。然而，在每年的教师资格考试和教师考编入职面试中，常常会出现这样一些现象，即刚从高等学校毕业的历史学专业本科生的考试成绩大多不及那些在中学具有实践教学经验的未入编教师，而历史教育硕士研究生未必比历史学本科生优秀。作为一名中学历史教师，哪些知识和素养是其职业生涯所必备的？高等师范院校历史学专业应该为立志于从事中学历史教学的师范生提供什么样的课程和服务才是合理的？本文尝试以安徽省属师范大学和基础教育为例，就高师院校历史学专业教学与中学历史教学之间的衔接问题做初步探析，以求教于方家。

一 现行师范类历史学专业课程设置与师范生实习存在的问题

1. 师范类历史学专业课程概要

笔者详细考查了安徽省属部分高等师范院校历史学本科专业的人才培养方案，其课程设置主要为通识类课程、史学专业课程、教师教育课程及实践类课程等。在此，我们以某高校历史学专业课程设置为例进行探讨。

表1　　　　　某高校历史学专业课程类别结构（节选）

课程类别		学时数	比例（%）	学分数	比例（%）
通识教育课程	思想政治理论课	189	7.95	16.0	8.91
	公共基础课	409	17.20	23.0	12.81
	文化素质教育课	120	5.05	8.0	4.46
教师教育课程	教师教育课程	205	8.62	10.5	5.85

续表

课程类别		学时数	比例（%）	学分数	比例（%）
史学专业课程	学科基础课程	469	19.72	29.0	16.16
	专业核心课程	223	9.38	14.0	7.80
	专业方向课程	595	25.02	35.0	19.50
实践教育课程	集中实践教学环节	0	0.00	14.0	7.80
	实习实训	0	0.00	20.0	11.14
创新创业教育课程	理论课程	32	1.35	2.0	1.11
	实践课程	136	5.72	8.0	4.46
合计		2378	100	179.5	100

资料来源：《安庆师范大学师范类本科专业2018版人才培养方案·历史学》（内部资料）。

从表1可以看出，教师教育类课程占总学分的5.85%、教学实践及实习实训分别占7.8%、11.14%，且均为必修课。从中可以看出师范类院校对历史学专业学生在教育教学理论与方法的培养，尤其是教育教学实践方面是比较重视的，实践教育课程占总学分的18.94%，但集中实践教学环节和实习实训环节均没有具体的学时分配，师范生的教学实践活动被集中安排在实习学校完成。

表2对省属两所师范类院校关于教师教育课程进行了比较，从中可以看出A高校在课程设置中开设了《中学历史课程标准与教材教法》和《中学历史教学设计》课程，这与中学历史课程改革的方向是一致的，有利于师范生理解中学历史的课程设置理念和结构。B高校在课程设置中开设了教师职业技能训练系列课程，尤其是微格教学，有利于师范生迅速适应一线教学，掌握教师的必备技能。《教育知识与教师专业发展》课程，注重师范生的专业发展规划，这是具有实际应用价值及前瞻性的，对于青年教师合理规划职业生涯具有积极意义。但我们也看到这些课程的授课主体仍是高校教师，缺乏与中学教学的互动，学生学了很多理论和方法，而在实际教学中仍有眼高手低之感，缺乏对复杂历史问题的解读能力，也缺乏对中学历史课程结构的整体把控能力。

表 2　　　　　　　　　　　教师教育类课程比较

序号	高校 A	学分	高校 B	学分	课程性质
1	教师职业道德专题教育	0	教师职业技能训练（一）（书法）	1	必修课
2	教育学基础	3	教师职业技能训练（二）（普通话）	1	必修课
3	心理学基础	3	教师职业技能训练（三）（微格教学）	1	必修课
4	现代教育技术应用	1.5	现代教育技术应用	2	必修课
5	中学历史课程标准与教材教法	2	中学教育基础	3	必修课
6	中学历史教学设计	1	中学生心理发展与教育	3	必修课
7			历史教学论	3	必修课
8			教育知识与教师专业发展	2	必修课
9			历史学科知识与教学能力	2	必修课
学分合计		10.5		18	

资料来源：此表据《安庆师范大学师范类本科专业 2018 版人才培养方案·历史学》（内部资料）和《安徽师范大学历史与社会学院 2016 版历史学专业人才培养方案（教师教育类）》（内部资料汇编）整理。

2. 师范生教育实习存在的常见问题

大多数师范类高校对于师范生的教育实习都很重视，其师范类专业的实习学分占比基本在 10% 以上，实习时间大多在 8 周以上。但师范生的教育教学实习仍会因种种问题而降低了应有的实习效果。其常见问题主要表现在以下几个方面。

一是教学设计不科学。

师范生最容易出现的问题就是教学设计不科学，体现在不按课程标准进行教学设计、不符合发展学生核心素养的要求、问题设置不清晰、课堂活动安排不合理、不了解高中生的认知特点等。在实习中常常有师范生写了十几页的教学设计，执行起来可能在短短的 20 分钟内就结束了；或者 45 分钟课堂教学时间快到了，而教学任务只完成了一半的情况。

二是专业知识不扎实、课堂把控能力不足。

中学历史教学既有通史类教学又有专门史的教学，与高校历史课程相比，虽难度不大，涉及的面却比较广，尤其是近年来史料教学的盛行，中学历史教学中会遇到大量的史料研读，有的师范生专业知识不扎实，解读史料不准确，抓不住关键信息，常会出现教师自己滔滔不绝而学生却懵懵懂懂的现象。于师范生而言，对课堂教学过程中所出现的意外情况普遍缺乏应变能力，不能及时化解或转换，课堂把控能力明显不足。

三是实习时间短、教育实习效果不明显。

从实习生的角度而言，由于大多数高校的教育教学实习都安排在大三下学期或大四上学期，这段时间正值师范生准备研究生考试或找工作的黄金时期。因此，很多师范生以忙于考研或找工作为由，主动要求少听课、少上课，导致实习效果大大降低。

从指导教师的角度而言，一些实习学校的指导老师认为师范生是新手，会扰乱自己的教学进度，对他们上课不放心，私自延长师范生的见习期，缩短实习期。由于师范生的实习成绩和评语鉴定主要由实习学校指导老师完成，因此，即使对那些想通过多上课多实践提高自己教学能力的实习生而言，他们也只能默认这种状况敢怒而不敢言。而高校配备的指导教师又忙于自己的教学或行政事务，很少深入中学课堂教学一线指导实习生备课、试讲、上课。近年来，高师院校指导教师与中学指导教师一起共同组织实习生进行集体备课、观摩和研讨的情况更是少之又少。

上述现象和问题若不能得到有效缓解或改变，势必会影响到师范生的职业生涯，也会影响到基础教育的质量。就中学历史教学而言，由于师范生普遍缺乏适应中学历史教学岗位所对应的知识、能力与素养，不仅导致其在教师入编考试中缺乏竞争力，解决不了编制问题，影响生活质量，而且即使能够幸运入编也难以快速胜任中学历史教学工作。那么，作为一线历史教师的后备力量，高师院校历史学专业应该注重师范生什么样的素质培养才能更好地适应中学历史教学呢？

二 新课程标准下中学历史教师的必备素养

教育部自 2013 年起，启动了普通高中课程修订工作，在《普通高中历史课程标准（2017 年版）》中明确提出了历史学科的核心素养，这就要求教师必须树立正确的育人观，在课程规划、教学设计、教学评价等方面渗透历史学科核心素养的要求，优化课堂教学生态[①]。基于教育部《普通高等学校本科专业类教学质量国家标准》和《普通高中课程标准（2017 年版）》的要求，高等师范院校应该以立德树人为根本，树立科学的育人观，立足学生终身发展，合理构建历史学专业课程体系。

1. 以立德树人为根本，树立科学的育人观

中学历史课程是对学生进行历史学教育、传播人类文明的基础性课程，有利于提高学生的思辨能力和史学素养，运用历史唯物主义的观点揭示人类社会发展的基本规律；有利于弘扬中华民族优秀传统文化，增强学生的历史使命感和民族认同感，树立正确的世界观、人生观和价值观；有利于促进学生的全面发展，切实落实立德树人的根本任务。历史教师要充分认识到历史课程在中学突出的育人作用，树立科学的育人观。

2. 立足学生终身发展，合理构建历史课程体系

在中学历史教学中，要立足学生的终身发展，合理构建历史课程体系。图 1 显示了 2017 年版新课标下普通高中历史学科的课程结构，2017 年版新课标教材也将投入使用。在新课标的指导下，普通高中课程分为必修课程、选择性必修和选修三类课程。

必修课程为《中外历史纲要》，叙述中国历史和世界历史的基本过程和重要内容，是高中历史学习的基础，所有学生都要学习，也是合格性考试的范围。选择性必修课程有《国家制度与社会治理》《经济与社会生活》《文化交流与传播》，分别从政治、经济、文化三个角度讲述人类社会的发展历程。选修课程有《史学入门》《史料研读》和校本课程，供学

---

① 教育部：《高中历史课程标准（2017 年版）》，人民教育出版社 2018 年版。

校和学生自主选择学习。从结构上看，必修课程、选择性必修和选修课程分别为通史、专题史、史学理论和史学拓展，是层层递进的，具有关联性和渐进性的特征，符合高中生的认知特点。

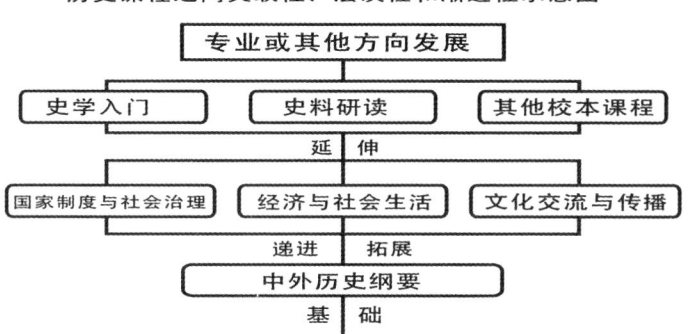

历史课程之间关联性、层次性和渐进性示意图

```
           专业或其他方向发展
    ┌──────────┬──────────┬──────────┐
    │ 史学入门 │ 史料研读 │其他校本课程│
    └──────────┴──────────┴──────────┘
                   延  伸
    ┌──────────────┬──────────────┬──────────────┐
    │国家制度与社会治理│经济与社会生活│文化交流与传播│
    └──────────────┴──────────────┴──────────────┘
                递进    拓展
              ┌──────────────┐
              │ 中外历史纲要 │
              └──────────────┘
                   基  础
```

图1　高中历史课程结构①

值得注意的是，在教育部制定的《普通高中课程方案（2017 年版）》中明确规定高中毕业的最低学分要求是 144 学分，其中必修课程 88 学分，选择性必修课程 42 学分，选修课程 14 学分（含校本课程 8 学分）。按 18 课时为 1 学分计，高中生至少要修满 144 课时的校本课程方能毕业。② 这就为校本课程的开发和实施提供了政策依据和拓展空间，也说明一个完整的学科课程体系应该由国家、地方、学校三级课程构成。这三级课程在学校里形成独特的学科课程群，相辅相成，互为补充，既体现了高中课程的基础性和选择性，又立足地方和学校的发展特色，既有通识性的基础课程又有学科拓展课程，成为展现学科特色和优势的主阵地。因此，历史教师要有课程规划意识，按照普通高中课程方案和课程标准的要求，

---

① 教育部：《普通高中历史课程标准（2017 年版）》，人民教育出版社 2018 年版，第 11 页。

② 同上。

合理构建历史学科课程体系，为学生的终身发展和个性发展提供多样化的学习菜单。

3. 基于历史课程标准，精心设计历史课堂教学

自 2003 年教育部颁布《普通高中历史课程标准（实验）》以来，中学历史教学不再以教学大纲为纲，课程标准成为教材编写和教学设计的主要依据，2017 年教育部颁布了新的普通高中课程标准，进一步推动教学观念和教学方式的变革。基于历史课程标准，聚焦学科核心素养成为中学教学设计的立足点和价值依归。

2017 年版课程标准凝练了各学科的核心素养，其中历史学科核心素养包括唯物史观、时空观念、史料实证、历史解释和家国情怀五个方面，这五方面是相辅相成的整体，也是学生通过历史课程学习所应当具备的必备品格和关键能力。这些素养不是与生俱来的，也不可能一蹴而就，这就要求教师认真研读课程标准，合理构建历史课程群，科学制定学习目标，对教学内容进行分析、解构、整合、再诠释，通过创设情境、阅读史料、引导探究、实践活动等一系列的教学设计来解决实际问题，激发学生的求知欲，培养学生的史学素养，以自身深厚的学科底蕴和多样化的教学手段来指导学生，成为学生探究问题的激励者和指导者，构建"以生为本"的历史课堂。

4. 关注高考命题趋势，准确把握学业质量评价

我国改革开放以来的高考命题经历了知识立意、能力立意和素养立意的三个阶段。在"一体四层四翼"的高考评价体系下，高考以"立德树人、服务选拔、导向教学"为根本，突出考查"必备知识、关键能力、学科素养、核心价值"四层目标，体现"基础性、综合性、应用性、创新性"的特点（见图 2）。历史高考命题越来越重视史料研读，注重知识的应用和能力的迁移，命题不囿于教材所限。

如 2017 年全国 I 卷第 42 题，以《14—17 世纪中外历史事件简表》为题干，要求考生提取相互关联的中外图文信息，自拟论题，并结合所学知识予以阐述。该题对学生的关键能力要求很高，考查涉及历史学科核心素养的五个方面，具有综合性、应用性和创新性的特点。根据这一

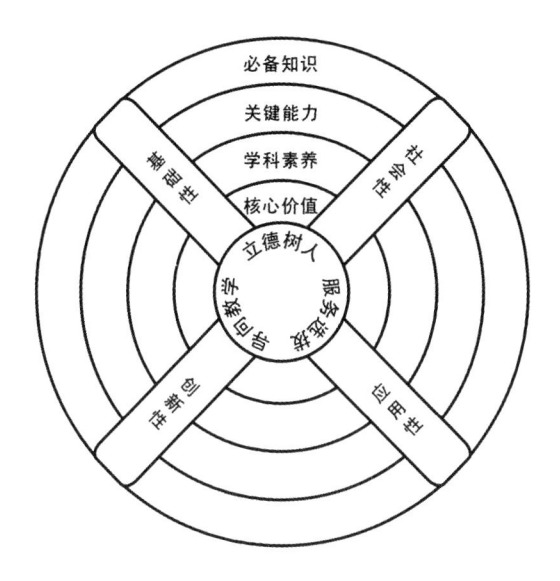

图 2　"一体四层四翼"的高考评价体系

特点，在平时的教学评价中，教师要准确把握历史学科核心素养的水平划分，注意问题设置的典型性、渐进性和综合性，培养学生在特定情境下解决历史问题的能力，要注重多维度地对学生学习的过程和结果进行综合评价，以评促学，以评促教，最终使教、学、评共同服务于学生历史学科核心素养的发展。

三　师范类高校历史学专业与中学历史教学的衔接途径

师范类高校历史学专业是培养中学历史教师的主要基地，如何培养更加适应一线历史教学的毕业生是师范类院校一直思考的问题。笔者不揣冒昧提几点建议，供同行参考。

1. 建立师资互动机制

其一，通过"双进工程"，实现教学互动。即高校教授进中学，中学教师进高校，实现师资交流互动，促进高校与中学教学的衔接。这不仅有利于促进师范类高校面向中学教学一线、面向就业市场制定人才培养方案，也让师范生具有更强的社会适应能力和市场竞争能力，更接地气。

高校教师可以给中学教师提供专业深造和继续教育的机会，让他们及时掌握历史学方面的学术研究动态，更新知识体系，提高专业素养。中学教师可以就中学课程体系的建构、课程标准的解读和教育教学智慧的生成等方面，给师范生做讲座或上课，指导师范生微格教学，引领师范生教育见习，让师范生更真切地了解一线历史教学的实际和教育教学改革的趋势。

其二，合作课题研究，进行科研互动。建立高校和中学骨干教师组成的科研工作室，就基础教育的重难点问题申报专项课题，进行合作研究，高校有理论优势，中学有实践优势，这样更有利于将高校的科研成果与中学的教学实际结合起来，促进科研成果转化，创新教学模式，扩大教学资源，提升历史教学的质量。

2. 建立课程开发与质量监控的长效机制

随着中学课程改革的逐步深化，独具特色的校本课程和研究性学习方兴未艾。目前中学校本课程建设大多停留在中学教师自己开发的层面上，校本课程质量良莠不齐，亟待规范和提升。高校若能参与到中学的课程开发中，建立长效课程开发与质量监控机制，势必将大大提高中学校本课程的质量，丰富校本课程的种类，高校也能在实际参与中了解中学课程的设置结构，掌握中学历史教学的师资需求，促进高校教师教育类课程的优化和完善。

3. 创新学生教育教学实习方式

建议师范类高校灵活设置实习时间和实习方式，采取实习积分制。除了集中实习实训外，学生也可以在实习基地或青少年校外活动中心，通过参与"四点半课堂"志愿者服务、开设历史选修课程、实行学长助学、参与历史教研活动等方式将实习分散在几个学期进行，减少集中实习时间，采取积分制的实习方式。通过灵活的方式参与到中学教育教学的各个环节中，有助于增强师范生的职业认同感，缓解集中实习的紧张不适感，缩短就业适应期。

高校历史专业论文写作示范教学谫论

安庆师范大学　郝佩林

在"文以载道"的文史学科传统中，论文写作向来被视为学生专业发展的核心素养和关键能力之一。与此同时，在当前高校专业评价体系中，史学论文既是学生毕业考核的客观要求，也是检验教师教学能力的有效途径。可见，论文写作在高校历史教学环节中举足轻重。目前，在高校历史专业课程体系中，尽管大多院校都开设有史学论文写作的专门课程。但是，这些课程内容多停留在论文写作的基本规范、论证逻辑等基本理论层次；就教学过程而言，高校课堂教学亦是理论多于实践，重讲授，轻示范。多数学生虽然对于论文写作论证的相关理论了然于胸，可是到了动笔写作时，却不免犯难。可见，大学课堂教学并未真正触及学生学习写作的难点和痛点，其教学效果也往往是事倍功半。此外，当前不少学生的毕业论文写作水准乏善可陈，亦可侧面映衬出当前高校教学体系中学生论文写作素养的不足与短板。基于上述情状，如何创新史学写作课堂教法，提升教学效果仍是一线教师需要直面的问题，也为本文的写作留存了进一步探索的空间。

一　论文写作示范教学程序

在日常教学过程中，除了继承传统课堂的诸多优势外，教师应该依循学生的学习写作的客观心理步序，改变重理论轻实践的教学趋向，引入论文写作示范教学，直观呈现论文写作的操作步骤，提升学生在写作课堂的获得感。史学论文的示范教学即为在秉持论从史出的学科理念的基础上，教师在课堂上直观展示史学论文生成的步序和过程，并且通过下水论文（片段）的示范写作，从而引导学生掌握史学论文写作思维过程和基本技巧。这样，课堂教学不仅要给予学生史学论文写作的相关规范等基本理论，关键在于，学生能够直观可见史学论文从材料到论文写就的操作步骤和成文过程，然后学生依照课堂提供的写作步骤试写论文片段，最后由片段连缀成文。史学写作示范教学不再停留于空泛的理论讲授，而是转变为切实可感的操作步骤和实践过程，进一步强化了写作教学的落地感，提升了课堂呈现的示范效应。

史学论文的示范教学过程包括三个步骤：

（一）史料提要清晰条理，提取史料核心意涵

史学论文讲求论从史出。史料是史学论述的基础。详细地、全面地占有历史资料，才能对资料本身去伪存真、去粗取精、由此及彼、由表及里地分析、揭示历史的真相。[1] 因此，论文写作在选定论述对象后，首要任务便是最大范围地搜求与论题相关的核心史料，其中包含必备基本资料：专题资料、原始资料、资料集等。搜集的史料在时间上越长久越好，越原始越好。[2] 之后便是论文写作的第一步：进行史料提要。提要是对每一则史料的核心内涵进行提炼概括，甄别出每一则史料所蕴含的历史内容。史料提要的目的有二：一是熟悉资料；二是大体判别史料所写内容，进一步确定论文的选题。史料提要旨在弄清史料中蕴藏的历史内容。因此在作史料提要时，应特别留意提要排布的格式和观感。一方面，各条史料提要应逐条排列，这样，史料内容一目了然，清清爽爽。另一方面，史料提要应以较为醒目的字体、颜色标出史料的核心内涵。这样，史料提要的排布更为清晰和条理，便于作者直接观察史料内容，不至于

---

[1] 冯尔康：《清史史料学》，沈阳出版社2004年版，第5页。
[2] 杜维运：《史学方法论》，（台北）三民书局1986年版，第65、68页。

妨碍后续的史料整合、归类。

(二) 史料提要整合归类，凝练论文逻辑框架

在做好史料提要之后，通过观察，判定这些史料大体可以分为几个部分，将论述观点相同的史料进行归类。这些内涵相仿的史料便组成相应的史料丛集，根据史料核心内涵凝练出共同的观点。这个观点即为这一史料丛集的小标题。至于每一片段内部的逻辑层次，亦是按照此路径进行材料切分，不断细化为更低层次，然后根据各个层次的逻辑关系进行整合成文。这样，论文的一个部分或片段即整合完成。依此类推，根据不同史料丛集集结为若干不同的片段，提炼出不同观点。然后根据各个片段的观点凝练概括出一个层次较高的论文观点。这样，论文的观点和逻辑结构即在这些片段的网联中生成。譬如，学生打算写一篇关于《江南说书娱乐与乡民教化》的文章。通过资料提要后，观察发现材料主要集中于"说书人所说的书目多为《珍珠塔》《水浒》一类传统书目""说书人在书台上解释评价、书中的人物事件""民众听书后的感想、评价""书台上表演的生动有趣的艺术手段""说书活动演出频繁并且说唱中引用当地人的生活片段""说书改良"等部分。通过观察这些史料丛集，便可知论文大致应该包括"别样世界的'非现代'体悟"（说书内容多为远离乡民生活的传统知识、观念）、"民间艺术的陶冶"（书台上表演的各种艺术手段）、"融入共同体生活的表演"、"乡镇书场中说书改良"四个部分。这样，史料提要的整合归类是为了便于观察史料集中的方向，从而提炼出论文论述的基本结构。

(三) 任意选取论文片段，教师下水示范写作

教师在课堂上亲自示范论文写作，展现论文生成的直观过程是示范教学的核心部分，也是当前高校论文写作课程所缺少的。课堂上教师的下水写作能够让学生亲眼看见论文的写作过程，理解其中思维过程和操作步骤。民国时期，在西南联大任教的沈从文亦是用这种方法教学生写作的。沈从文先生不仅帮助学生修改作品，引导学生进行专题性的阅读，

而且亲自写作示范，树立标杆。他的"有些小说是为了教创作课给学生示范而写的"①。限于课堂教学时限，教师的下水写作以论文片段为宜。每一个片段大约500—600字。论文片段阐述一个小的论点，小观点从属于这个文章中的大观点，写作中将相关的论据嵌入其中。论文的每一个部分由3—4个片段组成。一篇文章即这样的若干片段连缀而成。这种分解的写作练习往往是通往高层次创造性活动的基础，可以帮助初学者尽快累积起语言文字表达能力的最初的基石，这些基石成为构建个性化论文的有力积淀。精致的片段是完整篇章的一个不可或缺的部件，"聚沙成塔""垒砖筑厦""千里之行始于足下，九层之台始于垒土"，片段写作训练之于篇章作文就是聚沙、垒砖、垒土的过程。沈从文曾指出："先得学会车零件，然后才能学组装。我觉得先作一些这样的片段的习作，是有好处的，这可以锻炼基本功。"②

在论文片段的下水的片段写作中，教师还应注意示范以下几方面。

其一，材料的引用与处理。史料是论文写作的基石。论文写作首先要直面的问题便是史料的引用与处理。哪些材料该引，哪些应放在引号外等问题是写作时着重考虑的问题。这不仅是关系论文质量的处理技术，更是折射作者学养所在。通常来讲，与论文观点直接相关的话语要突出，要直接"引语"。史料论据要剪切得当，与论点关系不大的部分以省略号代替，或者挪至引号外用自己的语言转述。这样既避免了长篇大段的直接引用，也可以增强论文表达的多样性。在引用论据时，要注意史实性史料与史论性材料搭配使用，力求史论结合。如果，全用理论性的材料显得论述内容不够具体、典型；另外，理论性的阐述性史料的层次有高下之分，越是征引名家名作的经典语录越有说服力。

其二，行文逻辑与论证方式。论文的逻辑是论证观点具体步序，论证方式。从本质上讲，逻辑是一个文本的表达形式。史学论文的一般逻辑为归纳和演绎两种，尤以归纳为重，即是在充分占有材料的基础上进

---

① 曹鹏选编：《汪曾祺经典散文选》，中国广播电视出版社2009年版，第86页。
② 同上书，第84页。

行提炼总结。"史学家治史,第一种必须使用的方法,应是归纳法。"① 在论文写作过程中一般的步骤是先归纳后演绎。正如著名语言学家王力在谈到学术论文写作时强调的那样:我们知道,逻辑上讲两种科学的方法,一个是演绎,一个是归纳。所谓演绎,就是从一般到特殊;所谓归纳,就是从特殊到一般。我们搞科研,要先用归纳,再用演绎。不能反过来。……怎么研究呢?就是从大量具体的材料去归纳,从个别到一般,结论在归纳的末尾,而不是它的开头。所谓分析,是要以归纳为基础的,没有归纳就没有分析。凡是先立结论,然后去找例证,往往都靠不住。因为你往往是主观的,找一些为你所用的例证,不为你所用就不要,那自然就错误了。归纳的重要也就是证明充分占有材料的重要。②

这样,论文写作过程就成为材料归纳的过程。通过观察材料,在明确片段观点之后,然后看看相关材料说了几层意思。紧接着的问题是,分这几个层次来论证这个观点。从这一层面上讲,论文的逻辑即暗含于材料的层次中,层次之间客观联系便构成了论述的逻辑。

而后,在归纳的基础上对观点进行演绎,即史料的分析。史料的演绎分析能力是通过阐述历史事物的关系而论证文章观点,换言之,将不同角度的材料按照一定逻辑关系进行有机整合拼装的过程。这种逻辑关系也可以被定义为论文的分析视角。比较常见的分析视角包括抽象与具体、动态与静态、横向与纵向、时间与空间等。这些分析视角使论述更加全面,更具说服力。譬如,在分析具体史料时,要联系宏大的社会时代背景,突出时代性,联系历史脉络。尤其是历史人物的个人境遇,要置身时代框架内分析其思想、实践活动。另外,每一种历史要素都有固定历史谱系,这种谱系的对应关系亦不失为一种可行的分析方法,特别是微观的社会史议题。譬如政治与日常构成的事件维度谱系;精英与民众构成人物谱系;静态与动态构成的历史状态谱系;地方共同体与区域、社会构成的历史空间谱系空间;历史解释与历史叙事构成的历史书写态

---

① 杜维运:《史学方法论》,(台北)三民书局1986年版,第65页。
② 王力、朱光潜等:《怎样写论文——十二位名教授学术写作纵横谈》,辽宁教育出版社2006年版,第6页。

度谱系。这些谱系能够使我们的论述突破传统意义上线性叙述，能够将日常生活要素与社会制度意义关联起来，彰显历史研究中以小见大的功效。值得指出的是，无论是归纳还是演绎，都要紧扣主题，围绕核心观点论述。在宏观层次上，通常一篇论文只有一个主题。主题是文章的统帅和灵魂，那么文章的各个片段、部分（章节目）都是这个文章的分论点。片段的写作要紧扣从属于论文主题的小观点。

二　论文写作示范教学案例

坐而论道不如起而行之。任何美妙的教学预设都得通过具体的教学实践付诸实施。因此，如下以《论俞庆棠改造基层社会的思想和实践》（以下简称《俞庆棠》）论文片段写作的教学简案为例，进一步直观呈现示范教学的具体教学过程。

1. 教学目的：意在展示写作过程，而非成品。

2. 教学步骤：

2.1 确定研究对象

必须具备基本资料：专题资料；原始资料；资料集；《俞庆棠教育论著选》则为第三类；通过这些材料基本锁定论文论题为俞庆棠研究。

2.2 材料提要

（注：以下的史料提要是已经分类整合的，鉴于本部分重点展示提要的排布格式，后文专述史料提要的分类方法。）

《俞庆棠》提要

第一章　毕生致力于民众社会改造

一、俞庆棠从事民众教育的经历

分阶段：

《俞庆棠教育论著选·本卷前言》（以下简称《论著选》）1—4：据雷洁琼介绍，可看出三个清晰的阶段：以抗日战争为界，抗战前第一阶段，可称为实验时期，俞氏提出大力推行民众教育的主张，并将这种主张付诸实验,此阶段的活动主要有,第四中山大学教授兼扩充教育处处长,创立江苏省立教育学院,成立中国教育社等。

《论著选·本卷前言》4—5:抗战时期第二阶段,可称为国难时期,致力于"推进民众教育,加强抗战力量",主要活动……

《论著选·本卷前言》5—6:抗战后第三阶段,可称为上海社会教育时期,继续推进民众教育

《人民教育家俞庆棠》(以下简称《教育家》)目录:即可看出三个阶段及各阶段的主要活动

二、民众教育与社会改造

说明民众教育与社会改造两者的关系。

《论著选》28:民众教育最重要(民众教育是中国新创的名词,也是中国最需要的教育。)

《论著选》68下:民众教育意味着社会改造,或者说,教育意味着改造[民众教育应时代之需要而发展,其新觉悟(之一是),欲达到用教育的力量来改造社会]

《论著选》82中:城市青年归农,帮助和影响农民即民众教育,即乡村社会改造(我们希望城市里的青年们应该回到乡村里边去,做归农运动,帮助农民改造乡村……怎样去应付)

《论著选》113下:民众教育即社会改造(欲求参加改造社会之运动,必增进民众之智能与组织)

《论著选》120中:民众教育由社会改造者提倡的(社会改造之提倡,如……平等)

《论著选》166中:民众教育即"唤起民众",这里的"唤起"从思想革命的角度表达了民众社会改造的意义(民国十六年……此时)

《论著选》183中:广义的教育含义表明了社会改造的思想(教育应以社会为学校,全体民众为学生,整个生活为课程)

《论著选》221下:从事民众教育工作须有的改造社会之精神(为着实施民众教育者有如此……改造社会之精神)

《论著选》243下:教育是生活的改造(从民众实际生活出发,教育

是生活的改造）

第二章　民众社会改造思想的形成

一、唤起民众的时代使命

1. 对劳工大众的同情

《论著选》40 中：工人商人的职业方面的痛苦（至于一般工人商人教育都没有相当的知识和技术……何能创业适业呢？）

《论著选》41 中：民众精神萎靡的现实（中国的艺术……堕落）

《论著选》42 下：民众体质差（外人讪笑我国人为东亚病夫……）

《论著选》44 上：民众生活不健全（我国一般民众能够……很少）

《论著选》51—52 下：农民的缺点（中国农民本身的缺点约有四点……无创造的精神）

《论著选》54 下：负担过重（中国只有农民是主要生产者……半数以上）

《论著选》67 上：乡村女子受教育少（中国青年女子……舆薪？）

2. 对中国国情的清醒认识

《论著选》49—50 整页：近代中国的基本国情：乡村衰败（中国农村衰落的原因很多……而造成繁荣的乡村）

《论著选》51 上：近代中国的基本国情：农业社会（农民在全国人口中，占……都在农村）

《论著选》68 下：近代中国的基本国情：大多数民众是农民（我国百分之八十……新基础）

《论著选》77 下：近代中国的基本国情：乡村衰败，农民（女子）受教育少（为最大多数之人谋最大之幸福……乡村妇女教育）

《论著选》96 下：乡村女子的痛苦（农村中的民众是最痛苦的，农村中的女子……浮度着）

《论著选》113 上：民众教育应趋于乡村（吾国国税……应趋于乡村）

3. 改变落后社会制度的愿望

《论著选》49 上：地主剥削制度（捐税苛生……可以维持他的生活

吗)

《论著选》238 中：农民生活窘迫的生活由落后社会制度造成（再从民众现实生活的经济状况……浩大）

《论著选》250 下：在现成的制度下不能用一般的教育方法（从过去的历史看，则外受国际帝国主义……空谈）

《论著选》323 下：立志认识外国资本主义经济渗透的影响（本栏的旨趣……和影响）

二　近代西方思潮的启示

《论著选·本卷前言》1：受杜威的影响（1919 年，俞先生到美国哥伦比亚……即是个人的教育了）

《论著选·本卷前言》2：1933 年赴欧洲考察

1. 教育理论的影响
2. 社会改造思想的影响

《论著选》70 下—71：作者对丹麦的考察（试观丹麦农村合作事业之发达……解决）

《论著选》75 下：社会改造者的热心提倡（再视丹麦之民众教育……动力之一）

《论著选》119 下—120：欧洲女子教育的经验（在欧洲，德国……女子自己奋斗成功的）

《论著选》122 上：扬弃西方教育思想，形成教育指导（改造）生活的思想（斯宾塞……予以指导）

《论著选》155 下：欣赏丹麦的社会改造（丹麦如何由……演讲录）

《论著选》178 上：除美国、德国的成人教育、英国的工人教育、苏联的扫盲教育外，特别欣赏丹麦的农人教育（著称于世界的……无限的感慨）

《论著选》282 下：克伯屈理论（教育原来是帮助人营……生活的方法）

《教育家》19—25：受美国杜威等的影响

2.3 提要归类：以第二章为例

第二章　民众社会改造思想的形成

第一节　唤起民众的时代使命

一、对劳工大众的同情

《论著选》40 中：工人商人的职业痛苦（至于一般工人……适业呢？）

……

《乡妇读本》上"编辑大意"P2：乡妇的痛苦（从乡村妇女……社会生活）

……

二、对中国国情的清醒认识……

三、改变落后社会制度的愿望……

第二节　近代西方思潮的启示

《论著选》282 下：克伯屈理论（教育原来是帮助人营……生活的方法）

……

《原论》（《教育方法原论》简称）282 下：克伯屈第二原理：兴趣（第二原理……兴趣）

……

《教育家》19—25：受美国杜威等的影响

……

《民众教育》绪论7：欧洲影响（欧洲的多数国家……青年）

……

2.4 结构形成

第一章　毕生致力于民众社会改造

第一节　俞庆棠从事民众教育的经历

介绍俞庆棠生平，重点分阶段总结其民众教育活动。

第二节　民众教育与社会改造

说明民众教育与社会改造两者的关系，这样才能与文章的主题搭上关系。简单地说，俞庆棠的民众教育，不能视为一般的文化教育，其"教育"具有社会改造的意义，民众教育可以看作针对民众社会的改造。

第二章　民众社会改造思想的形成

所谓"形成"，即是讲俞庆棠改造民众社会思想形成的原因，从中（国）外（国）两个方面论述：

第一节　唤起民众的时代使命

一、对劳工大众的同情

这是从社会个体的角度进行的分析，讲俞庆棠先生认识到，那个时代的民众生活困苦，需要进行改造。

二、对中国国情的清醒认识

这是从社会整体的角度进行的分析，讲俞庆棠先生认识到，近代中国国情决定了应该将乡村民众社会的改造作为重点。

三、改变落后社会制度的愿望

这是从社会性质的角度进行的分析，所谓落后社会制度，即通常所谓的半殖民地半封建的社会制度，其中，半殖民地主要指外国资本主义的侵略，半封建主要指地主的剥削，落后的土地制度等。

第二节　近代西方思潮的启示

可以从教育理论和社会改造思想两方面进行论述，其中，社会改造思想的影响可以以丹麦作为重点，《教育家》中也说到，俞庆棠特别欣赏丹麦农人教育。

教育理论的影响

1.2. 社会改造思想的影响

2.5 示范写作：以1.2"民众教育与社会改造"为例

此部分要说明民众教育与社会改造两者的关系，这样才能与文章的主题搭上关系。简单地说就是，俞庆棠的民众教育，不能视为一般的文化教育，其"教育"具有社会改造的意义，民众教育可以看作针对民众的社会改造。这一节所要论述的民众教育与社会改造"两者的关系"就是这么个意思。通俗地看，"教育"近似于"改造"，"民众"近似于

"民众社会"。这种看法从哪儿来的呢？从以下材料来的！既不是空想的，也不是从什么理论推出来的。这是我们一再强调的：论文就是对材料的归纳。

此节所要论述的观点明确了，紧接着的问题是，分几个层次来论证这个观点呢？同样根据材料：看看相关材料说了几层意思。读过材料，发觉材料有四类：

第一类：俞庆棠的民众教育是一种新教育思想，四条资料：

《论著选》166 页中：民众教育之始（民国十六年……鉴于"唤起民众"之重要，于是便有民众教育之提倡。民众教育名词之正式产生，实始于此时）

《论著选》28 页：民众教育最重要（民众教育是中国新创的名词，也是中国最需要的教育）

《论著选》183 页中：广义的教育含义表明了社会改造的思想应以社会为学校，全体民众为学生，整个生活为课程（因之教育制度应以此为依据）

《教育家》26 页中：民众教育即"唤起民众"（她读到……唤起民众）

第二类："教育"意味着"改造"，四条资料：

《论著选》166 页中：民众教育即"唤起民众"，这里的"唤起"从思想革命的角度表达了民众社会改造的意义（民国十六年……鉴于"唤起民众"之重要，于是便有民众教育之提倡。民众教育名词之正式产生，实始于此时）

《论著选》68 页下：民众教育意味着社会改造，或者说，教育意味着改造［民众教育应时代之需要而发展，其新觉悟（之一是），欲达到用教育的力量来改造社会］

《论著选》243 页下：教育是生活的改造（从民众实际生活出发，教育是生活的改造）

《论著选》113 页下：民众教育即社会改造（欲求参加改造社会之运动，必增进民众之智能与组织）

第三类：改造的对象是民众，即"民众"意味着"民众社会"，一条资料：

《论著选》82页中：城市青年归农，帮助和影响农民即民众教育，即乡村社会改造（我们希望城市里的青年们应该回到乡村里边去，做归农运动，帮助农民改造乡村，建设乡村。做农民的喉舌，说农民心里要说而表达不出的话；做农民的手脑，介绍科学方法，减少农民的劳力；做农民的耳目，将国内外各种问题传递给农民，农民知道怎样去应付）

第四类：民众教育是由具有社会改造精神的人提倡的，两条资料：

《论著选》120页中：民众教育由社会改造者提倡的（社会改造者之提倡，如民众学校等男女都收，教育机会渐平等）

《论著选》221页下：从事民众教育工作须有的改造社会之精神，为着实施民众教育者有如此重大之责任，故民众教育馆之人员，必需以下条件：（一）改造社会之精神

材料既为四类，那么，这里就从四个方面逐一论述。

第一方面，根据材料有如下论述：

与传统的纯粹学校教育不同，民众教育具有崭新的时代意义。孙中山先生"积四十年之经验"，深知民主革命之成功，"必须唤起民众。"1927年，俞庆棠读到中山先生留给国人的这份《遗嘱》，深有感触，提出，我们办的是民众教育，要唤起民众（《教育家》26页中）。从此，她便毕生投入到这项"唤起民众"的新的教育事业之中。"民众教育之提倡，实始于此时"（《论著选》166页中）。民众教育虽说是当时"新创的名词"，但在俞庆棠看来，这"是中国最需要的教育"（《论著选》28页）；整个教育制度都要以此为依据："教育应以社会为学校，全体民众为学生，整个生活为课程。"（《论著选》183页中）

第二方面，根据材料有如下论述：

在这里，我们不难发现，俞庆棠所谓的民众教育具有明显的社会改造意义。教育不是一般的向受教育者进行的社会教化，或者识文断字，在思想革命的意义上，它是对传统教育思想的革命，所谓"唤起"即此

义。这是时代发展的需要,"欲达到用教育的力量来改造社会"(《论著选》68 页下);同时,这也是"从民众实际生活出发"的必然选择:"教育是生活的改造"(《论著选》243 页下)。

记住:上面本来有四条材料,有一条资料暂时没有用着。

第三方面,根据材料有如下论述:

很明显,俞庆棠先生提倡的民众教育具有很强的针对性,即对民众社会进行现代性改造。20 世纪 30 年代,在谈到城市青年男女职业问题时,她呼吁"城市里的青年们应该回到乡村里边去,做归农运动,帮助农民改造乡村"(《论著选》82 页)。在她看来,"欲求参加改造社会之运动,必增进民众之智能与组织"(《论著选》113 页下),具体说来:

做农民的喉舌,说农民心里要说而表达不出的话;做农民的手脑,介绍科学科学方法,减少农民的劳力;做农民的耳目,将国内外各种问题传递给农民,农民知道怎样去应付(《论著选》82 页)。

那条"暂时没有用着"的材料,就用到这里了。

第四方面,根据材料有如下论述:

随着民众社会"智能与组织"的增进,整个中国社会的面貌便焕然一新了。担负如此重大责任的民众教育工作者,毫无疑问,必须具备"改造社会之精神"。事实上,近代欧洲国民教育的普及,也是靠了许多"社会改造者之提倡"。比如,要求改变重男轻女的社会现实,提倡女子教育,19 世纪初期欧洲的社会改造工作者极力要求"民众学校等男女都收"(《论著选》120 页中),男女教育机会逐渐平等。教育在社会近代化过程中充分发挥了它的社会改造功能。俞庆棠先生提倡的民众教育正是想发挥这样的功能。

将以上文字进行整理(以第一自然段为例),便成文了:

与传统的纯粹学校教育不同,民众教育具有崭新的时代意义。孙中山先生"积四十年之经验",深知民主革命之成功,"必须唤起民众。"1927 年,俞庆棠读到中山先生留给国人的这份《遗嘱》,深有感触,提出，我们办的是民众教育，要唤起民众。① 从此，她便毕生投入这项"唤起民众"的新的教育事业之中。"民众教育之提倡，实始于此时。"② 民众教育虽说是当时"新创的名词"，但在俞庆棠看来，这"是中国最需要的教育"③；整个教育制度都要以此为依据："教育应以社会为学校，全体民众为学生，整个生活为课程。"④

三　结语

　　论文写作教学不能空谈高头讲章，而应实实在在地教学生写作。长期以来，在高校教学中，不少教师对论文教学指导方面可谓说话的巨人，行动的矮子。有多少老师在坚持写下水作文？教师自己不动笔写作，不能做示范，如何能指导学生写作？这岂不是"以其昏昏，使人昭昭"？如果我们老师能像沈从文先生那样，来一点亲身示范，那效果会怎样呢？教师只有亲身实践才能知道写作的甘苦，才能更好地把握写作规律。教师能写出作品才有说服力，不能下水作文，就如站在岸边教人游泳，虽然口若悬河，但效果如何，不难想象。本文重点探讨了如何将论文写作常规步序以及分析方法通过示范教学直观呈现于课堂之上，以期对论文写作教学有所助益。特别强调教师在教学中能够身体力行，亲自示范。这样的目的"无非希望老师深知作文的甘苦，无论取材布局，遣词造句，知其然又知其所以然，而且非常熟练，具有敏感，几乎不假思索，而自然能左右逢源"。⑤ 当然我们也不宜将论文写作这个充满个性色彩的创作过程定义成一个机械的材料拼装过程。学生在论文写作过程中，能否旁

---

　　① 甘豫源：《俞庆棠先生的民众教育思想和实践》，唐孝纯《人民教育家俞庆棠》，《江苏文史资料》第104辑，《江苏文史资料》编辑部1998年版，第26页。
　　② 俞庆棠：《中国民众教育之演进》，《教育与生活》1936年第3卷第6期。
　　③ 俞庆棠：《民众社会教育谈》，《浙江民众教育月刊》1931年第3卷第3期。
　　④ 俞庆棠：《民众教育与教育制度》，茅仲英主编《俞庆棠教育论著选》，人民教育出版社1992年版。
　　⑤ 中央教育科学研究所编：《叶圣陶语文教育论集》（下册），教育科学出版社1980年版，第488页。

征博引，能否精辟透彻地分析史料，语言能否精练生动，皆取决于日常积累和平素学养。教师在课堂上只能尽最大努力地示范论文写作的一般步骤，并不是教授一劳永逸、面面俱到的通行之法。

问题、个性和思维

——创新型人才培养理念下的"史学概论"教学

淮北师范大学 李 勇

"史学概论"是历史学本科专业的基础课程。在历史学专业课程体系中，它以抽象著称，是难教、难学的一门课程。近20年来，虽因时代变迁"史学概论"这门课的教学内容和课程体系经常变化，学时数也不断缩减，但总有可坚守不变者。特别是在当前培养创新型人才的理念下，"史学概论"旧有的教学观念和教学实践都值得反思。这里结合自己多年从事"史学概论"的教学实践，选择几个着眼点谈一些看法，祈望同人教正。

一 "史学概论"教学要有强烈的问题意识

创新型人才有多种特征，仅就学术而言，有一个突出特点，就是善于发现和解决问题。"史学概论"教学旨在推进学术对以往历史知识加以思考，从而提出问题并试图加以解决。

科学史学观念中，论文写作要有问题意识，其实就是要求写论文要提出真问题，并真正地解决问题。同理，"史学概论"教学也要有问题意识。它是要把学生在中外通史、断代史、国别史、专门史以及其他课程学习中，碰到或者意识到而又无缘解决的问题，集中提出，并引导学生思考，最终给予学生以比较满意的形而上的解答。

白寿彝主编的《史学概论》，其中谈到本课程的任务：

> 它应该是在马克思主义的批判继承的原则指导下，概括地论述史学在发展中为自己提出的重要问题及其成就，并应该指出当前史学工作面临的重大任务。①

书中指出《史学概论》课程的"重要问题"和"重大任务"，其实"重大任务"就是解决问题，因此，这段话所说的就是提出问题和解决问题。

吴泽主编的《史学概论》中有这样一段话：

> 史学概论要揭示历史研究的主客矛盾，总结解决这种矛盾的方法，这些内容都是必不可少的课题。②

这里，没有提"问题"而是说"矛盾"和解决矛盾的"方法"，"矛盾"在某种意义上就是"问题"，解决矛盾的方法就是解决问题的方法。

庞卓恒等人的《史学概论》论及学习"史学概论"的意义：

> 中西方的历史进程为什么有那么大的差异呢？两者之间除了差异，还有没有共同点呢？更进一步思考，历史的发展演变究竟有没有规律呢？如果有，那又是什么样的规律呢？……当你研读各家各派的历史著作时，你会发现，许多著作对这些问题做了这样那样的回答。在这种情况下，你怎样对这些回答的是非得失做出判断呢？你又怎样做出自己独立的判断呢？《史学概论》将帮助你解决这些问题。③

---

① 白寿彝主编：《史学概论》，宁夏人民出版社1982年版，第21页。
② 吴泽主编：《史学概论》，安徽教育出版社1985年版，第10页。
③ 庞卓恒等：《史学概论》，高等教育出版社2006年版，第19—20页。

这段话从具体问题导入"史学概论"要解决历史学中的问题这一结论,直切要害。

"史学概论"课程中,要提出的问题很多,这里略举两例。

问题一:为什么依据同样史料,不同史学家在同一时期可以得出不同的看法,甚至同一史学家在不同时期的观点会发生变化?

问题二:史学价值体系何以在象牙塔和公众社会里会发生分裂?

诸如此类,在中外通史、断代史、国别史、专门史课程学习中,教师也许会自觉或不自觉地感受到,但是授课重点一定不在这些问题上,好学深思的学生或许会想到这些问题,不过一时难得其解。这些问题就需要"史学概论"课程来回答。

然而,仅有问题意识对于"史学概论"是不够的,更重要的是要有强烈的问题意识。所谓要有强烈的问题意识,是指不断提出相关问题,甚至提出可能质疑学生已经接受的历史知识和观念的问题。

关于不断提出相关问题,这里就上述所举两个问题加以说明。

第一,为什么依据同样史料,不同史学家在同一时期可以得出不同的看法,甚至同一史学家在不同时期的观点会发生变化?就这个问题还可以继续一系列发问:史料是绝对客观的吗?从同样史料解读出不同信息可否表明历史知识的不确定性呢?是否表明历史研究就可以为所欲为呢?

第二,史学价值体系何以在象牙塔和公众社会里会发生分裂?就这个问题可以再进行一系列提问:什么是史学的价值体系?价值体系分裂的原因是什么?价值体系的分裂对于人们认识历史学产生怎样的消极影响?

关于提出可能质疑学生已经接受的历史知识和观念的问题,这里也举例说明。

例如,讲到历史观,特别是讲到马克思主义历史唯物主义,用社会形态说来解读中国史,学生已接受的是1840年到1949年中国社会是半殖民地半封建社会这样一种观点。可是无论是原始社会、奴隶社会,还是封建社会、资本主义社会,都是按照生产力与生产关系、经济基础与上层建筑这样一种结构来确定社会性质的。而中国近代史半殖民地半封建说，却不是这样，正如有论者所说的那样：

> 半殖民地半封建社会包括着两个意义：一是中国由独立国变为半殖民地，二是中国由封建社会变为半封建社会。前者是中国国家地位的变化，是外国资本主义强加给中国的；后者是社会形态的变化，是一种自然历史过程。这两种变化有联系，又有区别。我们决不能把半殖民地当作一种社会经济形态。如果是那样的话，它究竟属于哪一种社会形态呢？①

半殖民地着眼于国际关系，是西方列强和东方屡弱民族之间的关系；半封建才是考虑生产力与生产关系、经济基础与上层建筑的问题。显然，两者出现逻辑错位。这样一来，过去学术界关于中国近代社会性质的主导性意见，在逻辑层面就出了问题。

再如，讲到阶级分析法，一般的观念是，阶级分析法有被滥用的可能，因为历史上有些事物诸如自然环境、生产工具、劳动对象等，不适于阶级分析法。在这种情况下，若要说环境有阶级性，通常都会认为这是一个假命题。可是，仔细分析起来，则会得到完全相反的看法。英国史学家阿诺德·汤因比曾指出：

> 在大规模地把非生命的自然物理能用于机器之前，人类还不具有把生物圈破坏和剥夺到山穷水尽、不可救药地步的力量。当时，空气和海洋确实是无穷无尽的，木材和金属的储备远远超出人类消耗它们的能力……然而，工业革命一旦开始，人类便使生物圈，包括人类本身遭受到前所未有的威胁。②

---

① 刘耀：《中国半殖民地半封建社会若干问题的探讨》，《社会科学战线》1986 年第 3 期。
② ［英］阿诺德·汤因比：《人类与大地母亲》，徐波等译，上海人民出版社 2001 年版，第 566 页。

他的本意并非要表明生物圈遭受破坏是资产阶级造成的，但是历史事实是，工业革命发生的最重要的原因，是资产阶级要扩大生产、满足世界市场需要、攫取最大产业和商业利益，如此说来，人类环境被破坏难道跟阶级分析法没有关系吗？

以上两例都表明，"史学概论"中不停地追问，会促使学生对以往的习以为常的知识加以反思。当然，追问的目的并不是要学生产生思想混乱，相反当学生在反思中出现困惑时，还是及时疏导、解疑，不过这是另外一个问题了，暂且不论。无论如何，这种不停追问的做法，对于养成学生提问、思考进而培养其创新品格具有积极意义。

二 "史学概论"教学要体现教师的学术个性

创新型人才还有一个特点，就是善于提出与众不同的观点，也就是其学术个性的体现。

高等教育教学有一任务，那就是培养学生有学术个性。因此，大学课程的讲授切忌照本宣科。要避免照本宣科，就要体现讲授者的个性，换言之，教师要讲出学生在教材或者参考书上见不到的东西。为此要做到内容体系有个性、概念有个性、结论有个性。

说到内容体系的个性，首先要承认一个事实，那就是现有"史学概论"教材，那些代表性的几家，其内容体系都有个性。例如，白寿彝《史学概论》10章，除《叙论》外，其余9章实际涉及历史观、历史文献、历史编纂、近代以来的中国史学四大主题。再如，吴泽《史学概论》10章，除《绪论》外，其余9章分属基础理论、基本方法和基本知识，尤其关于基本知识方面，涉及外国近现代史学流派，是白寿彝本所没有的。还如庞卓恒《史学概论》，除《绪论》外，尚有11章，借鉴西方哲学的做法，以"历史学的本体论""历史学的方法论"和"历史学的认识论"构架内容体系，独树一帜。当然还有其他各家，也各有千秋，兹不赘述。

要构建有个性的内容体现，必须对于"史学概论"给予个性化的界定。"史学概论"可理解为"概论史学",其实就是史学理论。它所概括的对象是历史学,是相对于历史学实践而言的。狭义上,历史学实践是就是历史研究,就是史学主体在一定历史观指导下,运用一定方法,通过史料认识历史,并把这种认识表达出来的过程。这样,便有客体、主体、史料、方法和编纂的清晰划分。史学理论就是反思史学主体的理论、反思史学客体的理论、反思史学方法的理论、反思史料的理论、反思史著编纂的理论。在实际讲授中分"导论""历史学""历史观""史料学""历史研究法""历史编纂学""当代中西史学发展趋势"。这一体系与现有教材和教参比起来,颇具个性。

至于概念的个性化,那也是本课程教学的个性化的一个重要方面。例如,"历史学"的界定,完全可以做到个性化。白寿彝《史学概论》说:"史学是通过史料研究历史发展过去本身的学科。"[①] 这种定义,回避了科学与艺术之争,强调史料,主张研究过去本身。吴泽《史学概论》这样界定历史学:"史学是一门反思学科,是对各种具体历史研究及其内在规律的探索的科学。"[②] 这一界定,等齐"科学"与"学科",强调规律,主张既要研究过去本身,又要探讨史学。庞卓恒等《史学概论》对历史学的定义有一句话:"历史学本身是一门综合性极强的人文社会科学。"[③] 这一说法,明确史学为科学——与自然科学不同的科学,强调综合性。可见,他们眼中的"历史学"各具特色。

其实,历史学意义上的研究历史者都是专门人员,并非阅读一两本历史著作就可以自称为史学家的;历史研究者一定有历史观,而且有系统深刻的历史观;历史研究者必须依靠史料,不能言而无据;都要使用一定方法,没有工具的史学是无法理解的;最终要形成关于历史的认识,并且要与他人分享,这就是历史著作的编纂。于是,就可以把历史学界定为:"所谓历史学,就是在一定历史观指导下,专业人员依据史料,通

---

① 白寿彝主编:《史学概论》,宁夏人民出版社1982年版,第7页。
② 吴泽主编:《史学概论》,安徽教育出版社1985年版,第1页。
③ 庞卓恒等:《史学概论》,高等教育出版社2006年版,第14页。

过方法来认识历史，并把这些历史认识表达出来的学科。"① 这一定义在其他人的论著里一时寻求不到。

还有结论的个性，以"史料学"为例，来加以说明。在白寿彝看来，史料学等于历史文献学。其《谈史学遗产》中道：

> 习惯上所谓目录学、校勘学、版本学、辑佚学、辨伪学、古文字学、古音韵学、古器物学、年代学、沿革地理学、史源学以及甲骨学、金石学、敦煌学，等等，或是直接属于史料学范围，或是跟史料有密切关系。②

这一说法跟他所界定的历史文献学几乎完全一样。他在《谈历史文献学》中认为历史文献学包括："一、目录学，二、版本学，三、校勘学，四、辑佚学，五、辨伪学，另外，还包括古汉语、古民族语文、甲骨文学、金石文学、年代学、历史地理，等等。"③

虽然白寿彝没有明确说史料学等于历史文献学，但是根据上述材料，可以推理出这一结论。

吴泽则认为史料学是关于史料的理论和方法。他主编的《史学概论》有云：

> 史料的范围究竟有多大？它的种类有多少？前人为什么要以专门的史料学进行辨伪、考证、校勘和搜集整理的工作？这些工作现在进行的如何？等等。这一切都是史料学的内容。……史料学最基本的内容应当是通过什么样的方法来获得大量有关的可靠史料。④

后来，蒋大椿、陈启能主编的《史学理论大辞典》吸纳这一说法，

---

① 李勇：《保卫历史学》，世界知识出版社2009年版，第24页。
② 白寿彝：《史学遗产六讲》，北京出版社2004年版，第19页。
③ 同上书，第67页。
④ 吴泽主编：《史学概论》，安徽教育出版社1985年版，第181页。

指出史料学就是：

> 关于史料的源流、整理、鉴别、利用的理论与方法的科学。……其理论部分主要包括：何谓史料？史料与史论、史学之间的关系，史料在史学研究中的地位与作用，史料学与其它相关学科之间的关系。史料学的方法包括：史料的搜集，史料的整理、分类、鉴别、考证、训诂等。①

到底在课堂上给予"史料学"内涵怎样的结论呢？可以这样结论：各家对于"史料学"的结论是不同的，无论如何，史料学都是关于史料的概念、性质、功能，史料的搜集与整理、史料的编纂与运用等方面的知识经验和理论方法。这一结论同样体现了讲授者的鲜明个性。

教师的讲授个性是建立在科研基础上的，没有科研就没有新体现、新概念和新观点。教师的创新对于学生创新有着默然的影响，可见"史学概论"讲授中教师的学术个性，对于培养创新型人才同样具有积极意义。

三 "史学概论"教学要在培养学生思维上下功夫

"史学概论"教材一般都会论述学习"史学概论"的意义、目的。例如，有的说："学习史学概论，可以沟通史学与历史唯物主义的联系，密切两者的关系……可以克服历史研究的盲目性，提高自觉性。"② 或曰："《史学概论》就是讲述历史学的理论与方法的一门课程。它的教学目的就是帮助初学者掌握学习和研究历史的基本理论和方法。"③

无论学界所论是意义还是目的，其实都是告诉人们"史学概论"是有用的。

---

① 蒋大椿、陈启能主编：《史学理论大辞典》，安徽教育出版社 2000 年版，第 434 页。
② 吴泽主编：《史学概论》，安徽教育出版社 1985 年版，第 14—15 页。
③ 庞卓恒等：《史学概论》，高等教育出版社 2006 年版，第 16 页。

"史学概论"肯定是有用的,讲授者只要想回答历史学有什么用,都可以讲出一些道理出来。

显然,"史学概论"的效用很多;但是,这里不便多方面展开,仅就训练学生思维之效加以论述。之所以选这方面,那是因为思维创新决定学术创新,若没有正确的思维方式,一切都等于零。

培养学生思维能力,可在如下方面下功夫:

一是帮助学生养成自觉的怀疑习惯。通过学习"史学概论",让学生明白传世文献有无意错讹、有意出错乃至伪作,即使没有这些问题,还存在着文献解读不当、价值尺度偏颇、逻辑混乱等问题。更为重要的是帮助学生养成怀疑习惯,崔述《考信录提要》卷上《释例》曰:"人言不可尽信。"胡适常说:"宁可疑而错,不可信而错。"[①] 特别是,梁启超论怀疑与学问关系很经典:"夫学问之道,必有怀疑然后有新问题发生,有新问题发生然后有研究,有研究然后有新发明。百学皆然,而治史特其一例耳。"[②]

二是帮助学生认识学术上"其名万殊,其义一揆"的事实。刘知幾在《史通·论赞》里提出:"其名万殊,其义一揆。"它说的是,一种学术现象或者问题,不同学者会用不同的表述,例如"史料",吕思勉《历史研究法》称"史材",安作璋《中国古代史史料学》叫"历史资料",杜维运《史学方法论》名"历史事实"。事实上,还不止如此,可以进一步理解为:"因共同问题、类似的情境,也许就提供了类似的答案,尽管使用不同的术语,乃至不同的逻辑结构。这个现象,可以把它概括为'其名万殊,其义一揆'。"[③]

三是帮助学生自觉克服思维缺陷。什么是思维缺陷?所谓思维缺陷,顾名思义,可谓为考虑不周、逻辑欠缜密,是为其一;尚有其二,故意前后抵触、上下乖离。要之,思维缺陷者,人们有意或无意造成的逻辑

---

① 胡适:《研究国故的方法》,欧阳哲生编《胡适文集》2,北京大学出版社1998年版,第92页。
② 梁启超:《中国历史研究法》,东方出版社1996年版,第87—88页。
③ 李勇:《史学研讨论》,黄山书社2015年版,第146页。

悖论也。其主要类型有：何不食肉糜乎型，也就是研究者缺乏人生经验和史实依据，从而提出荒唐可笑的意见。鱼与熊掌兼得型，也就是"万事如意"型，对于历史人物或者历史事件的评价，苛求完美。只许州官放火不许百姓点灯型，也就是双重价值标准型，宽于律己、严以律人。要克服这些思维缺陷，就要避开不良情绪对学术的影响，勤于反思自己的思想变化，强化怀疑态度与批评意识，以冷静的心态开展批评和自我批评，找出思维缺陷之处，免受影响。

这些训练学生在日常阅读、思考和写作中养成怀疑与批判、敏锐洞察力和自觉克服思维缺陷的习惯，同样是培养创新型人才不可或缺的内容和手段。

总之，历史学专业史学概论课程的讲授，突出问题意识很关键，内容体现、概念、结论与众不同，在效用追求方面侧重培养学生思维能力和思维方式、克服思维缺陷，这些是创新型人才培养题中应有之义。

中国古代史教学中的史料教学初探

——以"唐太宗与贞观之治"教学片段为例

安徽师范大学　林生海

在知识碎片化与后现代主义弥漫的今天，如何应对时代变化[①]，培养合格的专门人才，越来越成为时代的需要。历史是最好的教科书。对历史教学进行反思是教育工作者的基本需要。在目前高校的中国古代史教学模式中，如何在有限的课时内培养学生的唯物史观、时空观念、史料实证、历史解释、家国情怀等核心素养，是每一位历史教师不能不思考的问题。

作为人文学科的历史学，有其独特的学科价值与魅力。一方面尽管"一切历史都是当代史"（克罗奇《历史学的理论和实际》）、"一切历史都是思想史"（柯林伍德《历史的观念》）等史学思想有导致历史虚无主义的可能，但另一方面"客观主义史学"（兰克倡导）、"史学即史料学"（傅斯年《历史语言研究所工作之旨趣》）已奠定了近代历史科学的发展基础。为了引导学生继承优良传统、树立正确的历史观，笔者认为，在中国古代史教学过程中，需要在充分备课的基础上，结合史料教学的教

[①] 随着后现代主义思潮，史学界出现了后现代主义史学理论，其有如下特征：（1）历史著述、历史文本自成体系，与历史事实无关；（2）历史著述的好坏，不在它是否反映历史事实，而在于文笔是否优美；（3）过去并不存在，而只有对过去的一些解释，这些解释也许言之成理，也许胡说八道；（4）无法用真假来评价历史著作；（5）历史著述通常是意义含混的，无法重新解说；（6）历史的过去只是建构出来的，其实并不存在。

学理念，实现教学目标。关于史料教学，学界已取得丰硕的成果，但仍有进一步探讨的空间。本文结合个人教学实践，以高等院校历史专业教材《中国古代史（第5版）》上册第十一章第一节专题二"唐太宗与贞观之治"教学片段为例，尝试对史料教学在《中国古代史》教学中的意义、史料教学的运用、史料教学在运用中需要注意的问题等进行初步探讨。不妥之处，敬请专家指正。

一 史料教学在中国古代史教学中的意义

《中国古代史》是大学本科历史学专业与世界史专业的一门主干基础课程。课程一般安排在大学一年级，是一种合理的设置。大学生恰处在成年或即将成年的年龄，正是人生价值观、世界观形成的关键阶段。读史可以明智，知古方能鉴今。要培养具有专业素养的合格人才，教师在课堂上讲什么、不讲什么，以及使用何种教学方法，都可能会对学生产生重要影响。史料教学是最能体现历史学学科特质的教学内容，对提高学生历史思维能力、培养学生历史核心素养具有重要意义。

有不少人认为历史课故事多，历史课很好教。事实上绝非如此简单。把历史课堂当作讲故事，教师纵然讲得得心应手，学生听得很高兴，考试突击背记或许可以过关，但考完后几乎全部忘在脑后，学无所成。正如研究者指出，近年来，各种以学术研究为幌子的文章，通过网络等媒介，利用青少年猎奇、反传统与理想化的心理，不断炒作当前社会上的不良现象，以宣扬西方普世价值理念来淡化政治认同；以娱乐化、庸俗化的方式戏说历史，颠倒黑白、混淆视听，造成了受众群体思想观念的混乱，历史虚无主义开始兴起[①]。可以说，历史教育工作任重而道远。那么，作为高校中国古代史的专业教学下一步该怎么做呢？这里提出两点思考：

---

① 张尧娉：《史料教学法在中国近现代史纲要教学中的应用》，《高教学刊》2018年第9期，第86页。

（一）以史料重构历史通识

中国是一个重视修史的国度。我国历代都修撰了大量史书。官修史书有其优越性，但也存在着对史料有意识的集体筛选的问题。史家重视、强调的史实，通常会在修史时大书特书。对那些被认为琐屑的不值得一提的许多内容，常常视而不见。这种历史书写模式，给了解或追踪一些历史细节留下了难题。我们现在看到的并不一定是当时最普遍的现象，正如没有史料记载并不等于当时不存在一样。因此，要想获得真正有价值的史料，需要史家对史料认真地辨析，去粗取精，去伪存真，对历史进行重构。在这种意义上说，史学的价值是历久弥新的。

在每个时代，由于所能看到史料的多寡等原因，我们对历史通识的认识也是不同的。以唐代地方基层社会研究为例，唐代沿袭隋制，实行州县两级制（唐玄宗时一度改州为郡），太宗时期根据天下山川形势，把全国分为十道，玄宗时重新划分为十五道，对地方进行监察。其实，县以下还存在乡里基层地方组织，但因为正史对乡里基层组织的记载并不多，关于基层行政运作一直是不清楚的。第 5 版《中国古代史》教材（431 页）引用《通典》卷三《食货典·乡党》云："以百户为里，五里为乡。"每里设"里正"一人，负责"掌按比户口，课植农桑，检察非违，催驱赋役"，教材编写者准确地抓住了典型材料，论证了"里是最基层的政权单位，对人民进行直接统治"。其实，对县与乡里的关系，还可以略作补充。通过 20 世纪初发现的敦煌吐鲁番出土文献，学者们大多同意唐代乡里制不是行政上的两级制，县以下由"里正"实际负责，乡级行政并不是实体存在[①]。得益于新材料的发现，从而廓清了以往史书记载中比较模糊的唐代基层社会运作的情形。

[①] 张国刚：《改革开放以来唐史研究若干热点问题述评》，《史学月刊》2009 年第 1 期，第 16 页。参考孔祥星《唐代的里正：吐鲁番敦煌出土文书研究》，《中国历史博物馆馆刊》1979 年第 1 期；沙知《唐敦煌县寿昌城主小议：兼说城主》，《中国古代史论丛》第 3 辑。

(二) 通过史料传递人文精神

对于历史学的意义,日本东洋史学第二代巨擘宫崎市定教授(1901—1995)曾这样说过:"历史学的终极目的,归根结底还是要回到对人文关系的探究。"[①] 复旦大学韩昇教授在央视《百家讲坛》上也曾指出:"历史(著作)是我们和既往时代的心灵沟通,不是价值审判,而是对人文和世界的感悟,同时也是和当代人的心灵对话。"[②] 或许这就是历史学的魅力。要回到对人文精神的追寻上,就必须发掘多方面的史料,遵循时空观念,以史实说话,公正公允地看待问题,而不是单方面的精妙的逻辑推演,也不是一味的充满感情的抒发,让人不知所云。

在公众史学中,涉及历史评价时往往会脱离历史环境,以今律古,出现曲解史料的情形。其根源之一即是对原始史料的陌生,又难以还原其历史语境。以第5版《中国古代史》教材(438页)"贞观之治"为例。编撰者在专题最后,引《治治通鉴》卷198李世民《帝范》云:以唐太宗自述"吾居位以来,不善多矣,锦绣珠玉不绝于前,宫室台榭屡有兴作,犬马鹰隼无远不致,行游四方,供顿烦劳"。特别指出,"作为帝王,唐太宗同样对人民进行剥削与压迫","'贞观之治'不会像古代史官渲染的那样富足繁荣,阶级压迫和剥削依然十分沉重。"虽然一定意义上也可以这么说,但从实事求是与教学目的上看,确有画蛇添足之感。

按照马克思主义的阶级剥削理论,国家是经济上占统治地位的阶级,获得了镇压和剥削被压迫阶级的新手段。但毫无疑问,不光古代的治世存在阶级剥削与压迫的问题,古今中外的任何一个王朝,都不免存在这样的问题。反过来,唐太宗说"吾居位以来,不善多矣",这种自我批判的态度,不仅不会降低"唐太宗与贞观之治"的形象,反而让我们看到了更为立体的明君气度。之所以出现史料与观点的不符,一方面存在有

---

① [日] 宫崎市定:《宫崎市定说隋炀帝:传说的暴君与湮没的史实》,杨晓钟等译,陕西人民出版社2007年版,第183页。

② 韩昇:《盛唐的背影》,北京出版社、海峡书局2013年版,第299页。

断章取义之嫌①，另一方面很可能是理论先行，削足适履所导致。

附带说一下，历史上对唐太宗与贞观之治的评论非常多，值得思考。如唐人吴兢《贞观政要》序云："太宗时政化，良足可观，振古而来，未之有也。"② 北宋欧阳修、宋祁《新唐书·太宗本纪》赞曰："唐有天下，传世二十，其可称者三君，玄宗，宪宗皆不克其终，盛哉，太宗之烈也。其除隋之乱，比迹汤、武。致治之美，庶几成、康。自古功德兼隆，由汉以来未之有也。"③ 主要从积极方面进行了肯定的评价。元人戈直《贞观政要》集论曰："夫太宗之于正心修身之道，齐家明伦之方，诚有愧于二帝三王之事矣。然其屈己而纳谏，任贤而使能，恭俭而节用，宽厚而爱民，亦三代而下，绝无而仅有者也。后之人君，择其善者而从之，其不善者而改之，岂不交有所益乎！"④ 太宗在正心修身、齐家明伦方面有愧于二帝三王之事，主要是指太宗兄弟之间的皇位之争。不仅有肯定，也指出了唐太宗的不足，算是比较全面的评价。当然，对普通人作如此的道德评判有吹毛求疵之嫌，但因为是对唐太宗这样的明君、圣君的希望，"耻君不及尧舜"也可以理解吧。明宪宗《御制贞观政要序》写道："太宗在唐为一代英明之君，其济世康民，伟有成烈，卓乎不可及已。所可惜者，正心修身有愧于二帝三王之道，而治未纯也。"即沿袭了一分为二的看法。

唐代是令国人自豪，甚至是世界向往的一个时代。"唐太宗与贞观之治"是奠定唐朝文明的一个治世。如果片面地看唐太宗的夺位与御下之术，而忽视其克己纳谏、开创治世的功绩，则历史不免徒留权谋斗争，

---

① 原文之后为"此吾之深过，勿以为是而法之。顾我弘济苍生，其益多；肇造区夏，其功大。益多损少，故人不怨；功大过微，故业不坠；然比之尽善尽美，固多愧矣。汝无我之功勤而承我之富贵，竭力为善，则国家仅安；骄惰奢纵，则一身不保。且成迟败速者，国也；失易得难者，位也。可不惜哉！可不慎哉！"（宋）司马光编著，（元）胡三省音注：《资治通鉴》卷198《唐纪十四·太宗贞观二十一年—二十二年》，中华书局1956年版，第6251页。

② （唐）吴兢：《贞观政要》，上海古籍出版社1978年版，第1页。

③ （宋）欧阳修、宋祁：《新唐书》卷2《太宗本纪》，中华书局1975年版，第49页。

④ （唐）吴兢撰，（元）戈直集论：《贞观政要》，明成化元年内府刊本，东京大学东洋文化研究所藏汉籍善本全文影像数据库（编号：C4483100）。

难以感受历史传递的人文情怀,历史自豪感、文化自信、家国情怀等也便无从谈起。

二 史料教学在中国古代史教学中的运用

《中国古代史》课程是历史学与世界史专业大一新生的必修课程。大一新生作为从高中刚刚进入大学校门的大学生,对大学授课方式与学习生活往往需要一个适应的过程。从各方面的反复调查也可以发现,学习《中国古代史》的本科学生,大多存在着阅读古文的能力不强、发现问题的能力不强、研究问题的能力不强等"三不强"问题,亟须让学生学会研究性学习[①]。可以说,"三不强"问题根源在于古文阅读训练薄弱。原始史料看得少,古文阅读能力不强。只看今人研究成果,不读史料,自然很难从史书中发现真问题。没有问题也谈不上需要研究。由此来看,学习《中国古代史》的本科生普遍存在的问题中,加强史料训练有着特殊的必要性。

(一) 图像史料教学

在多媒体时代,仅凭教师一张嘴,从上课讲到下课,其中没有其他教学手段,这样的课堂是有局限性的。因此,采用图像等多元化的教学方式越来越受到重视。图像史料具有直观生动的特点,是文字史料无法体现的。图像不仅能吸引学生的注意力,在潜移默化中也能培养学生的审美意识。捷克教育学家夸美纽斯主张:直观性是教学的一条金科玉律。只要有可能,应该用感觉去接受一切东西[②]。另外,建构主义学习理论认为:学习者想要完成对所学知识的意义建构,最好的方法不是仅仅聆听别人(教师)关于这种经验的介绍和讲解,而是让学习者到现实世界中去感受和体验[③]。图像史料的直观性特点,是符合教育学与相关学习理论

[①] 王世华:《高校中国古代史教学改革笔谈·让学生学会研究性学习》,《安徽师范大学学报》2001年第4期,第610页。

[②] 周才方等著:《历史教学论》,江苏人民出版社2008年版,第110页。

[③] 杨卫国主编:《现代世界教学理论选粹》,上海教育出版社2013年版,第271页。

的，无论从理论还是实际上，都可以运用到中国古代史课堂教学中。

图像史料便于说明地理政治、时空观念。如第 5 版《中国古代史》教材（唐初）"政权机构建设"一目，阐述有关三省六部的职能及其与皇帝的关系，如果我们在课堂上只用文字解释说，三省中中书、门下省是决策机构，尚书省是执行机构，这样说往往比较单调乏味，也不便记忆。如果将三省六部的地理位置用地图来展示（见图1），中书、门下两省分设在宫城太极宫的两边，而尚书省与百官衙门单独设置在宫城之外的皇城，与宫城有一段距离。中书、门下上承皇帝旨意，决策之后由尚书省及其下属六部百司执行，三省与中枢权力的关系，便一目了然。听了教师的讲解，学生便可明白，为什么深受皇帝信任的官员，参加政事堂会议，往往要加上"同中书门下三品""同中书门下平章事"之类的头衔。

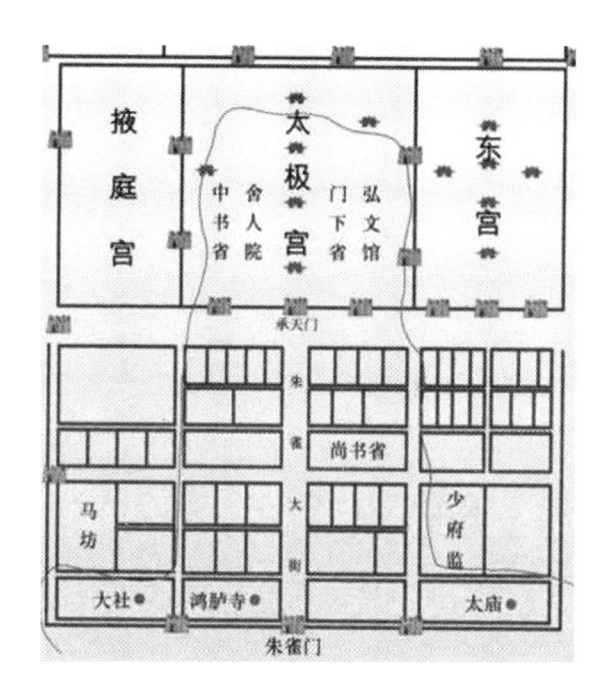

图1　三省六部地理位置①

---

① 参考袁刚《隋唐中枢体制的发展演变》，台北文津出版社1994年版，第204页。

图像史料有助于培养学生的观察与阐释能力。在课堂教学中，展示图像并不要求精确的文字描述，而主要是培养学生将其与史料联系，进行读图观察、阐释说明等能力，对培养学生的观察与阐释能力来说，是非常好的训练方式。

（二）文字史料教学

原始史料尽量使用繁体字。在目前的历史学课程设置中，只有《历史文选》使用繁体字古汉语课本。学生通过教材接触繁体字的机会太少，阅读古文比较吃力。而教材内容学生基本都能看懂，在课外时间也能自学，似乎背背记记就可以。在课堂上，照本宣科显然没有意义。要改变这种认识，必须提高难度，有难度才有学的必要。其中识别繁体字、阅读古汉语是必由之路。在目前的情况下，学生识别繁体字并不一定要求都能写出来，但繁体字一定要能认识。使用史料教学的好处，除了达到训练古文阅读能力之外，还可以通过让学生阅读史料，进行师生互动，活跃课堂气氛。

通过特定史料的用语选择，便于概括记忆史实。如第5版《中国古代史》关于府兵制（434页），《新唐书·兵志》对其性质有这样一句概括：战争结束后，"兵散于府，将归于朝"。这样就比较好理解府兵制下府兵的状况，即平时不脱离乡土与农业生产，具有兵农合一的特点。士兵与将领是暂时的结合，有利于防止将帅拥兵自重，从而达到加强中央集权的目的。又如关于唐代科举，《唐摭言》的"三十老明经，五十少进士"之说，形象地表明了明经科与进士科的难易程度。"绅缙虽位极人臣，不由进士者，终不为美"，进士科在唐人心目中的地位可想而知。

通过史料传递人文精神与启示。史书记载的语言往往经过反复的斟酌凝练，不乏名言警句，历久弥新。如第5版《中国古代史》关于"贞观之治"（437页），写唐太宗特别注意纳谏。他曾问大臣魏徵"人主何为而明，何为而暗？"魏徵答曰"兼听则明，偏信则暗"。唐太宗非常赞赏。唐太宗与臣子之间的许多对话，千年之后依然启迪后人。

(三) 实物史料教学

图像史料、文字史料之外，史料还可分为实物史料、口述史料两类。其中，实物可转变为图像，口述可转变为文字。因为时代的原因，中国古代史课堂教学中并不使用口述史料。这里的实物史料，主要是指考古史料。如果能将文字史料与考古史料相结合（王国维先生"二重证据法"），将收到意想不到的教学效果。

隋唐是中国古代重建大一统的两个王朝。简而言之，可以用"隋富唐强"（邓小南教授语）来概括这两个王朝的特点。在讲述李世民在唐朝开国时期的军事武功时，单纯用文字，无论如何描述都很难展现。如果到陕西历史博物馆亲眼参观，或者以昭陵六骏特别是六骏中的"飒露紫"为例（见图2），将如身临其境，再现当时战争激烈的情景。

图2 飒露紫（现藏于美国宾夕法尼亚大学博物馆）

飒露紫为李世民平定东都击败王世充时所乘，战马前胸中一箭，牵着战马的一人正在拔箭。关于这幅雕塑，《新唐书·丘行恭传》中正好有记载："从讨王世充，战邙山。太宗欲尝贼虚实，与数十骑冲出阵后，多所杀伤，而限长堤，与诸骑相失，唯（丘）行恭从。贼骑追及，流矢著太宗马，行恭回射之，发无虚镞，贼不敢前。遂下拔箭，以己马进太宗，步执长刀，大呼导之，斩数人，突阵而还。贞观中，诏斫石为人马，象拔箭状，立昭陵阙前，以旌武功云。"① 从保留的昭陵六骏故事中，我们也可管窥李世民在唐朝建立过程中的功勋。

三 史料教学需要注意的几个问题

史料教学在中国古代史教学中有着特殊的意义。因此，如何使用史料教学，使用史料教学时要注意哪些问题，需要进一步思考。以下几个方面，特别值得注意。

（一）史料教学要注意辨伪

史料教学的目的之一是培养学生的证据意识。史料是否能反映历史史实，往往受诸多因素的影响。从理论上说，得出的任何结论都要有根据，有史料支撑，有理有据。实际上，中国史籍浩如烟海，并非所有的记载都是一致的，也并非历史书写者都能秉笔直书，因此使用史料不得不进行一番去伪存真的工作。

以第5版《中国古代史》武德九年（626）的"玄武门之变"为例（430页），教材写到"李世民先发制人，率长孙无忌、尉迟敬德、侯君集、张公瑾等人"（一般称为玄武门九将）。其实，史书中的记载有较大的分歧。按《旧唐书·太宗本纪》记载："六月四日，太宗率长孙无忌、尉迟敬德、房玄龄、杜如晦、宇文士及、高士廉、侯君集、程知节、秦叔宝、段志玄、屈突通、张士贵等于玄武门诛之。"② 有十二位将领参与了兵变，并没有张公瑾。然而据同书《长孙无忌传》记载："六月四日，无忌与尉迟敬德、侯君集、张公谨、刘师立、公孙武达、独孤彦云、杜君绰、郑仁泰、李孟尝等九人，入玄武门讨建成、元吉，平之。"③ 参与的人数、名单都有差异。此外还有其他的一些记载。显然，哪些将领参

---

① （宋）欧阳修、宋祁：《新唐书》卷90《丘和传附行恭传》，中华书局1975年版，第3778页。
② （后晋）刘昫等撰：《旧唐书》卷2《太宗本纪》，中华书局1975年版，第29页。
③ （后晋）刘昫等撰：《旧唐书》卷65《长孙无忌传》，中华书局1975年版，第2446页。

与了玄武门之变并不清楚。关于这个问题,学界进行过探讨,至今尚未有定论。因此,在史料教学时,需要在辨别书写者意图的基础上利用史料,考证史料,引导学生培养其独立探究问题的能力。

(二) 史料教学内容要适量

在课时有限的课堂教学中,为了达到教学目标,不可能把大量的时间花在阅读史料上,因此培养学生阅读史料的能力并不是教学的主要目的。通过阅读史料激发学生了解过往世界,感受、聆听、与古人交流,启迪智慧尤为重要。因此,运用史料教学时,内容的适量、适度、难易程度等要把握好。

选择史料要简洁,具有代表性,避免冗长。并不是史料越多越能显出对史料的价值,典型的普遍性的关键史料,往往更能说明问题(当然,这样的史料在使用时尤其要慎重,要注意辨别)。史料过多,频繁展示,会使学生顾此失彼、抓不住要领,冲淡历史脉络。因此,史料教学时,要注意史料的选择,以学生的实际情况为出发点,结合教学目标,掌握内容的适量。

(三) 最大限度激发史料的价值

并非所有的文字都能真正进入历史学者的视野,课堂教学时史料的采用与否,如同修史一样也存在着选择性的问题。只有能说明具体问题的史料,与问题相配合,才能充分发挥史料教学的价值。因此,在选择史料后,需要最大限度激发史料的价值,实现教学效果的最大化。

如关于李世民与太子李建成争夺皇位,为什么李世民能成功?笔者一般会提到"天策府""天策上将"这一组历史名词。武德四年(621),时年23岁的秦王李世民击败王世充、窦建德联军后,"高祖以自古旧官不称殊功,乃别表徽号,用旌勋德。十月,加号天策上将、陕东道大行台,位在王公上"①。在洛阳为秦王李世民建府邸,天策府"许自置官

---

① (后晋)刘昫等撰:《旧唐书》卷2《太宗本纪》,中华书局1975年版,第28页。

属"，组成随从集团。天策上将李世民，正第一品，职位在亲王、三公之上，负责唐朝对内外的军事作战，这就为李世民日后夺嫡称帝埋下了伏笔。总之，在史料选择的基础上，使用史料教学时，要善于激发史料的价值，培养学生理解历史事物的能力。

四 结 语

综上所述，本文以高等院校文科教材《中国古代史》上册"唐太宗与贞观之治"专题为例，结合个人教学实践，对史料教学在《中国古代史》教学中的意义、史料教学的运用、史料教学运用中需要注意的问题等提出了一些粗浅的看法。认为史料教学是最能体现历史学学科特质的教学理念，对训练历史学专业基础，培养学生的唯物史观、时空观念、史料实证、历史解释、家国情怀等历史学核心素养具有重要意义。可以预见，加强史料教学是中国古代史教学改革的必由之路，值得深入关注。

新时代地方师范院校历史专业教师培养存在的问题与对策

阜阳师范学院 刘家富

地方高师院校担负着地方中小学历史教师培养的重任。由于基础教育改革对地方高师教师教育的触动,地方高师院校历史教师培养也必须在培养目标、教育理念、课程设置、教学模式、教育实践等方面进行改革,以适应地方中小学基础教育改革和发展的需要。

民族大计,教育为本;教育大计,教师为本。教育的质量最终取决于教师的质量。没有高质量的教师就没有高质量的教育。[①] 地方高师院校担负着地方中小学历史专业教师培养的重任。随着 21 世纪知识经济的迅速扩张和史学研究及考古学新成就的发展,现阶段地方高师院校历史专业教师的培养模式面临着严峻挑战,改革地方高师院校历史专业教师的培养模式势在必行。

一 地方高师院校历史专业教师培养的现状及存在的问题

当前,地方高师院校历史专业教师培养主要是全日制式的职前培养

---

① 袁贵仁:《发挥教师教育优势,加快师范院校发展》,在 2005 年教育部直属高校工作咨询委员会师范组会议上的讲话,2005 年 6 月 17 日。

模式。这一模式是指由全日制高师院校历史学专业培养具有本科或专科学历的未来中学历史教师，在一定意义上说属于定向型培养。该模式着眼于培养具有扎实教育专业知识、技能与素养的师资，培养机构单独设置。其优点是：培养目标明确，学生一进入高师院校历史学专业时就接受系统的从事中学历史教学的训练，学生专业思想比较巩固；学生在校学习的所有课程均有利于他们将要从事的历史教师职业；可以自始至终地将历史教育理论与实践有机结合起来，使学生初步具有从事中学历史教育的能力。然而，作为回应基础教育各项改革的地方高师院校在历史专业教师培养方面存在着诸多的不适应，如在历史教师培养的目标、教育理念、课程设置、教学模式、教育实践、评价模式等方面都存在着许多问题和不足。主要表现如下：

（一）培养目标定位不明确，课程理念相对落后

我国现行的高师院校教育课程从价值选择来看，基本上是以知识为主的学历课程教育。不论是从科目的设置，还是从各门课程的内容来看，都过分注重专业学科的知识体系和课程的知识传承价值，偏重于按学科专业教学的模式来培养教师；偏重于政治思想素养而轻于教师职业素养；偏重于专业知识而忽视教育教学技能，单纯强调学生对所任学科领域知识的系统掌握，忽视学生的综合性发展和终身学习能力的培养，师资培养体系的封闭性带来课程结构体系的僵化和滞后，导致培养口径过窄、知识结构单一、综合能力和创新能力欠缺。[1] 地方高师院校历史专业教师培养的目标定位也是如此。

（二）课程结构不够合理，师范教育意识淡化

1981年国家教育部《高等师范院校四年制本科文科专业教学计划（试行草案）》中规定，公共基础课占教学总学时的20%，专业课占总学

---

[1] 王丰泼：《回应基础教育课程改革，创新高师课程体系》，《黑龙江高教》2005年第4期。

时的65%，教育专业课占总学时的5%。1995年原国家教委颁布了《高等师范专科教育二、三年制教学方案（试行）》，要求试点学校可以自行制订教学计划。根据对部分高师院校历史专业教师培养的课程调查：学科专业占总学时的65%，教育专业课程及教育实践课程占15%左右。教育专业课程比例偏低，势必影响师范生职业化程度的提高。况且，历史学专业既要搞历史学科建设，又要搞师范教育，最终的结果是，只重视学科的"学术性"，不重视师范教育的"学术性"，师范教育给学科教育让步，师范教育明显滞后。

（三）课程内容陈旧，对基础教育课程改革的敏感性较低

高师院校历史专业教师培养课程普遍单一、观念滞后、内容陈旧、脱离实际的问题是比较突出的。一些课程从知识体系到具体内容数十年没有什么大的变化，课程内容过分强调体系性、完整性、学科性，而忽视前瞻性、应用性、实践性、针对性。显然，这样的课程设置和学科内容是很难培养出具有"更富有接纳力，广阔的视野和丰富的创造性"的教师的，也很难及时反映基础教育课程改革所带来的新的变化和新的要求。

（四）重基础理论教育，轻实践能力的培养

地方高师院校历史专业教师培养中，重理论讲授、轻实践能力培养是一个普遍存在的问题，特别是对学生教育实践能力的培养更是被置于"边缘"或从属的地位。根据对一些高师院校历史学专业教学计划的调查：学制四年，总周数160周，总学时数3092学时（注：平均周学时21.77学时），总学分270分。根据规定，实践课占14学分（包括军训、教育实习、毕业论文和普通话），其中教育见习与实习占6—7周，为7学分。按照周数来算教育实践是总授课周数的1/16。显然，在这么短的实践时间，凭借单一的实践形式，不足以使师范生真正了解中学教育实践，在操作层面上不能充分理解中学的教育教学需要和掌握教学技能，难以有效引导学生在实践中内化职业价值，认同职业规范，检验并生成

新的教育理念，掌握新的教学方法和教学手段。

（五）教育实习基地不完善，与中学历史教育脱节

地方高师院校历史专业教师培养是应该强调其在地方史学研究方面的成绩，不断创造史学研究的最新成果，奉献给社会，并为各级各类学术机构或高等院校输送各级史学专门人才（如研究生、双学位等）。但这并不是衡量地方高师院校历史专业教师培养水平的唯一标准，严格地说，地方高师院校历史专业教师的主体培养目标是合格的中学历史教师。因此，应该加强高师院校历史专业教师培养的教育实习基地的建设，加强对中学历史教育情况的了解。但实际情况是地方高师院校既对教育实习基地的建设重视不够，也对所在地方中学历史教育情况了解不多，如一些地方高师院校历史专业教师培养的实习基地多年来屡有变动，没有固定的教育实习基地。屡经变换实习基地使先前建立起来的与所在学校及指导老师之间的融洽关系荡然无存，无故增加了教育实习中的不确定因素。另外实习生对所在中学的历史教育情况又缺乏了解，如不了解中学历史教材的知识结构、重点和难点；不了解实习学校历史学科指导教师的教学方法和教学风格，很少考虑与所实习中学历史教学内容的接轨。这暴露了地方高师历史教师培养的缺陷，也成为对"新师资"培养的薄弱之处。

（六）沿用旧的评价模式，评价模式单一

虽然我国教育理论界已经提出了不少关于高师教育的评价模式，但在地方高师院校的评价模式中，像其他学科一样，历史专业教师培养评价的模式仍以考试为主，不管是专业课测评，还是公共课测评，都是笔试，且笔试方式也相对地陈旧和呆板，导致学生考前突击死记硬背，懒于思考，这大大限制了师范生学习的主动性和积极性，窒息了他们的创造思维能力。

二 地方高师院校历史专业教师培养的对策与途径

地方高师院校是地方基础教育教师的专门培养基地,适应新一轮基础教育改革的要求,地方高师院校历史专业教师培养应加快教育改革的步伐,以素质教育的基本理念和教师专业化理论为指导,根据基础教育改革的目标与内容,调整培养目标、课程设置结构,改革教学方法与培养模式,努力加强历史教师教育学科建设,强化实践环节,提高历史教师培养专业化水平,增强未来历史教师的综合素质和终身学习的能力。

(一)转换地方高师院校历史专业教师培养的教育理念

先进的教育理念与管理理念是高师院校发展的先导,是高师院校内部改革的决策基础与舆论动员,在高师院校改革发展的关键时期,传统与现代、进步与保守等新旧观念之间的冲突不仅体现在教育决策群的头脑中,也深植于广大教师的心中。[①] 因此,我们必须更新教育观念,顺应基础教育改革和发展的要求,从根本上转变传统的教育教学观念,树立全新的人才观、质量观、教学活动观,确立和强化地方高师院校历史专业教师培养为基础教育改革发展服务的理念。要围绕培养造就高素质专业化教师的目标,坚持育人为本、实践取向、终身学习的理念,实施《教师教育课程标准(试行)》,创新教师培养模式,强化实践环节,加强师德修养和教育教学能力训练,着力培养师范生的社会责任感、创新精神和实践能力。从单一的专业对口观念向全面综合素质的适应观转变;从重知识传授的观念向以创新精神和实践能力为核心,知识、能力、素质协调发展的质量观转变;从单向作用的、静态的教学活动观向师生互动、动态发展的观念转变。同时,改革教材、教学、考试方式中不利于基础教育课程改革所需的高素质复合型人才培养的因素,使地方高师院校培养的历史专业教师具有更宽的专业知识背景和更强的专业适应能力,

---

① 钟聿林:《教师教育的发展与师范院校的转型》,《教育研究》2003年第6期。

树立新的课程观和教学观，具有更全面、更新的教学技能和教学研究能力。

（二）调整地方高师历史教师培养的目标

教育的培养目标是社会的客观需求与主体的价值观认同的统一，它引导教育对象走向预期的发展结果，从而也指导和制约着教育活动的过程和价值取向，对教育活动起着导向、激励、调节和规范的作用。① 过去，地方高师院校对历史专业教师的培养目标偏重于培养专家型的教师，没有体现教师教育工作的特点。时代的发展对 21 世纪的高师院校历史教师培养提出了崭新的目标要求，这就是面向基础教育，为实施素质教育服务，既能提高未来中学历史教师的整体素质，使他们能转变和更新教育观念，实现教育观念的现代化，具有本学科扎实、宽广的史学基本理论、基本知识和基本技能，又具备一定的相关学科、交叉学科的基本知识，具有良好的人文和社会科学的综合素质以及广泛的社会适应能力，从而成为一专多能，一本（毕业证书）多证（职业技能鉴定证书）的"复合型"教师，以适应 21 世纪的需要。② 因此，地方高师历史教师培养应着眼于 21 世纪社会经济发展和基础教育的需求，进行通才教育，培养"厚基础、宽口径、高素质、创新性"复合型人才，培养具有超前意识、批判反思型的教师，为基础教育改革服务。

（三）改革地方高师历史教师教育的培养模式

人才培养模式是人才的培养目标、培养规格和基本培养方式，它决定着高等学校所培养人才的根本特征，集中体现了高等教育思想和教育观念。③

---

① 徐君：《新时期教师教育的发展趋势和高师院校改革对策》，《浙江社会科学》2004 年第 5 期。

② 陈辉：《整体型师资培养模式与深化高师历史教育改革》，《四川师范大学学报》（社科版）2001 年第 2 期。

③ 周志田：《高师院校人才培养模式的理论探讨》，《北京科技大学学报》（社科版），2001 年第 2 期。

近年来，许多高师院校在人才培养模式改革方面进行了积极探索，有的地方高师实行了"3+1"人才培养模式，即根据专业教育与教师养成分离的思路，前三年在各系各专业进行专业教育，后一年集中进行教师教育与实践课程教育，获得教育学学士学位，取得了较好的效果。四川师范大学实行了"2+2"模式，即以强化职业技能为指导，学生进校后先不分师范和非师范，也不分专业和专业方向，按一级学科门类进行通识教育和专业教育，注重文理渗透。第二学年开始，学校根据学生志愿，按师范与非师范专业以及各专业方向的不同要求设置专业方向教育课程和职业教育课程，进行分流培养。[①] 地方高师院校历史专业教师培养可以从上述高师院校的人才培养模式中汲取经验，如突破专业壁垒，加强文理渗透；增设综合型专业，培养综合型师资。前者可以对专业课程设置进行调整，打破过去专业划分过细过窄的格局，建立"文理渗透，学有专长，能为人师"的综合型专业培养体系。后者可以在主辅修制的基础上进一步扩大专业跨度，设置新型"综合文科教育"专业，主要培养综合文科课程教师。

同时，改进教学方法和手段。把教学改革作为教师教育课程改革的核心环节，使基础教育课程改革精神落实到师范生培养过程中，全面提高新教师实施新课程的能力。在学科教学中，要注重培养师范生对学科知识的理解和学科思想的感悟。充分利用模拟课堂、现场教学、情境教学、案例分析等多样化的教学方式，增强师范生学习兴趣，提高教学效率，着力提高师范生的学习能力、实践能力和创新能力。加强以信息技术为基础的现代教育技术开发和应用，将现代教育技术渗透、运用到教学中。

（四）整合地方高师历史教师培养的课程设置

缺乏师范教育特色，雷同于综合大学学科专业的课程体系是传统高

---

① 李戎：《教师教育改革与高师院校人才培养模式转型探析》，《西南民族大学学报》2005年第4期。

师教育课程设置的弊病,这一弊病长期以来导致师范院校教育"学术性不强,师范性不明"的状态。① 从地方高师院校历史专业教师培养课程结构看,目前主要包括三个板块:公共基础课程;学科专业课程;教育专业课程。前文已述国家教育部对四年制本科文科师范院校专业教学计划所占总时数比例的规定,以及皖北地方高师院校历史专业教师培养学科专业、教育专业课程所占总时数的比重。与世界其他国家相比,我国高师教育专业课程比例偏低,英国为25%,德国为30%,法国为20%,美国为20%。② 而且在有限的教育专业课程中,课程内容残缺与陈旧并存,教育实践机会短缺,环节松散、低效。这种课程结构充分反映了高师院校重学术、轻师范的价值取向。这种结构的课程设置,一方面难以适应当前社会和时代发展对教师能力、素质的要求,另一方面也是导致高师院校缺乏办学特色的主要原因。因此,要对高师历史教师培养的课程设置进行整合。同时,把社会主义核心价值体系有机融入课程教材中,精选对培养优秀教师有重要价值的课程内容,将学科前沿知识、教育改革和教育研究最新成果充实到教学内容中,特别应及时吸收儿童研究、学习科学、心理科学、信息技术的新成果。要将优秀中小学教学案例作为教师教育课程的重要内容。加强信息技术课程建设,提升师范生信息素养和利用信息技术促进教学的能力。主要做法如下:

一是适当压缩中国通史与世界通史的内容,加大中外政治史、经济史、文化史、社会生活史以及历史课程与教学的授课内容,以适应高中必修课程教学的需要;以高中历史选修课的六大"模块"为基础内容,开设限制性选修课,对高中选修课的开设起到专业领航的作用。

二是要注意开设一些能够提高学生实践能力的任意选修课,以适应新课改对教学方式与教学手段多样化、现代化的要求。

三是教育类课程要突出技能性、实践性及可操作性。教师的职业是一种实践性很强的职业,要求我们在日常教育中特别注意培养学生的教

---

① 潘懋元:《从师范教育到教师教育》,《中国高教研究》2000年第7期。
② 李其龙:《教师教育课程的国际比较》,教育科学出版社2002年版,第392页。

学实践能力，如果只讲一些空泛的教育学、教学法的理论，学生的实践能力是不会提高的。国外许多国家教师教育专业课程的设置给我们提供了很好的借鉴。如英国，教育理论课的必修课为：心理学、社会学、教育哲学、儿童发展史、课程研究、教育管理等。选修课为比较教育、特殊教育、人权与教育等；方法与技能课的必修课为：学校与课题教学中的人际关系、学生个别差异与因材施教、语言交流中的问题、学习的选择与准备、表达技巧、评价方式等。选修课为：学习环境、班级作业、小组作业、个人作业等。① 这些课程的内容对我们地方高师历史教师培养课程设置都有很大的启发性。

四是开发优质课程资源。实施"教师教育国家精品课程建设计划"，通过科研立项、遴选评优和海外引进等途径，构建丰富多彩、高质量的教师教育国家精品课程资源库。大力推广和使用"国家精品课程"，共享优质课程资源。

总之，新时代的中学历史教育要求地方高师院校历史专业教师的培养必须优化以往教师教育的课程结构。以"三个面向"为指导，构建体现先进教育思想、开放兼容的教师教育课程体系。适应基础教育改革发展，遵循教师成长规律，科学设置师范教育类专业公共基础课程、学科专业课程和教师教育课程，学科理论与教育实践紧密结合，教育实践课程不少于一个学期。按照《教师教育课程标准（试行）》的学习领域、建议模块和学分要求，制订有针对性的中小学教师教育课程方案，保证新入职教师基本适应基础教育新课程的需要。

（五）注重地方高师院校历史专业教师培养的实践环节

当代教育学术界普遍认同教育实践是促进教师发展成长的根本动力。教育实践为师范生创设的是一个真实的教育情景，提供的是一个理论与千变万化的教育对象在思想、生活和学习等多方面的对接，在这个对接中，能够检验知识，丰富智慧；能够锻炼能力，从教育实践的苦辣酸甜

---

① 藤明兰：《对我国教师教育课程体系改革的构想》，《教育理论与实践》2004年第5期。

中培养对教育的情感；能够锻造教师的个性品格，培养高尚的专业情操。

地方高师院校历史专业教师培养的实践环节主要包括教育见习、模拟实习、教育实习等，它是学生发展实践反思的主要途径。模拟实习更多地体现了实践课程中教育能力的培养，这里主要探讨的是教育实习。部分地方高师院校历史教师教育实习持续的时间一般在 8 周左右，学生在实习期间一般是听一周课，最多讲三次课，很少有时间实习班主任工作和教学管理工作，也就更谈不上了解学生情况，研究和解决教育、教学中存在的问题。这就使得实习生无法深入地了解实习学校的运作机制和学生学习过程，加之没有固定的实习基地，没有足够的实习指导教师，因此对实习的指导有其名而无其实，整个实践环节松散，造成教育实习效果低下。而世界许多国家都特别重视对师范生的各种实际能力的培养，教育实习的时间在总量上越来越充裕。[1] 如英国 15 周，美国多则半年，法国 27 周，德国 72 周。由于师范生有较长的时间实践训练，当他们毕业时就很快成为一名"熟练劳动力"，独立开展工作。[2] 因此，地方高师院校历史专业教师培养可以借鉴国外同行培养师范生的模式，调整教师教育实践课程，注重教育实践环节，培养学生教育实践的能力。同时，强化教育实践环节，加强师范生职业基本技能训练，加强教育见习，提供更多观摩名师讲课的机会。师范生到中小学和幼儿园教育实践不少于一个学期。支持建立一批教师教育改革创新试验区，建设长期稳定的中小学和幼儿园教育实习基地。高校和中小学要选派工作责任心强、经验丰富的教师担任师范生实习指导教师。大力开展教育实践活动，深入农村中小学，引导和教育师范生树立强烈的社会责任感和使命感。

（六）探索地方高师院校历史专业教师培养与中学基础教育之间的合作途径

高师院校既具有人才培养、社会服务、科研开发等一般性的高等教

---

[1] 卢奔芳：《新时期教师教育课程体系重建刍议》，《高教探索》2004 年第 3 期。
[2] 郑东辉：《国外教育实习发展概况及启示》，《高等师范教育研究》2003 年第 5 期。

育功能，又具有自身的特殊功能，即为基础教育服务的功能。[①] 这就是说，一方面，地方高师院校历史专业教师培养要面向地方基础教育，为地方中小学培养师资，适应并引领地方基础教育的发展。另一方面，地方基础教育又是地方高师院校历史专业教师培养的源头和教育形式之一。地方基础教育的师资需求和教改科研既是地方高师院校历史专业教师培养的目标与规格质量的基本依据，也是地方高师院校历史教师培养改革与发展的出发点和归宿。总之，地方基础教育能够为地方高师历史教师培养提供实践基地，是地方高师院校开展实践性教育环节的依托和主要教育形式。因此，加强地方高师院校历史教师培养与地方中小学的伙伴关系建设是地方高师历史教师培养的必然要求，它贯穿历史教师职前培养和职后培训的整个过程中。

然而，目前情况是，地方高师院校与当地中小学及基础教育的关系渐行渐远，即便是眼下的高师教育改革，也主要立足"自身"的改革，而不是立足基础教育的需要。中学也因考虑自身教学质量与升学压力等，对高师院校教育实习普遍不热心、不欢迎。双方缺乏经常性的沟通和交流，这既不利于地方高师院校培养适应基础教育发展的新型人才，也不利于地方中小学教育质量的提高。

针对上述现状，在当前地方基础教育新课程改革的背景下，地方高师院校历史教师培养应主动密切与当地中小学的联系，积极地探索为当地基础教育服务的新途径，加快历史教师培养教学改革的步伐，培养更多合格的中小学历史教师。当地中小学校也应积极承担教育实习任务，加强与地方高师院校的双向互动，达到合作双赢的目标。同时，地方高师院校应积极开展师范生实习支教和置换培训，服务农村教育。采取有效措施，吸引和激励高水平教师承担教育类课程教学任务。支持高校教师积极开展中小学教育教学改革试验，担任教育类课程的教师要有中小学教育服务工作经历。聘任中小学名师为兼职教师，占教育类课程教学

---

① 易红郡：《师范院校教师教育的综合优势、发展模式及质量保障探讨》，《教师教育研究》2005年第3期。

教师人数不少于20%。形成高校与中小学教师共同指导师范生的机制，实行双导师制。

同时，地方高师院校对于即将步入教育实习的师范生应加强教师教育技能的考核，建立和完善教育实习的准入机制。加强师范生的教师养成教育。注重未来教师气质的培养，营造良好教育文化氛围，激发师范生的教育实践兴趣，树立长期从教、终身从教信念。邀请优秀中小学校长、教师对师范生言传身教，感受名师人生追求和教师职业精神。开展丰富多彩的师范生素质培养和竞赛活动，重视塑造未来教师人格魅力。加强教师职业道德教育，将《中小学教师职业道德规范》列为教师教育必修课程。

数字影像技术在高校历史专业教学中的价值及运用

淮北师范大学　王存胜

当下,现代信息技术突飞猛进,新媒体发展日新月异,对人类社会的方方面面产生了深远影响。其中,数字影像技术的广泛应用,使得现有的高等教育教学模式承受着巨大的压力,同时也提供了一个潜能无限的发展机遇,在这方面,高校历史专业教学的感受尤为明显。一方面,已经普遍接受和使用新媒体的年轻学子的知识需求和学习方式发生了根本改变,以"对照教材讲解"为主的传统教学模式日益不适应新情况,改革现有历史专业的教学手段和教学方法势在必行;另一方面,以往由于技术手段的不足,历史教学中最为重要的环节——"历史场景的再现"——一直是可望而不可即的,而现代数字影像技术的突破,为弥补这一缺陷提供了重要助力。因此,在高校历史专业教学实践中大力引进现代数字影像技术,积极探索现代数字影像技术在课堂教学中的独特价值和应用原则,进而推动高校历史专业教学模式的改革和创新,具有重要的学术价值和现实意义。

一　数字影像技术在历史教学中的独特价值

数字影像技术在课堂教学实践中的应用,有着传统教学手段难以比拟的独特价值。以其在信息存储上的便捷性、丰富性和信息表达形式上的直观性、立体性，使数字影像技术在历史专业教学中形成了强大的技术优势，对现有的教学内容、教学方式以及学习模式产生了深远影响。

其一，在教学内容方面，数字影像资料的面世，彻底改变了以往对知识的衡量标准。无论是在知识的数量方面还是知识的形式方面，数字化知识远远超越了传统知识，大大丰富了高校历史专业的教学内容。一方面，数字影像技术能够在有限空间和时间内，压缩和储存惊人的信息，突破了原有的因教案篇幅和课堂时间限制的课堂小天地，使得教师能够在既有的课堂时间内将体系庞大、知识点琐碎的历史知识尽数展现给学生成为可能，有效地解决了教学过程中有限的教学时间与不断加大的教学信息之间的矛盾。另一方面，数字影像技术的运用，不仅能够将以往的文字知识转化为影像、图形、动画等形式，而且还可以辅之以声效，从而使得历史知识变得声情并茂、引人入胜。这充分扩大了学生的知识视野，有效增强了对知识内容的理解范围和能力，而且，让以往枯燥的知识学习变得更加丰富多样，使得学生在轻松的氛围中完成知识的学习。

其二，在教学方式方面，人类历史是丰富多彩、生动活泼的，传统的教学模式难以立体地、完整地在课堂上展示历史场景。数字影像技术的推广，赋予了课堂教学更加全面、立体式的讲授或表达方法，改进和提升了现有教学方式。在历史专业教学中应用数字影像技术，能够将文字、图形和声音、动画等多种表达手段有机融合，再辅之以视觉、听觉的感官刺激，实现了教学方式的一次革命性突破。海登·怀特指出，"影视史学比书写史学具有更强烈的感染力"，"影视史学借助于现代影像与音响技术，因而比书写史学显得更生动、更形象、更清晰，因而也就更具感染力与震撼力，因而也就有难以忘怀的魅力"，而且，"这种视听思维的文化，改变了人们长期来使用的文字训练与文字语言的线性思维的平面模式……它的直捷性，它的具象性，它的能指与所指的同一性是文字语言无法比拟的"。[①] 这种教学方式的出现，不仅将抽象的概念具体化，使得以往枯燥生硬、晦涩难懂的历史知识，变得鲜活、生动起来，而且

---

① Hayden White, "Historiography and Historiophoty".

更为重要的是，数字影像技术可以创设一种活生生的历史情境，激发学生对历史史实的直观印象，产生"穿越历史""身临其境"的感觉。数字影像技术的应用，充分调动了学生的学习积极性，活跃了课堂的教学气氛，实现了"寓教于乐"的教学目的。

其三，在学习模式方面，数字影像技术的应用为学生提供了更为多元的学习途径，开拓了学生思维，创新了学习模式。《国家中长期教育改革和发展规划纲要（2010—2020年)》指出："注重学思结合。倡导启发式、探究式、讨论式、参与式教学。帮助学生学会学习。激发学生的好奇心，培养学生的兴趣爱好，营造独立思考、自由探索的良好环境。"以往知识的传授，主要关注教师、课堂和教本，强调教师的传授为主，学生被动地接受并非自己所愿意接受的知识，这是一种单向的学习模式。数字影像技术引入教学实践中后，彻底改变了学习方式，学生逐渐成为教学的主体。一方面，数字化、信息化的飞速发展，使得知识的传播和扩展更加便利，教师和课堂不再是知识的唯一来源；另一方面，学习的主客体发生转变，以往被动接受知识的模式开始被主动学习的模式所取代，面对着丰富、多元的知识，学生有了自己的选择权，真正实现了由"要我学"向"我要学"的转变。这不仅充分激发了学生巨大的学习热情，而且能够培养学生独立思考、自由探索的能力，使得过去的应试教育为素质教育所代替。

由此可知，数字影像技术在高校历史专业教学中的推广和应用，有助于高校历史专业教学模式的创新，启发教学思想的变革。现代教育模式的发展大趋向，显然重视数字信息技术与教学的有机"融合"，这是优化教育模式、提高教学水平的最有效的途径。在高校历史专业教学中，必须要充分运用现代数字技术手段，丰富教学内容和手段，使各种教学资源、各个教学环节实现最佳的高效的重组，达到培养学生创新精神与实践能力的改革目标。

二　数字影像技术在历史教学中的运用

早在 20 世纪 60 年代，年鉴学派学者马克·费侯在积极介入历史影片创作的经验基础上，写出了《电影与历史》一书，首次尝试把影视和史学相联结，为这一史学新领域的开拓做出了最初的努力。然而这并未在西方史学界引起多大关注。直到进入 80 年代，随着影视传播媒介的勃兴，美国史学才开始正视影像在史学研究中的价值。后现代主义史学家罗伯特·A. 罗森斯通以自己的两部历史著作先后被改编为电影为契机，发表《往昔的景象：影片对历史观念的挑战》一文，初步探讨了电影与历史学的关系。历史学家莱克在 1983 年发表《历史的影像编纂》一文，对此问题进行了更为深入的分析。1983 年和 1985 年，美国历史协会主办了两次关于影视与历史学的专题讨论会，并在该协会出版的《美国历史评论》中，开辟探讨历史影视片的史学价值的专栏。1988 年 12 月，在《美国历史评论》开设的"影视史学讨论"专栏中，海登·怀特发表了著名的《Historiography and Historiophoty》一文，首先提出了"影视史学"（Historiophoty）这一概念，以和传统的"书写史学"（Historiography）相区分，他指出，书写史学是指"利用口传的意象以及书写的叙述所传达的历史"，而"影视史学"则是"透过视觉影像和电影话语传达历史以及我们对历史的见解"。由于这是在美国权威史学杂志上首次明确提出这一新概念，因此，怀特的文章成为"影视史学"这一全新的史学研究方向和领域正式诞生的标志。[①]

知识是无国界的。进入 90 年代，"影像史学"开始引入中文学界，台湾中兴大学的周樑楷教授首先对此作出反应，他将怀特创造的"Historiophoty"一词翻译为"影视史学"，这成为了中文学界迄今广为接受的中文概念。随后，周教授发表了《影视史学与历史思维》《影视史学：理

[①] Hayden White, "Historiography and Historiophoty", *American Historical Review*, Vol. 93, No. 5 (December. 1988).

论基础及主旨的反思》《影像中的人物与历史》等一系列文章,对影视史学展开了进一步的探讨,他强调作为一门新学问,影视史学有(或应有)自己的知识理论基础,并着手从历史文本、历史文化等角度来探讨和构建影视史学的理论基础。"影视史学"进入中国内地学术界始于复旦大学的张广智教授。从1996年开始,张教授连续发表了"影视史学三论":《影视史学:历史学的新领域》《重现历史——再谈影视史学》《影视史学与书写史学之异同——三论影视史学》,翔实地介绍了影视史学的兴起背景、历史意义,并探讨了这一史学新趋势的发展前景。这引起内地学界对这一史学研究新领域的重视,吴紫阳、蒋保、陆旭、蒋勤亮、吴琼等学者先后发文对"影视史学"进行了多角度的研究。[①] 当然由于影视史学还是一门崭新的学问,就目前国内的研究人数、研究广度和深度来说,影视史学仍处于研究的起步阶段。

当然,现代数字影像技术的特点主要体现为视觉信息的多元表达,这就决定了它在课堂教学实践中有着独特的优势,是传统的以讲述为主的教学方法难以望其项背的。因此,随着现代信息技术的普及,数字影像技术在教学领域中的大行其道已成为不可避免的趋势。综合来看,目前国内高校历史专业教学中对数字影像技术的应用,主要通过两种途径

---

① 国内关于"影视史学"的研究有:周樑楷《书写历史与影视史学》,《当代》(台北),1993年第88期;《影视史学与历史思维》,《当代》(台北),1996年第118期;《影视史学:理论基础及主旨的反思》,《台大历史学系学报》1999年第6期;《影像中的人物与历史——以〈白宫风暴〉为讨论对象》,《中兴大学人文学系学报》2002年总第32期。张广智《影视史学:历史学的新领域》,《学习与探索》1996年第6期;《重现历史——再谈影视史学》,《学术研究》2000年第8期;《影视史学与书写史学之异同——三论影视史学》,《学习与探索》2002年第1期;《影视史学:历史学的新生代》,《历史教学问题》2007年第5期。吴紫阳《影视史学的思考》,《史学史研究》2001年第4期。蒋保《影视史学刍议》,《安徽史学》2004年第5期;《关于"影视史学"的若干问题——与周樑楷先生商榷》,《社会科学评论》2004年第2期。陆旭《影视史学再探讨》,《兰州学刊》2006年第2期。冯尔康《史学著作的图文配合与构建视觉史料学》,《学术月刊》2006年第7期。谢勤亮《影像与历史——"影视史学"及其实践与试验》,《现代传播》2007年第2期;《影像记录的史学操练》,《北京电影学院学报》2007年第6期。许行明《历史文本与影像文本》,《现代传播》2008年第3期。李友东、王静《影像史学与历史教学》,《历史教学》2008年第8期。梁艳春《娜塔莉·泽蒙·与影视史学》,《史学理论研究》2009年第1期;《影视史学的演变与发展》,《北方论丛》2009年第4期。

来实现：

一是作为教学过程的一种辅助性资源和手段。也就是在历史教学过程中广泛使用各种数字影像资料，以增强教学效果和教学的立体性。这是目前高校历史专业教学中最常见、也是最普遍的应用数字影像技术的一种方法。借助多媒体课件这个数字平台，在教学实践过程中综合运用图像、视频和音频等数字影像资料来表述历史，突破了传统上的以单一信息载体为主的教学限制，从而发展了一种更为直观、更为生动和更为形象的信息表达模式。运用多媒体课件，将影像、声音和文字相结合的数字化教学模式，最大限度地激发了学生的学习兴趣，调动了学生的积极性和主动性，使得历史课堂教学过程既带给学生震撼性的视听享受，同时又充满了感染力，已经成为高校历史专业教学中不可或缺的教学手段。在不断实践的基础上，学者对于以数字影像资料为核心的多媒体教学模式的经验教训及时进行了总结，如吕萌的《影像资料的历史文化价值探析》、李东友的《影像史学与历史教学》、李勇的《数字时代影像教学的机遇与挑战》、周颢的《在历史课堂中使用历史影像资料的探究》等文章，都深入探讨了多媒体教学中所展示出的优势和不足。

二是作为一种基于现代信息技术、以历史影像创作实践引导的历史学习模式。这是一种全新的实践教学模式，强调学生从问题出发，在影像创作实践过程中建构历史知识，深入历史现场，最大限度地发挥个人主观能动性，并培养影视多媒体技术、数字化技术及信息检索技术等现代技术的操作能力。这种教学模式首先由北京师范大学历史学院开创。2011年该校成立了国内第一个"历史影像实验室"，包括历史影像采集室、导播室、后期制作室、设备室以及素材库等。这是我国高校同类院系第一家以历史影像为研究、教学对象的教研机构。经过多年的努力和探索，这种强调学生利用现代数字影像技术来实现"历史场景的再现"学习知识的教学模式日渐成熟。实验室每年参加影像实验的研究生、本科生多达两百名。除此之外，学者们还积极探索了影像在历史教学中的经验教训，撰写了一批有较高水平的教研论文，例如敖雪峰、杨共乐等合著的《高校历史实践教学与影视技术的融合》《关于历史学科影像史学实验室建设的思考》《以历史影像实验室为依托的高校历史教学改革》，胡庆明的《影视史学与历史教育的思考》等研究论文，系统全面地总结了北师大以历史影像创作实践为核心的历史教学新模式。2015年1月10日，"全国首届影像史学学术研讨会"在北师大历史学院成功召开，来自全国11所高校的影像史学专家和中央电视台等国内9家一线影像媒体从业高管共计40余人参加了研讨会，会议在全国范围内第一次深入探讨了影像历史研究和数字化、国际化及新媒体背景下传统历史学研究和影像化传播相结合的路径和课题。

显然，数字影像技术的飞速发展和广泛普及，不仅为史学理论研究而且也为历史教学实践注入了一股强大的活力。作为一种新颖的历史表述方法，对历史学科的未来发展有着不容忽视的巨大影响。有鉴于此，在高校历史专业教学中身体力行地推广这一新的历史研究范式和表述方法，不仅有助于改革传统的教学理念，而且有助于积极探索创新高校历史教学模式。

三 运用数字影像技术进行教学须注意的问题

可见，数字影像技术的突破性发展，不仅丰富了现有的教学内容，而且为教学实践的顺利进行和学习模式的创新提供了方便，因此，在高校历史专业教学中推广和应用数字影像技术已经成为必然趋向。然而，在教学实践中应用这种新技术时，必须要遵循教学的一些基本原则。

首先，"工欲善其事，必先利其器"，在高校历史教学中推广和应用数字影像技术，要求高校教师必须充分掌握并能熟练应用这门全新的科学技术。教师所能使用的数字影像技术水平的高低，直接关系到新式教学实践能否顺利开展并取得预期的教学成效。这就要求任课教师不再仅仅局限于本学科知识能力的提升，还要加强信息科学技术以及多媒体课件的开发方面的能力，同时还需要具备一定的计算机和互联网操作基本能力。这对于人文学科的教师来说确实是一大挑战。因此，这就要求学校方面要高度重视，不仅要加强数字影像教学设备和教室等硬件设施的建设和管理，设立相关职能部门负责对设备的维护和维修，为课堂教学中应用新的数字技术创造可能。更为重要的是，学校要组建一支专业人员组成的教学技术支持团队，一方面参与数字影像教学软件的开发与制作，另一方面利用这个技术支持团队对教师队伍进行技术培训，提高教师制作和应用数字影像资料和多媒体课件的水平。这样，才能保证在高校教学中真正有效地发挥数字影像技术的优势。

其次，在高校历史教学中大力推广和应用数字影像这种新技术时，必须注意的是，这种新技术仅仅是一种辅助性的教学手段，这一手段的应用必须要遵循历史学科在研究和教学中的基本原则。历史学是一门以求真为鹄的的学问，中国传统史官信奉"秉笔直书"，德国历史学家兰克则倡导"如实直书"就是最好的典范。因此，历史知识的讲授和传播必须以客观真实的历史事实为基础，这是历史学不同于其他人文学科的本质特征。这种学科性质决定了我们在教学中运用和制作数字影像资料时，至为关键的是要尊重历史事实。在多媒体教学中所选用的历史影像资料，必须是真实的历史资料；在表现和"复活"历史情境时不能主观随意，必须以坚实可信的史料为依据。数字影像技术在课堂教学的推广应用是为了更好地表现历史知识，提高历史教学的质量，不是单纯为数字影像技术而进行教学，如果是这样，那就本末倒置了。

最后，注重数字影像教学与传统教学手段的互补性。数字影像技术只是实施历史教学的多种手段中的一种，并不能完全取代传统的讲授为主的教学方法。任何一种教学手段，都是前人在不断的教学实践中总结归纳出来的，有其独特的优点。数字影像技术有其他教学手段所不能比拟的优越性，其他常规教学手段也有数字影像教学所不具备的诸多功能。教学的双方参与者都是人，任何先进的技术手段都不能取代人与人之间的"直接交流"。在传统的教学方法中，教师在讲述过程中通过板书的书法魅力、讲解的语言感染力以及肢体动作的形象性所展示出的优越性，都是现代信息技术难以达到的。因此，我们在教学过程中，应该因地制宜，扬长避短，将数字影像技术与传统教学手段有效结合起来，使两者相得益彰，真正把课堂教学做得更加完美，达到科学优化课堂教学的预期效果。

四 结　语

综上所述，课堂教学是高校教育教学活动的中心环节，如何改进教学模式、提高教学质量始终是高校教师不断探索的重要课题。数字媒体、信息网络、智能产品等现代数字信息技术的飞速发展，使我们的世界发生着前所未有的巨大变化，数字化已经普遍渗透到了社会生活的方方面面。在此时代背景下，我们必须与时俱进，学习和掌握新技术，将其与高校历史专业教学改革紧密结合，实现高校教学中教学内容、教学手段等方面的改进和发展，从而创新教学模式。但是，我们也应该保持清醒的认识，数字影像技术毕竟只是一种辅助性的教学手段，这种新技术在教学中的应用是为教学服务的。教学手段的使用应该以符合学科性质和学生的认知规律为基础，这样才能真正发挥现代信息技术在高校历史专业教学中的积极作用，有效提高教学质量和效果。

后　　记

　　长期以来，我国高校历史学专业教学在增强文化自信、陶冶爱国情操、提高综合素养诸方面发挥着积极的作用，但随着社会的转型和发展，目前高校的历史教学也存在诸如教学观念落后、课程体系不合理、教学手段单一及教学内容陈旧等问题，很难适应高校"双一流"建设的需要。在这一背景之下，我们邀请省内外师友汇聚芜湖，于2018年8月8—10日举行了"'双一流'建设背景下高校历史学专业教学改革与创新型人才培养研讨会"。来自南京师范大学、安徽大学、安徽师范大学、淮北师范大学、安庆师范大学、阜阳师范学院等单位的近40名专家学者参会。这是我省高校历史专业教师的第一次教学研讨会，与会者围绕着历史学专业的教学观念、教学内容、课程体系、教学方法的改革与创新，教学资源与技术的开发与运用，以及创新型人才的培养等问题展开了坦诚而深入的交流。呈现在读者面前的这部专题论文集即是此次会议成果的结晶。需要说明的是，有部分会议论文，虽然也提出了不少金玉之论，却因篇幅等原因未被收入。尚祈有关师友宽宥谅解！

　　组织召开本次会议是庄华峰教授主持安徽省"名师工作室"建设项目的内容之一。无论是会议的筹备，还是论文集的编纂与出版，其间均得到了安徽师范大学历史与社会学院的大力支持，也得到了兄弟院校诸多师友的关心与厚爱，大家不但踊跃参会，还积极撰写会议论文，着实让我们感动；在论文编辑过程中，王振红、王德明、傅新球、曹升生、梁仁志诸君协助审看了部分文章，在此一并表示诚挚的谢意！

　　对教学规律、教学问题及方法的探讨，永无穷期。先哲有云："不积跬步，无以至千里；不积小流，无以成江海。"（《荀子》）如今，兄弟高校历史专业教师聚首研讨教学改革问题已经成功地迈出了第一步，它的未来发展仍有赖于同道的持续努力。

编者识

2019 年 10 月 6 日